中国统计摘要

2013

国家统计局　编

图书在版编目(CIP)数据

中国统计摘要. 2013 / 国家统计局编. -- 北京 ： 中国统计出版社, 2013.5

ISBN 978-7-5037-6803-3

Ⅰ. ①中… Ⅱ. ①国… Ⅲ. ①国民经济－经济统计－统计资料－中国－2013－年刊 Ⅳ. ①C832-54

中国版本图书馆 CIP 数据核字(2013)第 078959 号

中国统计摘要—2013

作　　者 / 国家统计局
责任编辑 / 郭　栋
封面设计 / 李雪燕
出版发行 / 中国统计出版社
通信地址 / 北京市丰台区西三环南路甲 6 号　邮政编码 / 100073
电　　话 / 邮购 (010) 63376907　书店 (010) 68783172
印　　刷 / 河北天普润印刷厂
经　　销 / 新华书店
开　　本 / 710×1000 mm　1/16
字　　数 / 192 千字
印　　张 / 13. 5
版　　别 / 2013 年 5 月第 1 版
版　　次 / 2013 年 5 月第 1 次印刷
定　　价 / 58.00 元

《中国统计摘要—2013》编辑人员

总　编　辑：王文波　钟守洋

副总编辑：郝胜龙　叶礼奇

编辑部主任：卞丽华　张　蕾　石毅华

编辑部成员：(以姓氏笔画为序)

丁　一　丁　胜　万忠兵　王　萍
王　智　王青青　方　健　巴运红
卢　山　吕昱晨　朱　虹　任小燕
江永宏　安新莉　严先溥　李　皎
李桂芝　杨剑青　吴　优　张　刚
张　昕　张延华　张会英　武　央
范小玉　罗卫华　金　红　赵利婧
栾尽晖　唐　平　常文莉　梁尔卫
阙小清　谭晓梅

责任编辑：郭　栋

编 者 说 明

一、《中国统计摘要》是为及时反映我国国民经济与社会发展情况而编辑的一本综合性简明统计资料年刊。《中国统计摘要-2013》收录了 2012 年社会经济主要指标数据，同时简要列示了 1978 年以来的历史资料。正文内容具体分为综合，国民经济核算，人口、就业和职工工资，固定资产投资，对外贸易和利用外资，财政和金融，物价指数，人民生活，农业，工业和能源，建筑业，运输和邮电，国内贸易和旅游，教育、科技、卫生、体育、文化、社会服务和环境保护，香港和澳门特别行政区主要社会经济指标，台湾省主要社会经济指标及国际比较共 17 个部分。正文之后还附有主要统计指标解释。

二、为确保本书的出版时效，书中 2012 年部分数据为初步统计数，正式数据以日后出版的《中国统计年鉴-2013》为准。

三、书中所涉及的全国性统计指标，除行政区划、国土面积、森林资源和降水量外，均未包括香港、澳门特别行政区和台湾省数据。

四、香港特别行政区和澳门特别行政区的统计是构成国家统计总体的一部分。但根据中华人民共和国“香港特别行政区基本法”和“澳门特别行政区基本法”的有关原则，香港、澳门与内地是相对独立的统计区域，根据各自不同的统计制度和法律规定，独立进行统计工作。本书中香港和澳门特别行政区统计资料分别由香港特别行政区政府统计处、澳门特别行政区政府统计暨普查局提供，国家统计局进行编辑。

五、本书中部分数据合计数或相对数由于单位取舍不同而产生的计算误差，均未作机械调整。

六、本书有关符号使用说明：摘要各表中的“空格”表示该项统计指标数据不足本表最小单位数、不详或无该项数据；“#”表示其中的主要项；“*”或“①”表示本表下有注解。

目　录

一、综合

二、国民经济核算

三、人口、就业和职工工资

四、固定资产投资

五、对外贸易和利用外资

六、财政和金融

七、物价指数

八、人民生活

九、农业

十、工业和能源

十一、建筑业

十二、运输和邮电

十三、国内贸易和旅游

十四、教育、科技、卫生、文化、体育、社会服务和环境保护

十五、香港和澳门特别行政区主要社会经济指标

十六、台湾省主要社会经济指标

十七、国际比较

附录一

附录二

附录三

全国行政区划（一）

（年底数）　　单位：个

年份	省级	地级	#地级市	县级	市辖区	县级市	县及其它
1978	30	310	98	2653	408	92	2153
1979	30	315	104	2690	428	109	2153
1980	30	318	107	2775	511	113	2151
1981	30	316	108	2780	514	122	2144
1982	30	322	112	2797	527	130	2140
1983	30	322	144	2785	552	142	2091
1984	30	322	147	2814	595	150	2069
1985	30	327	162	2826	621	159	2046
1986	30	325	166	2830	629	184	2017
1987	30	326	170	2826	632	208	1986
1988	31	334	183	2831	647	248	1936
1989	31	336	185	2829	648	262	1919
1990	31	336	185	2833	651	279	1903
1991	31	338	187	2833	650	289	1894
1992	31	339	191	2833	662	323	1848
1993	31	335	196	2835	669	371	1795
1994	31	333	206	2845	697	413	1735
1995	31	334	210	2849	706	427	1716
1996	31	335	218	2858	717	445	1696
1997	33	332	222	2862	727	442	1693
1998	33	331	227	2863	737	437	1689
1999	34	331	236	2858	749	427	1682
2000	34	333	259	2861	787	400	1674
2001	34	332	265	2861	808	393	1660
2002	34	332	275	2860	830	381	1649
2003	34	333	282	2861	845	374	1642
2004	34	333	283	2862	852	374	1636
2005	34	333	283	2862	852	374	1636
2006	34	333	283	2860	856	369	1635
2007	34	333	283	2859	856	368	1635
2008	34	333	283	2859	856	368	1635
2009	34	333	283	2858	855	367	1636
2010	34	333	283	2856	853	370	1633
2011	34	332	284	2853	857	369	1627
2012	34	333	285	2852	860	368	1624

注：1.本表资料由民政部提供(以下相关表同)。

2.县及其它包括：县、自治县、旗、自治旗、特区和林区。

全国行政区划（二）

（年底数） 单位：个

年 份	乡镇级	#镇数	#乡数	#民族乡	#街 道 办事处
1978	6198	2176			
1979	10424	2361			4444
1980					
1981	11434	2678			4965
1982					
1983	49695	2968	35514		5304
1984	106439	7186	85290		5844
1985	104900	9140	82450	3144	5402
1986	84018	10718	61417	2936	5718
1987	81025	11103	58739	3020	5680
1988	65345	11481	45195	1571	5099
1989	65419	11873	44624	1755	5420
1990	65188	12084	44397	1980	5269
1991	63391	12455	42654	1403	5186
1992	54830	14539	33827	1348	5233
1993	54863	15805	32445	1351	5470
1994	54605	16702	31463	1322	5372
1995	53360	17532	29502	1330	5596
1996	51336	18171	27056	1383	5565
1997	50967	18925	25966	1545	5678
1998	50999	19216	25712	1517	5732
1999	50750	19756	24745	1222	5904
2000	49668	20312	23199	1356	5902
2001	45303	20374	19341	1188	5510
2002	44850	20601	18639	1167	5576
2003	44067	20226	18064	1149	5751
2004	43258	19883	17451	1124	5904
2005	41636	19522	15951	1093	6152
2006	41040	19369	15306	1089	6355
2007	40813	19249	15120	1093	6434
2008	40828	19234	15067	1097	6524
2009	40858	19322	14848	1099	6686
2010	40906	19410	14571	1096	6923
2011	40466	19683	13587	1086	7194
2012	40446	19881	13281	1064	7282

分地区行政区划（一）

(2012年底)　　　　单位：个

区划名称	地　级	#地级市	县　级	#市辖区	#县级市	#县	#自治县
全　　国	**333**	**285**	**2852**	**860**	**368**	**1453**	**117**
北　京　市			16	14		2	
天　津　市			16	13		3	
河　北　省	11	11	172	37	22	107	6
山　西　省	11	11	119	23	11	85	
内蒙古自治区	12	9	101	21	11	17	
辽　宁　省	14	14	100	56	17	19	8
吉　林　省	9	8	60	20	20	17	3
黑龙江省	13	12	128	64	18	45	1
上　海　市			17	16		1	
江　苏　省	13	13	102	55	23	24	
浙　江　省	11	11	90	32	22	35	1
安　徽　省	16	16	105	43	6	56	
福　建　省	9	9	85	26	14	45	
江　西　省	11	11	100	19	11	70	
山　东　省	17	17	138	48	30	60	
河　南　省	17	17	159	50	21	88	
湖　北　省	13	12	103	38	24	38	2
湖　南　省	14	13	122	35	16	64	7
广　东　省	21	21	121	56	23	39	3
广西壮族自治区	14	14	109	34	7	56	12
海　南　省	3	3	20	4	6	4	6
重　庆　市			38	19		15	4
四　川　省	21	18	181	45	14	118	4
贵　州　省	9	6	88	13	7	56	11
云　南　省	16	8	129	13	11	76	29
西藏自治区	7	1	74	1	1	72	
陕　西　省	10	10	107	24	3	80	
甘　肃　省	14	12	86	17	4	58	7
青　海　省	8	1	43	4	2	30	7
宁夏回族自治区	5	5	22	9	2	11	
新疆维吾尔自治区	14	2	101	11	22	62	6
香港特别行政区							
澳门特别行政区							
台　湾　省							

分地区行政区划（二）

(2012年底) 单位：个

区划名称	乡镇级	#镇数	#乡数	#民族乡	#街道办事处
全国	**40446**	**19881**	**13281**	**1064**	**7282**
北京市	325	144	38	5	143
天津市	245	123	11	1	111
河北省	2234	1019	940	51	274
山西省	1397	564	632		201
内蒙古自治区	1010	490	277	18	243
辽宁省	1515	615	270	68	630
吉林省	895	429	189	28	277
黑龙江省	1278	485	409	55	384
上海市	208	108	2		98
江苏省	1281	836	96	1	349
浙江省	1341	650	279	14	412
安徽省	1509	923	334	9	252
福建省	1104	609	320	19	175
江西省	1540	802	596	8	142
山东省	1824	1094	113		617
河南省	2399	1014	827	12	558
湖北省	1232	746	188	10	298
湖南省	2388	1131	952	97	305
广东省	1586	1131	11	7	444
广西壮族自治区	1243	715	411	58	117
海南省	222	183	21		18
重庆市	1012	604	220	14	188
四川省	4660	1831	2549	98	280
贵州省	1518	729	710	236	79
云南省	1365	659	584	142	122
西藏自治区	693	140	543	9	10
陕西省	1418	1136	80		202
甘肃省	1345	470	758	34	117
青海省	396	138	228	28	30
宁夏回族自治区	237	101	92		44
新疆维吾尔自治区	1026	262	601	42	162
香港特别行政区					
澳门特别行政区					
台湾省					

按行业分法人单位数

单位：个

行业门类	2007年	2008年	2009年	2010年	2011年
全国总计	**6495064**	**7098765**	**8003868**	**8754588**	**9593729**
农、林、牧、渔业	98546	2023	184764	242429	321086
采矿业	97678	97315	103403	104065	105490
制造业	1702455	1818370	1959254	2098370	2240315
电力、燃气及水的生产和供应业	49052	57923	62038	64151	66652
建筑业	190517	226768	261694	302232	346026
交通运输、仓储和邮政业	117228	157589	175914	195829	219630
信息传输、计算机服务和软件业	115101	153290	176326	191182	208867
批发和零售业	1246042	1403141	1670315	1965118	2276295
住宿和餐饮业	118173	145297	154895	164762	172070
金融业	31815	28668	36907	45512	55513
房地产业	187444	214391	244043	284726	323985
租赁和商务服务业	368763	427001	511666	590478	687575
科学研究、技术服务和地质勘查业	176677	201689	233221	256865	283777
水利、环境和公共设施管理业	50953	57553	61740	64794	69186
居民服务和其他服务业	110525	120467	141936	158152	175813
教育	312339	335065	342003	342408	346390
卫生、社会保障和社会福利业	187376	206480	209016	205778	205173
文化、体育和娱乐业	76430	81878	90891	95633	102775
公共管理和社会组织	1257950	1363857	1383842	1382104	1387111

注：1.2008年为经济普查年份，农、林、牧、渔业统计口径与其他年份不同，法人单位数为兼营第二、三产业的农、林、牧、渔业法人单位。

2.统计范围不包括国际组织(下表同)。

分地区按三次产业分法人单位数

(2011年)　　单位：个

地　区	法　人 单位数	第一产业	第二产业	#工　业	第三产业
全国总计	**9593729**	**321086**	**2758483**	**2412457**	**6514160**
北　京	391503	3111	48462	35880	339930
天　津	185899	2226	53690	44976	129983
河　北	361028	13822	109035	99655	238171
山　西	220371	27869	39783	33247	152719
内蒙古	147105	7094	28255	23886	111756
辽　宁	388515	13025	120313	100123	255177
吉　林	124637	4998	30132	25507	89507
黑龙江	184150	5157	42774	34879	136219
上　海	422955	3522	110746	90358	308687
江　苏	979237	20070	402445	353571	556722
浙　江	778193	28997	331379	310298	417817
安　徽	286915	9084	84137	71185	193694
福　建	356207	14630	108678	97851	232899
江　西	199355	8712	57279	51193	133364
山　东	832499	21777	263597	227550	547125
河　南	410810	15105	139078	126806	256627
湖　北	382113	10342	92609	74358	279162
湖　南	314853	9819	80816	73246	224218
广　东	908008	12030	299831	276666	596147
广　西	238512	10310	38251	33204	189951
海　南	42715	2115	6477	3398	34123
重　庆	223752	23935	50077	42141	149740
四　川	366196	14322	76177	66190	275697
贵　州	116423	4422	20457	18020	91544
云　南	197322	14416	33163	25121	149743
西　藏	16474	35	1011	595	15428
陕　西	231354	7982	44963	34748	178409
甘　肃	114200	4886	18098	15457	91216
青　海	30446	1773	4773	3824	23900
宁　夏	40053	1850	7402	6065	30801
新　疆	101929	3650	14595	12459	83684

分地区按行业分法人单位数（一）

(2011年) 单位：个

地　区	法　人 单位数	农、林、 牧、渔业	采矿业	制造业	电力、煤 气及水的生 产和供应业	建筑业	交通运输、 仓 储 和 邮 政 业
全国总计	**9593729**	**321086**	**105490**	**2240315**	**66652**	**346026**	**219630**
北　京	391503	3111	186	35234	460	12582	7850
天　津	185899	2226	88	44474	414	8714	8376
河　北	361028	13822	8318	89874	1463	9380	7234
山　西	220371	27869	7515	24620	1112	6536	4763
内蒙古	147105	7094	4735	17807	1344	4369	3920
辽　宁	388515	13025	5949	92284	1890	20190	10844
吉　林	124637	4998	1544	22750	1213	4625	2704
黑龙江	184150	5157	2399	31252	1228	7895	4173
上　海	422955	3522	5	90046	307	20388	14940
江　苏	979237	20070	1067	349839	2665	48874	22010
浙　江	778193	28997	1503	304763	4032	21081	14218
安　徽	286915	9084	3108	65867	2210	12952	8114
福　建	356207	14630	3038	88371	6442	10827	8393
江　西	199355	8712	4052	43365	3776	6086	5846
山　东	832499	21777	5210	220014	2326	36047	19284
河　南	410810	15105	7933	117274	1599	12272	6060
湖　北	382113	10342	5222	66246	2890	18251	9176
湖　南	314853	9819	7947	60303	4996	7570	4703
广　东	908008	12030	2975	265396	8295	23165	22784
广　西	238512	10310	3396	27108	2700	5047	5459
海　南	42715	2115	258	2826	314	3079	879
重　庆	223752	23935	3035	37103	2003	7936	5046
四　川	366196	14322	5806	54709	5675	9987	7209
贵　州	116423	4422	5269	11444	1307	2437	1740
云　南	197322	14416	5645	17252	2224	8042	3859
西　藏	16474	35	126	375	94	416	182
陕　西	231354	7982	3741	29676	1331	10215	4280
甘　肃	114200	4886	1932	12468	1057	2641	1765
青　海	30446	1773	728	2771	325	949	490
宁　夏	40053	1850	672	5155	238	1337	693
新　疆	101929	3650	2088	9649	722	2136	2636

分地区按行业分法人单位数（二）

(2011年) 单位：个

地　区	信息传输、计算机服务和软件业	批发和零售业	住宿和餐饮业	金融业	房地产业	租赁和商务服务业
全国总计	**208867**	**2276295**	**172070**	**55513**	**323985**	**687575**
北　京	21135	118485	13003	1364	14384	73752
天　津	2666	57462	2841	1493	5306	18285
河　北	4699	81073	4069	2230	10546	13359
山　西	2632	45514	3382	1530	5651	9506
内蒙古	2081	35563	3354	1687	5937	8159
辽　宁	9240	95346	6064	2371	14517	26687
吉　林	1778	27609	1691	898	4136	6518
黑龙江	3253	46398	2479	1446	6613	11304
上　海	12645	139449	11694	1128	13860	55317
江　苏	18260	266216	10858	5059	27369	65189
浙　江	17387	165076	8300	2607	19196	59494
安　徽	6149	61007	4889	2547	11824	18656
福　建	7823	84609	5848	3311	11291	25715
江　西	2161	31922	3062	1352	7192	9839
山　东	16417	219046	16409	4859	22808	46418
河　南	5462	62431	8381	1972	10479	14815
湖　北	7334	91518	7701	2410	15300	24208
湖　南	8872	50020	7277	1511	9699	13344
广　东	21644	248484	16672	3984	42356	84173
广　西	6508	54824	3177	1649	10235	18798
海　南	1083	9096	1354	275	4956	4340
重　庆	5215	53381	7222	1250	8470	16729
四　川	9386	56426	7217	1979	11056	18749
贵　州	2136	17073	1664	894	5126	5622
云　南	4320	48812	3324	2112	8421	13450
西　藏	159	1027	307	116	103	280
陕　西	4078	50921	5343	1374	8599	12242
甘　肃	1120	21209	2107	794	2960	3961
青　海	423	4576	602	227	933	1148
宁　夏	740	9941	718	331	1157	2025
新　疆	2061	21781	1061	753	3505	5493

分地区按行业分法人单位数（三）

(2011年)　　单位：个

地　区	科学研究、技术服务和地质勘查业	水利、环境和公共设施管理业	居民服务和其他服务业	教　育	卫生、社会保障和社会福利业	文化、体育和娱乐业	公共管理和社会组织
全国总计	**283777**	**69186**	**175813**	**346390**	**205173**	**102775**	**1387111**
北　京	35568	2422	14651	8207	3049	12112	13948
天　津	9357	1319	6707	3325	1446	1608	9792
河　北	5877	2018	4732	18168	6654	2322	75190
山　西	4810	2144	4181	8755	5149	2727	51975
内蒙古	4100	1785	2533	5557	4479	1837	30764
辽　宁	13455	3098	7170	11481	10239	3867	40798
吉　林	4338	1276	2024	5248	3285	1599	26403
黑龙江	6625	1629	3657	7737	4868	1856	34181
上　海	19150	1968	13396	5615	2818	4453	12254
江　苏	20893	6053	16561	16869	10821	7352	63212
浙　江	19067	4476	8345	16742	6921	6044	69944
安　徽	7337	2322	4352	13538	6207	2653	44099
福　建	8801	2667	5453	12276	6064	4622	46026
江　西	4187	1760	3614	8914	7095	2357	44063
山　东	15966	3876	15525	20908	15893	5263	124453
河　南	6533	2496	4543	22915	25218	3856	81466
湖　北	13027	4117	8639	16753	11107	4806	63066
湖　南	8151	3012	5450	14847	8291	4346	84695
广　东	26966	4967	17530	31500	9139	7762	58186
广　西	9020	2571	3417	17497	6573	3180	47043
海　南	1284	351	756	2156	782	712	6099
重　庆	4486	1676	5101	8035	5933	2394	24802
四　川	11302	3193	4327	19961	14169	4576	106147
贵　州	3194	1167	1770	9650	4049	1515	35944
云　南	6209	2102	2882	7962	4435	2809	39046
西　藏	182	41	112	1045	504	172	11198
陕　西	6396	2244	4305	13613	12197	2794	50023
甘　肃	2297	906	1639	9173	3517	1283	38485
青　海	933	316	326	1259	779	404	11484
宁　夏	771	289	638	1409	816	333	10940
新　疆	3495	925	1477	5275	2676	1161	31385

国民经济与社会发展总量指标（一）

指　　标	单　位	1978年	1990年	2000年	2011年	2012年
人口						
年末总人口	万人	96259	114333	126743	134735	135404
城镇人口	万人	17245	30195	45906	69079	71182
乡村人口	万人	79014	84138	80837	65656	64222
就业和失业						
就业人员	万人	40152	64749	72085	76420	76704
#城镇就业人员	万人	9514	17041	23151	35914	37102
城镇登记失业人员	万人	530	383	595	922	917
国民经济核算						
国内生产总值	亿元	3645.2	18667.8	99214.6	473104.0	519322.1
第一产业	亿元	1027.5	5062.0	14944.7	47486.2	52377.0
第二产业	亿元	1745.2	7717.4	45555.9	220412.8	235318.6
第三产业	亿元	872.5	5888.4	38714.0	205205.0	231626.5
支出法国内生产总值	亿元	3605.6	19347.8	98749.0	472619.2	527607.7
最终消费支出	亿元	2239.1	12090.5	61516.0	232111.5	259599.6
资本形成总额	亿元	1377.9	6747.0	34842.8	228344.3	253524.3
货物和服务净出口	亿元	-11.4	510.3	2390.2	12163.3	14483.8
固定资产投资						
全社会固定资产投资总额	亿元		4517.0	32917.7	311485.1	374675.7
城　镇	亿元		3274.4	26221.8	302396.1	364835.1
#房地产开发	亿元		253.3	4984.1	61796.9	71803.8
对外贸易和实际利用外资						
货物进出口总额	亿美元	206.4	1154.4	4742.9	36418.6	38667.6
出口额	亿美元	97.5	620.9	2492.0	18983.8	20489.3
进口额	亿美元	108.9	533.5	2250.9	17434.8	18178.3
外商直接投资	亿美元		34.9	407.2	1160.1	1117.2
财政和金融						
国家财政收入	亿元	1132.3	2937.1	13395.2	103874.4	117209.8
国家财政支出	亿元	1122.1	3083.6	15886.5	109247.8	125712.3
金融机构人民币各项存款余额	亿元	1155	13943	123804	809368	917555
金融机构人民币各项贷款余额	亿元	1890	17511	99371	547947	629910
主要农业、工业产品产量						
粮食	万吨	30476.5	44624.3	46217.5	57120.8	58958.0
棉花	万吨	216.7	450.8	441.7	658.9	683.6
油料	万吨	521.8	1613.2	2954.8	3306.8	3436.8
肉类	万吨			6013.9	7965.1	8387.2
原煤	亿吨	6.18	10.80	13.84	35.20	36.50
原油	万吨	10405	13831	16300	20288	20748
水泥	万吨	6524	20971	59700	209926	221000
粗钢	万吨	3178	6635	12850	68528	71716
发电量	亿千瓦小时	2566	6212	13556	47130	49378

国民经济与社会发展总量指标（二）

指　　标	单　位	1978年	1990年	2000年	2011年	2012年
建筑业						
建筑业企业从业人员	万人		1011	1994	3853	3689
建筑业总产值	亿元		1345	12498	116463	135303
交通和邮电						
客运量	万人	253993	772682	1478573	3526319	3804035
货运量	万吨	248946	970602	1358682	3696961	4099400
沿海主要港口货物吞吐量	万吨	19834	48321	125603	616292	665245
邮电业务总量	亿元	34.1	155.5	4792.7	13333.5	15021.5
移动电话用户	万户		1.8	8453.3	98625.3	111215.5
固定电话用户	万户	192.5	685.0	14482.9	28511.5	27815.3
国内贸易和旅游						
社会消费品零售总额	亿元	1559	8300	39106	183919	210307
入境过夜游客	万人次	71.6	1048.4	3122.9	5758.1	5772.5
国际旅游外汇收入	亿美元	2.6	22.2	162.2	484.6	500.3
教育、科技、卫生、文化						
在校学生数						
#普通本、专科	万人	85.6	206.3	556.1	2308.5	2391.3
普通中学	万人	6548.3	4633.8	7457.6	7521.6	7230.2
普通小学	万人	14624.0	12241.4	13013.3	9926.4	9695.9
研究与试验发展经费支出	亿元			895.7	8687.0	10240.0
技术市场成交额	亿元		75	651	4764	6437
医院数	个	9293	14377	16318	21979	23005
医院床位数	万张	110.0	186.9	216.7	370.5	416.1
执业(助理)医师	万人	97.8	176.3	207.6	246.6	261.6
图书总印数	亿册(张)	37.7	56.4	62.7	77.1	81.0
期刊总印数	亿册	7.6	17.9	29.4	32.9	34.0
报纸总印数	亿份	127.8	211.3	329.3	467.4	476.0

注：1.由于计算误差的影响，按支出法计算的国内生产总值不等于按生产法计算的国内生产总值。

2.2011年起，城镇固定资产投资数据发布口径改为固定资产投资（不含农户）。

3.本表价值量指标中,邮电业务总量2000年及以前按1990年不变价格计算，2001年起按2000年不变价格计算，2011年起按2010年不变价格计算。其余指标按当年价格计算。

国民经济与社会发展速度指标（一）

指　　标	2012年为下列各年%				平均每年增长%		
	1978年	1990年	2000年	2011年	1979－2012年	1991－2012年	2001－2012年
人口							
年末总人口	140.7	118.4	106.8	100.5	1.0	0.8	0.6
城镇人口	412.8	235.7	155.1	103.0	4.3	4.0	3.7
乡村人口	81.3	76.3	79.4	97.8	-0.6	-1.2	-1.9
就业和失业							
就业人员	191.0	118.5	106.4	100.4	1.9	0.8	0.5
#城镇就业人员	390.0	217.7	160.3	103.3	4.1	3.6	4.0
城镇登记失业人员	173.0	239.4	154.1	99.5	1.6	4.0	3.7
国民经济核算							
国内生产总值	2425.0	860.8	319.1	107.8	9.8	10.3	10.2
第一产业	456.4	239.3	164.8	104.5	4.6	4.0	4.2
第二产业	3812.2	1253.6	352.4	108.1	11.3	12.2	11.1
第三产业	3274.2	904.2	342.5	108.1	10.8	10.5	10.8
固定资产投资							
全社会固定资产投资总额		8294.8	1138.2	120.3		22.5	22.8
#城　镇		11142.0	1391.3	120.6		23.9	24.4
#房地产开发		28347.3	1440.7	116.2		30.5	25.4
对外贸易和实际利用外资							
货物进出口总额	18734.3	3349.6	815.3	106.2	16.6	17.3	19.1
出口额	21014.7	3299.9	822.2	107.9	17.0	17.2	19.2
进口额	16692.6	3407.4	807.6	104.3	16.2	17.4	19.0
外商直接投资		3203.8	274.4	96.3		17.1	8.8
财政收支							
国家财政收入	10351.8	3990.7	875.0	112.8	14.6	18.2	19.8
国家财政支出	11203.4	4076.8	791.3	115.1	14.9	18.4	18.8
主要农业、工业产品产量							
粮食	193.5	132.1	127.6	103.2	2.0	1.3	2.0
棉花	315.5	151.6	154.8	103.7	3.4	1.9	3.7
油料	658.6	213.0	116.3	103.9	5.7	3.5	1.3
肉类			139.5	105.3			2.8
原煤	590.6	338.0	263.7	103.7	5.4	5.7	8.4
原油	199.4	150.0	127.3	102.3	2.1	1.9	2.0
水泥	3387.5	1053.8	370.2	105.3	10.9	11.3	11.5
粗钢	2256.6	1080.9	558.1	104.7	9.6	11.4	15.4
发电量	1924.3	794.9	364.2	104.8	9.1	9.9	11.4

国民经济与社会发展速度指标（二）

指　　标	2012年为下列各年%				平均每年增长%		
	1978年	1990年	2000年	2011年	1979－2012年	1991－2012年	2001－2012年
建筑业							
建筑业企业从业人员		365.0	185.0	95.8		6.1	5.3
建筑业总产值		10059.7	1082.6	116.2		23.3	22.0
交通和邮电							
客运量	1497.7	492.3	257.3	107.9	8.3	7.5	8.2
货运量	1646.7	422.4	301.7	110.9	8.6	6.8	9.6
沿海主要港口货物吞吐量	3354.1	1376.7	529.6	107.9	10.9	12.7	14.9
邮电业务总量	164913.4	36142.5	1173.0	112.7	24.3	30.7	22.8
移动电话用户		6178639	1315.6	112.8		65.1	24.0
固定电话用户	14446.2	4060.4	192.1	97.6	15.8	18.3	5.6
国内贸易和旅游							
社会消费品零售总额	13493.3	2533.8	537.8	114.3	15.5	15.8	15.0
入境过夜旅游者人数	8062.2	550.6	184.8	100.3	13.8	8.1	5.3
国际旅游外汇收入	19022.8	2255.6	308.4	103.2	16.7	15.2	9.8
教育、科技、卫生、文化							
在校学生数							
#普通本、专科	2793.6	1159.1	430.0	103.6	10.3	11.8	12.9
普通中学	110.4	156.0	97.0	96.1	0.3	2.0	-0.3
普通小学	66.3	79.2	74.5	97.7	-1.2	-1.1	-2.4
研究与试验发展经费支出			1143.3	117.9			22.5
技术市场成交额		8571.2	989.2	135.1		22.4	21.0
医院数	247.6	160.0	141.0	104.7	2.7	2.2	2.9
医院床位数	378.3	222.6	192.0	112.3	4.0	3.7	5.6
执业(助理)医师	267.4	148.4	126.0	106.1	2.9	1.8	1.9
图书总印数	214.9	143.6	129.2	105.1	2.3	1.7	2.2
期刊总印数	447.4	189.9	115.6	103.3	4.5	3.0	1.2
报纸总印数	372.5	225.3	144.5	101.8	3.9	3.8	3.1

注：本表价值量指标中，国内生产总值和邮电业务总量按可比价格计算，其他按当年价格计算；固定资产投资总额平均每年增长速度按累计法计算。

国民经济与社会发展结构指标

单位：%

指　　标	1978年	1990年	2000年	2011年	2012年
人口					
城镇	17.9	26.4	36.2	51.3	52.6
乡村	82.1	73.6	63.8	48.7	47.4
就业人员					
第一产业	70.5	60.1	50.0	34.8	33.6
第二产业	17.3	21.4	22.5	29.5	30.3
第三产业	12.2	18.5	27.5	35.7	36.1
国内生产总值					
第一产业	28.2	27.1	15.1	10.0	10.1
第二产业	47.9	41.3	45.9	46.6	45.3
第三产业	23.9	31.5	39.0	43.4	44.6
全社会固定资产投资总额					
#城镇		72.5	79.7	97.1	97.4
货物进出口总额					
出口总额	47.2	53.8	52.5	52.1	53.0
进口总额	52.8	46.2	47.5	47.9	47.0
财政收入					
中央	15.5	33.8	52.2	49.4	47.9
地方	84.5	66.2	47.8	50.6	52.1
财政支出					
中央	47.4	32.6	34.7	15.1	14.9
地方	52.6	67.4	65.3	84.9	85.1
农林牧渔业产值					
#农业	80.0	64.7	55.7	51.6	52.5
林业	3.4	4.3	3.8	3.8	3.9
牧业	15.0	25.7	29.7	31.7	30.4
渔业	1.6	5.4	10.9	9.3	9.7
规模以上工业企业总资产					
大型企业			56.3	39.5	48.5
中型企业			12.9	32.3	22.6
小型企业			30.8	28.2	28.9
在校学生数					
大学生	0.4	1.2	2.6	11.7	12.4
中学生	30.8	27.1	35.5	38.1	37.4
小学生	68.8	71.7	61.9	50.2	50.2
卫生技术人员数					
#执业(助理)医师	39.7	45.2	46.2	39.8	39.2
注册护士	16.4	25.0	28.2	36.2	37.4

注：2011年起，城镇固定资产投资数据发布口径改为固定资产投资(不含农户)。

东、中、西、东北地区主要经济指标(一)

(2012年)

指　　标	单位	东　部 10省市 合计或 平　均	东部10省市 合计占全国 的比重(%)	中部6省 合计或 平　均	中部6省 合计占全国 的比重(%)
国民核算					
国内(地区)生产总值	亿元	295665.3	51.3	116487.9	20.2
第一产业	亿元	18342.7	35.0	14022.1	26.8
第二产业	亿元	141723.4	49.2	62097.6	21.6
第三产业	亿元	135599.2	57.4	40368.2	17.1
固定资产投资					
全社会固定资产投资额	亿元	151742.2	41.1	87908.9	23.8
对外贸易					
货物进出口总额	亿美元	32705.7	84.6	1934.3	5.0
出口总额	亿美元	17012.7	83.0	1205.6	5.9
进口总额	亿美元	15693.0	86.3	728.7	4.0
农业					
主要农产品产量					
粮食	万吨	14553.3	24.7	17734.9	30.1
棉花	万吨	157.5	23.0	154.6	22.6
油料	万吨	817.7	23.8	1461.3	42.5
工业					
主要工业产品产量					
原油	万吨	7885.1	38.0	555.5	2.7
水泥	万吨	79218.7	36.4	58517.1	26.9
粗钢	万吨	39375.1	55.0	14940.2	20.9
汽车	万辆	896.3	46.5	313.0	16.2
发电量	亿千瓦小时	19612.1	39.7	11196.3	22.7
建筑业					
建筑业总产值	亿元	72469.4	53.6	26860.4	19.9
国内贸易					
社会消费品零售总额	亿元	110666.7	52.6	42670.6	20.3

注：1.东部10省(市)包括北京、天津、河北、上海、江苏、浙江、福建、山东、广东和海南；中部6省包括山西、安徽、江西、河南、湖北和湖南。

2.东部10省市和中部6省合计占全国的比重以各地区合计数为100计算。

东、中、西、东北地区主要经济指标(二)

(2012年)

指　　标	单位	西部12省区市合计或平均	西部12省区市合计占全国的比重(%)	东北3省合计或平均	东北3省合计占全国的比重(%)
国民核算					
国内(地区)生产总值	亿元	113914.6	19.8	50430.7	8.7
第一产业	亿元	14330.1	27.4	5681.6	10.8
第二产业	亿元	57929.1	20.1	26169.6	9.1
第三产业	亿元	41655.4	17.6	18579.5	7.9
固定资产投资					
全社会固定资产投资额	亿元	88748.8	24.0	41243.1	11.2
对外贸易					
货物进出口总额	亿美元	2363.8	6.1	1663.8	4.3
出口总额	亿美元	1487.4	7.3	783.7	3.8
进口总额	亿美元	876.3	4.8	880.2	4.8
农业					
主要农产品产量					
粮食	万吨	15494.7	26.3	11175.0	19.0
棉花	万吨	370.7	54.2	0.9	0.1
油料	万吨	933.6	27.2	224.1	6.5
工业					
主要工业产品产量					
原油	万吨	6495.3	31.3	5811.9	28.0
水泥	万吨	66928.7	30.8	12672.5	5.8
粗钢	万吨	10290.1	14.4	7048.8	9.8
汽车	万辆	468.5	24.3	249.9	13.0
发电量	亿千瓦小时	15610.8	31.6	2958.4	6.0
建筑业					
建筑业总产值	亿元	24139.7	17.8	11834.0	8.7
国内贸易					
社会消费品零售总额	亿元	37359.1	17.8	19610.5	9.3

注：1.西部12省(区、市)包括内蒙古、广西、重庆、四川、贵州、云南、西藏、陕西、甘肃、青海、宁夏和新疆；东北3省包括辽宁、吉林和黑龙江。

2.西部12省区市和东北3省合计占全国的比重以各地区合计数为100计算。

人均主要农业产品产量

单位：公斤

年 份	粮食	棉花	油料	糖料	水果	水产品
1978	318.7	2.3	5.5	24.9	6.9	4.9
1980	326.7	2.8	7.8	29.7	6.9	4.6
1985	360.7	3.9	15.0	57.5	11.1	6.7
1990	393.1	4.0	14.2	63.6	16.5	10.9
1995	387.3	4.0	18.7	65.9	35.0	20.9
1996	414.4	3.5	18.2	68.7	38.2	27.0
1997	401.7	3.7	17.5	76.3	41.4	25.4
1998	412.5	3.6	18.6	78.8	43.9	27.2
1999	405.8	3.1	20.8	66.5	49.8	28.5
2000	366.0	3.5	23.4	60.5	49.3	29.4
2001	355.9	4.2	22.5	68.1	52.3	29.8
2002	357.0	3.8	22.6	80.4	54.3	30.9
2003	334.3	3.8	21.8	74.8	112.7	31.6
2004	362.2	4.9	23.7	73.8	118.4	32.8
2005	371.3	4.4	23.6	72.5	123.6	33.9
2006	379.9	5.7	20.1	79.8	130.4	35.0
2007	380.6	5.8	19.5	92.5	137.6	36.0
2008	399.1	5.7	22.3	101.3	145.1	37.0
2009	398.7	4.8	23.7	92.2	153.2	38.4
2010	408.5	4.5	24.1	89.8	160.0	40.2
2011	425.0	4.9	24.6	93.1	169.4	41.7
2012	436.5	5.1	25.4	99.8	178.1	43.7

注：本表计算中所使用的人口数为年平均人口数(下表同)。2003年起水果产量含果用瓜。

人均主要工业产品产量

年 份	原煤 (吨)	原油 (公斤)	布 (米)	水泥 (公斤)	粗钢 (公斤)	发电量 (千瓦小时)
1978	0.65	108.8	11.5	68.2	33.2	268.4
1980	0.63	108.0	13.7	81.4	37.8	306.3
1985	0.83	118.8	14.0	138.9	44.5	390.8
1990	0.95	121.8	16.6	184.7	58.4	547.2
1995	1.13	124.5	21.6	394.7	79.1	835.8
1996	1.15	129.2	17.2	403.4	83.2	888.1
1997	1.13	130.7	20.2	416.0	88.6	923.2
1998	1.07	129.6	19.4	431.6	93.1	939.7
1999	1.09	127.7	20.0	457.4	99.2	989.3
2000	1.10	129.1	21.9	472.8	101.8	1073.6
2001	1.16	128.9	22.8	519.7	119.2	1164.3
2002	1.21	130.4	25.2	566.2	142.4	1291.8
2003	1.42	131.6	27.4	669.1	172.6	1482.9
2004	1.64	135.7	37.2	746.0	218.3	1700.0
2005	1.80	139.1	37.2	819.8	270.9	1917.8
2006	1.93	140.9	45.7	943.4	319.7	2185.9
2007	2.04	141.4	51.2	1032.8	371.3	2490.0
2008	2.12	143.8	54.6	1074.7	379.8	2639.0
2009	2.23	142.3	56.6	1234.9	429.8	2790.3
2010	2.42	151.3	59.8	1406.8	476.4	3145.1
2011	2.62	150.9	60.6	1561.8	509.8	3506.4
2012	2.70	153.6	62.2	1636.2	531.0	3655.7

国民经济核算指标

指　标	单位	1978年	1990年	2000年	2011年	2012年
绝对数						
国民总收入	亿元	3645.2	18718.3	98000.5	468562.4	516662.0
国内生产总值	亿元	3645.2	18667.8	99214.6	473104.0	519322.1
第一产业	亿元	1027.5	5062.0	14944.7	47486.2	52377.0
第二产业	亿元	1745.2	7717.4	45555.9	220412.8	235318.6
第三产业	亿元	872.5	5888.4	38714.0	205205.0	231626.5
人均国内生产总值	元	381	1644	7858	35198	38449
支出法国内生产总值	亿元	3605.6	19347.8	98749.0	472619.2	527607.7
最终消费支出	亿元	2239.1	12090.5	61516.0	232111.5	259599.6
居民消费支出	亿元	1759.1	9450.9	45854.6	168956.6	188370.1
政府消费支出	亿元	480.0	2639.6	15661.4	63154.9	71229.6
资本形成总额	亿元	1377.9	6747.0	34842.8	228344.3	253524.3
固定资本形成	亿元	1073.9	4827.8	33844.4	215682.0	243151.9
存货变动	亿元	304.0	1919.2	998.4	12662.3	10372.4
货物和服务净出口	亿元	-11.4	510.3	2390.2	12163.3	14483.8
指数(1978年=100)						
国民总收入指数		100.0	282.5	750.6	2228.9	2412.6
国内生产总值指数		100.0	281.7	759.9	2250.5	2425.0
第一产业		100.0	190.7	277.0	436.8	456.4
第二产业		100.0	304.1	1081.8	3527.4	3812.2
第三产业		100.0	362.1	956.1	3028.0	3274.2
人均国内生产总值指数		100.0	237.3	575.5	1600.9	1716.7
构成						
支出法国内生产总值=100						
最终消费支出	%	62.1	62.5	62.3	49.1	49.2
资本形成总额	%	38.2	34.9	35.3	48.3	48.1
最终消费支出=100						
居民消费支出	%	78.6	78.2	74.5	72.8	72.6
政府消费支出	%	21.4	21.8	25.5	27.2	27.4
资本形成总额=100						
固定资本形成总额	%	77.9	71.6	97.1	94.5	95.9
存货变动	%	22.1	28.4	2.9	5.5	4.1

注：1.绝对数和构成按当年价格计算，指数按不变价格计算。

2.由于统计误差的影响，按支出法计算的国内生产总值不等于按生产法计算的国内生产总值。

国民总收入和国内生产总值（一）

年　份	国民总收入（亿元）	国内生产总值（亿元）	第一产业	第二产业	工　业
1978	3645.2	3645.2	1027.5	1745.2	1607.0
1979	4062.6	4062.6	1270.2	1913.5	1769.7
1980	4545.6	4545.6	1371.6	2192.0	1996.5
“六五”时期	**32490.0**	**32401.7**	**10195.7**	**14257.0**	**12824.0**
1981	4889.5	4891.6	1559.5	2255.5	2048.4
1982	5330.5	5323.4	1777.4	2383.0	2162.3
1983	5985.6	5962.7	1978.4	2646.2	2375.6
1984	7243.8	7208.1	2316.1	3105.7	2789.0
1985	9040.7	9016.0	2564.4	3866.6	3448.7
“七五”时期	**73081.1**	**73036.8**	**19215.0**	**31326.9**	**27672.0**
1986	10274.4	10275.2	2788.7	4492.7	3967.0
1987	12050.6	12058.6	3233.0	5251.6	4585.8
1988	15036.8	15042.8	3865.4	6587.2	5777.2
1989	17000.9	16992.3	4265.9	7278.0	6484.0
1990	18718.3	18667.8	5062.0	7717.4	6858.0
“八五”时期	**191942.5**	**193030.5**	**39881.1**	**88381.0**	**76990.9**
1991	21826.2	21781.5	5342.2	9102.2	8087.1
1992	26937.3	26923.5	5866.6	11699.5	10284.5
1993	35260.0	35333.9	6963.8	16454.4	14188.0
1994	48108.5	48197.9	9572.7	22445.4	19480.7
1995	59810.5	60793.7	12135.8	28679.5	24950.6
“九五”时期	**417707.3**	**423443.5**	**72989.7**	**196971.6**	**172282.5**
1996	70142.5	71176.6	14015.4	33835.0	29447.6
1997	78060.9	78973.0	14441.9	37543.0	32921.4
1998	83024.3	84402.3	14817.6	39004.2	34018.4
1999	88479.2	89677.1	14770.0	41033.6	35861.5
2000	98000.5	99214.6	14944.7	45555.9	40033.6
“十五”时期	**705211.8**	**710626.3**	**93532.7**	**327347.8**	**288398.3**
2001	108068.2	109655.2	15781.3	49512.3	43580.6
2002	119095.7	120332.7	16537.0	53896.8	47431.3
2003	134977.0	135822.8	17381.7	62436.3	54945.5
2004	159453.6	159878.3	21412.7	73904.3	65210.0
2005	183617.4	184937.4	22420.0	87598.1	77230.8
“十一五”时期	**1538436.2**	**1538585.8**	**162128.6**	**723576.3**	**628068.2**
2006	215904.4	216314.4	24040.0	103719.5	91310.9
2007	266422.0	265810.3	28627.0	125831.4	110534.9
2008	316030.3	314045.4	33702.0	149003.4	130260.2
2009	340320.0	340902.8	35226.0	157638.8	135239.9
2010	399759.5	401512.8	40533.6	187383.2	160722.2
“十二五”时期					
2011	468562.4	473104.0	47486.2	220412.8	188470.2
2012	516662.0	519322.1	52377.0	235318.6	199859.6

注：本表按当年价格计算。

国民总收入和国内生产总值（二）

年　　份	建筑业	第三产业	#交通运输、仓储和邮政业	#批发和零售业	人均国内生产总值（元）
1978	138.2	872.5	182.0	242.3	381
1979	143.8	878.9	193.7	200.9	419
1980	195.5	982.0	213.4	193.8	463
“六五”时期	**1433.0**	**7948.9**	**1502.7**	**1767.0**	**631**
1981	207.1	1076.6	220.7	231.1	492
1982	220.7	1163.0	246.9	171.4	528
1983	270.6	1338.1	274.9	198.7	583
1984	316.7	1786.3	338.5	363.5	695
1985	417.9	2585.0	421.7	802.4	858
“七五”时期	**3654.9**	**22494.8**	**3732.7**	**6200.7**	**1321**
1986	525.7	2993.8	498.8	852.6	963
1987	665.8	3574.0	568.3	1059.6	1112
1988	810.0	4590.3	685.7	1483.4	1366
1989	794.0	5448.4	812.7	1536.2	1519
1990	859.4	5888.4	1167.0	1268.9	1644
“八五”时期	**11390.1**	**64768.4**	**11315.5**	**15608.2**	**3258**
1991	1015.1	7337.1	1420.3	1834.6	1893
1992	1415.0	9357.4	1689.0	2405.0	2311
1993	2266.5	11915.7	2174.0	2816.6	2998
1994	2964.7	16179.8	2787.9	3773.4	4044
1995	3728.8	19978.5	3244.3	4778.6	5046
“九五”时期	**24689.1**	**153482.3**	**23927.7**	**34490.0**	**6816**
1996	4387.4	23326.2	3782.2	5599.7	5846
1997	4621.6	26988.1	4148.6	6327.4	6420
1998	4985.8	30580.5	4660.9	6913.2	6796
1999	5172.1	33873.4	5175.2	7491.1	7159
2000	5522.3	38714.0	6161.0	8158.6	7858
“十五”时期	**38949.5**	**289745.8**	**42246.9**	**56704.3**	**11017**
2001	5931.7	44361.6	6870.3	9119.4	8622
2002	6465.5	49898.9	7492.9	9995.4	9398
2003	7490.8	56004.7	7913.2	11169.5	10542
2004	8694.3	64561.3	9304.4	12453.8	12336
2005	10367.3	74919.3	10666.2	13966.2	14185
“十一五”时期	**95508.1**	**652880.8**	**79005.8**	**128381.4**	**23200**
2006	12408.6	88554.9	12183.0	16530.7	16500
2007	15296.5	111351.9	14601.0	20937.8	20169
2008	18743.2	131340.0	16362.5	26182.3	23708
2009	22398.8	148038.0	16727.1	28984.5	25608
2010	26661.0	173596.0	19132.2	35746.1	30015
“十二五”时期					
2011	31942.7	205205.0	22432.8	43445.2	35198
2012	35459.0	231626.5	24959.8	50246.4	38449

注：各时期人均国内生产总值为该时期各年的平均数。

国内生产总值构成

(国内生产总值=100)

年份	第一产业	第二产业	工业	建筑业	第三产业	#交通运输、仓储和邮政业	#批发和零售业
1978	28.2	47.9	44.1	3.8	23.9	5.0	6.6
1979	31.3	47.1	43.6	3.5	21.6	4.8	4.9
1980	30.2	48.2	43.9	4.3	21.6	4.7	4.3
1981	31.9	46.1	41.9	4.2	22.0	4.5	4.7
1982	33.4	44.8	40.6	4.1	21.8	4.6	3.2
1983	33.2	44.4	39.8	4.5	22.4	4.6	3.3
1984	32.1	43.1	38.7	4.4	24.8	4.7	5.0
1985	28.4	42.9	38.3	4.6	28.7	4.7	8.9
1986	27.1	43.7	38.6	5.1	29.1	4.9	8.3
1987	26.8	43.6	38.0	5.5	29.6	4.7	8.8
1988	25.7	43.8	38.4	5.4	30.5	4.6	9.9
1989	25.1	42.8	38.2	4.7	32.1	4.8	9.0
1990	27.1	41.3	36.7	4.6	31.5	6.3	6.8
1991	24.5	41.8	37.1	4.7	33.7	6.5	8.4
1992	21.8	43.5	38.2	5.3	34.8	6.3	8.9
1993	19.7	46.6	40.2	6.4	33.7	6.2	8.0
1994	19.9	46.6	40.4	6.2	33.6	5.8	7.8
1995	20.0	47.2	41.0	6.1	32.9	5.3	7.9
1996	19.7	47.5	41.4	6.2	32.8	5.3	7.9
1997	18.3	47.5	41.7	5.9	34.2	5.3	8.0
1998	17.6	46.2	40.3	5.9	36.2	5.5	8.2
1999	16.5	45.8	40.0	5.8	37.8	5.8	8.4
2000	15.1	45.9	40.4	5.6	39.0	6.2	8.2
2001	14.4	45.2	39.7	5.4	40.5	6.3	8.3
2002	13.7	44.8	39.4	5.4	41.5	6.2	8.3
2003	12.8	46.0	40.5	5.5	41.2	5.8	8.2
2004	13.4	46.2	40.8	5.4	40.4	5.8	7.8
2005	12.1	47.4	41.8	5.6	40.5	5.8	7.6
2006	11.1	47.9	42.2	5.7	40.9	5.6	7.6
2007	10.8	47.3	41.6	5.8	41.9	5.5	7.9
2008	10.7	47.4	41.5	6.0	41.8	5.2	8.3
2009	10.3	46.2	39.7	6.6	43.4	4.9	8.5
2010	10.1	46.7	40.0	6.6	43.2	4.8	8.9
2011	10.0	46.6	39.8	6.8	43.4	4.7	9.2
2012	10.1	45.3	38.5	6.8	44.6	4.8	9.7

注：本表按当年价格计算。

国内生产总值指数(一)

(上年=100)

年份	国民总收入	国内生产总值	第一产业	第二产业	工业	建筑业	第三产业	#交通运输、仓储和邮政业	#批发和零售业	人均国内生产总值
1978	111.7	111.7	104.1	115.0	116.4	99.4	113.8	108.9	123.1	110.2
1979	107.6	107.6	106.1	108.2	108.7	102.0	107.9	108.3	108.7	106.1
1980	107.8	107.8	98.5	113.6	112.7	126.7	106.0	104.3	98.1	106.5
1981	105.2	105.2	107.0	101.9	101.7	103.2	110.4	101.9	129.5	103.9
1982	109.2	109.1	111.5	105.6	105.8	103.4	113.0	111.4	99.3	107.5
1983	111.1	110.9	108.3	110.4	109.7	117.1	115.2	109.5	121.2	109.3
1984	115.3	115.2	112.9	114.5	114.9	110.9	119.3	114.9	124.7	113.7
1985	113.2	113.5	101.8	118.6	118.2	122.2	118.2	113.8	133.5	111.9
1986	108.5	108.8	103.3	110.2	109.6	115.9	112.0	113.9	109.4	107.2
1987	111.5	111.6	104.7	113.7	113.2	117.9	114.4	109.6	114.7	109.8
1988	111.3	111.3	102.5	114.5	115.3	108.0	113.2	112.5	111.8	109.5
1989	104.2	104.1	103.1	103.8	105.1	91.6	105.4	104.2	89.3	102.5
1990	104.1	103.8	107.3	103.2	103.4	101.2	102.3	108.3	94.7	102.3
1991	109.1	109.2	102.4	113.9	114.4	109.6	108.9	110.6	105.2	107.7
1992	114.1	114.2	104.7	121.2	121.2	121.0	112.4	110.1	110.5	112.8
1993	113.7	114.0	104.7	119.9	120.1	118.0	112.2	112.5	108.6	112.7
1994	113.1	113.1	104.0	118.4	118.9	113.7	111.1	108.5	108.2	111.8
1995	109.3	110.9	105.0	113.9	114.0	112.4	109.8	111.0	108.2	109.7
1996	110.2	110.0	105.1	112.1	112.5	108.5	109.4	111.0	107.6	108.9
1997	109.6	109.3	103.5	110.5	111.3	102.6	110.7	109.2	108.8	108.2
1998	107.3	107.8	103.5	108.9	108.9	109.0	108.4	110.6	106.5	106.8
1999	107.9	107.6	102.8	108.1	108.5	104.3	109.3	112.2	108.7	106.7
2000	108.6	108.4	102.4	109.4	109.8	105.7	109.7	108.6	109.4	107.6
2001	108.1	108.3	102.8	108.4	108.7	106.8	110.3	108.8	109.1	107.5
2002	109.5	109.1	102.9	109.8	110.0	108.8	110.4	107.1	108.8	108.4
2003	110.5	110.0	102.5	112.7	112.8	112.1	109.5	106.1	109.9	109.3
2004	110.5	110.1	106.3	111.1	111.5	108.1	110.1	114.5	106.6	109.4
2005	110.8	111.3	105.2	112.1	111.6	116.0	112.2	111.2	113.0	110.7
2006	113.3	112.7	105.0	113.4	112.9	117.2	114.1	110.0	119.5	112.0
2007	114.6	114.2	103.7	115.1	114.9	116.2	116.0	111.8	120.2	113.6
2008	110.1	109.6	105.4	109.9	109.9	109.5	110.4	107.3	115.9	109.1
2009	108.3	109.2	104.2	109.9	108.7	118.6	109.6	104.2	112.1	108.7
2010	110.2	110.4	104.3	112.3	112.1	113.5	109.8	109.8	114.3	109.9
2011	108.7	109.3	104.3	110.3	110.4	109.7	109.4	109.9	112.6	108.8
2012	108.2	107.8	104.5	108.1	107.9	109.3	108.1	107.0	111.9	107.2

注：本表按不变价格计算。

国内生产总值指数（二）

(1978年=100)

年　份	国民总收入	国内生产总值	第一产业	第二产业	工　业
1978	100.0	100.0	100.0	100.0	100.0
1979	107.6	107.6	106.1	108.2	108.7
1980	116.0	116.0	104.6	122.9	122.4
1981	122.0	122.1	111.9	125.2	124.5
1982	133.3	133.1	124.8	132.1	131.7
1983	148.2	147.6	135.1	145.8	144.5
1984	170.8	170.0	152.6	166.9	166.0
1985	193.4	192.9	155.4	197.9	196.2
1986	209.9	210.0	160.5	218.2	215.2
1987	234.1	234.3	168.1	248.1	243.6
1988	260.6	260.7	172.3	284.1	280.8
1989	271.4	271.3	177.6	294.8	295.0
1990	282.5	281.7	190.7	304.1	304.9
1991	308.2	307.6	195.2	346.3	348.8
1992	351.5	351.4	204.4	419.5	422.6
1993	399.6	400.4	214.0	502.8	507.5
1994	452.0	452.8	222.6	595.2	603.5
1995	494.2	502.3	233.7	677.7	688.2
1996	544.5	552.6	245.6	759.8	774.3
1997	596.9	603.9	254.2	839.4	861.9
1998	640.6	651.2	263.1	914.2	938.6
1999	691.5	700.9	270.5	988.6	1018.6
2000	750.6	759.9	277.0	1081.8	1118.3
2001	811.1	823.0	284.8	1173.1	1215.2
2002	888.5	897.8	293.0	1288.4	1336.4
2003	981.6	987.8	300.3	1451.7	1506.8
2004	1084.5	1087.4	319.3	1613.0	1680.2
2005	1201.7	1210.4	336.0	1807.9	1874.7
2006	1361.2	1363.8	352.8	2050.0	2116.1
2007	1560.5	1557.0	366.0	2358.8	2431.5
2008	1717.8	1707.0	385.6	2591.8	2673.0
2009	1861.1	1864.3	401.8	2849.4	2906.4
2010	2050.0	2059.0	418.9	3198.4	3257.0
2011	2228.9	2250.5	436.8	3527.4	3595.0
2012	2412.6	2425.0	456.4	3812.2	3878.2
平均每年增长(%)					
1979-2012年	9.8	9.8	4.6	11.3	11.4
1991-2012年	10.2	10.3	4.0	12.2	12.3
2001-2012年	10.2	10.2	4.2	11.1	10.9

注：本表按不变价格计算。

国内生产总值指数（三）

（1978年=100）

年　　份	建筑业	第三产业	#交通运输、仓储和邮政业	#批发和零售业	人均国内生产总值
1978	100.0	100.0	100.0	100.0	100.0
1979	102.0	107.9	108.3	108.7	106.1
1980	129.2	114.3	112.9	106.7	113.0
1981	133.3	126.2	115.0	138.2	117.5
1982	137.9	142.6	128.1	137.2	126.2
1983	161.4	164.3	140.2	166.3	137.9
1984	179.0	196.0	161.1	207.4	156.8
1985	218.7	231.7	183.3	277.0	175.5
1986	253.4	259.6	208.8	303.2	188.2
1987	298.7	296.8	228.9	347.8	206.6
1988	322.5	335.9	257.5	388.7	226.3
1989	295.3	353.9	268.3	347.1	231.9
1990	298.8	362.1	290.7	328.8	237.3
1991	327.4	394.3	321.4	345.8	255.6
1992	396.2	443.3	353.7	382.2	288.4
1993	467.5	497.4	398.1	414.9	324.9
1994	531.5	552.5	432.0	448.9	363.3
1995	597.4	606.9	479.4	485.9	398.6
1996	648.2	664.1	532.4	523.0	433.9
1997	665.2	735.3	581.3	568.8	469.4
1998	725.2	796.8	642.9	605.9	501.4
1999	756.2	871.2	721.2	658.6	534.9
2000	799.1	956.1	783.0	720.7	575.5
2001	853.3	1054.2	852.0	786.2	618.7
2002	928.3	1164.2	912.7	855.5	670.4
2003	1040.4	1274.9	968.6	940.5	733.1
2004	1125.0	1403.1	1108.9	1002.2	802.2
2005	1305.0	1574.7	1233.1	1132.8	887.7
2006	1529.8	1797.3	1356.0	1353.3	994.7
2007	1777.4	2084.6	1516.0	1626.9	1129.6
2008	1946.3	2301.4	1627.1	1884.7	1232.1
2009	2307.4	2521.5	1695.0	2112.8	1339.0
2010	2618.2	2767.5	1861.0	2414.8	1471.7
2011	2872.6	3028.0	2044.7	2719.3	1600.9
2012	3138.6	3274.2	2187.3	3043.2	1716.7
平均每年增长(%)					
1979-2012年	10.7	10.8	9.5	10.6	8.7
1991-2012年	11.3	10.5	9.6	10.6	9.4
2001-2012年	12.1	10.8	8.9	12.8	9.5

注：本表按不变价格计算。

三次产业贡献率

单位：%

年 份	国内生产总值	第一产业	第二产业	#工 业	第三产业
1990	100.0	41.6	41.0	39.7	17.3
1991	100.0	7.1	62.8	58.0	30.1
1992	100.0	8.4	64.5	57.6	27.1
1993	100.0	7.9	65.5	59.1	26.6
1994	100.0	6.6	67.9	62.6	25.5
1995	100.0	9.1	64.3	58.5	26.6
1996	100.0	9.6	62.9	58.5	27.5
1997	100.0	6.7	59.7	58.3	33.5
1998	100.0	7.6	60.9	55.4	31.5
1999	100.0	6.0	57.8	55.0	36.2
2000	100.0	4.4	60.8	57.6	34.8
2001	100.0	5.1	46.7	42.1	48.2
2002	100.0	4.6	49.8	44.4	45.7
2003	100.0	3.4	58.5	51.9	38.1
2004	100.0	7.8	52.2	47.7	39.9
2005	100.0	5.6	51.1	43.4	43.3
2006	100.0	4.8	50.0	42.4	45.2
2007	100.0	3.0	50.7	44.0	46.3
2008	100.0	5.7	49.3	43.4	45.0
2009	100.0	4.5	51.9	40.0	43.6
2010	100.0	3.8	56.8	48.5	39.3
2011	100.0	4.6	51.6	44.7	43.8
2012	100.0	5.6	49.0	41.1	45.4

注：本表按不变价格计算。产业贡献率指各产业增加值增量与国内生产总值增量之比。

三次产业对国内生产总值增长的拉动

单位：百分点

年 份	国内生产总值	第一产业	第二产业	#工 业	第三产业
1990	3.8	1.6	1.6	1.5	0.7
1991	9.2	0.7	5.8	5.3	2.8
1992	14.2	1.2	9.2	8.2	3.9
1993	14.0	1.1	9.1	8.3	3.7
1994	13.1	0.9	8.9	8.2	3.3
1995	10.9	1.0	7.0	6.4	2.9
1996	10.0	1.0	6.3	5.9	2.8
1997	9.3	0.6	5.6	5.4	3.1
1998	7.8	0.6	4.8	4.3	2.5
1999	7.6	0.5	4.4	4.2	2.8
2000	8.4	0.4	5.1	4.9	2.9
2001	8.3	0.4	3.9	3.5	4.0
2002	9.1	0.4	4.5	4.0	4.1
2003	10.0	0.3	5.9	5.2	3.8
2004	10.1	0.8	5.3	4.8	4.0
2005	11.3	0.6	5.8	4.9	4.9
2006	12.7	0.6	6.3	5.4	5.7
2007	14.2	0.4	7.2	6.2	6.6
2008	9.6	0.6	4.7	4.2	4.3
2009	9.2	0.4	4.8	3.7	4.0
2010	10.4	0.4	5.9	5.1	4.1
2011	9.3	0.4	4.8	4.2	4.1
2012	7.8	0.4	3.8	3.2	3.5

注：本表按不变价格计算。产业拉动指国内生产总值增长速度与各产业贡献率之乘积。

地区生产总值

单位：亿元

地　区	2006年	2007年	2008年	2009年	2010年	2011年	2012年
北　京	8117.8	9846.8	11115.0	12153.0	14113.6	16251.9	17801.0
天　津	4462.7	5252.8	6719.0	7521.9	9224.5	11307.3	12885.2
河　北	11467.6	13607.3	16012.0	17235.5	20394.3	24515.8	26575.0
山　西	4878.6	6024.5	7315.4	7358.3	9200.9	11237.6	12112.8
内蒙古	4944.2	6423.2	8496.2	9740.3	11672.0	14359.9	15988.3
辽　宁	9304.5	11164.3	13668.6	15212.5	18457.3	22226.7	24801.3
吉　林	4275.1	5284.7	6426.1	7278.8	8667.6	10568.8	11937.8
黑龙江	6211.8	7104.0	8314.4	8587.0	10368.6	12582.0	13691.6
上　海	10572.2	12494.0	14069.9	15046.5	17166.0	19195.7	20101.3
江　苏	21742.1	26018.5	30982.0	34457.3	41425.5	49110.3	54058.2
浙　江	15718.5	18753.7	21462.7	22990.4	27722.3	32318.9	34606.3
安　徽	6112.5	7360.9	8851.7	10062.8	12359.3	15300.7	17212.1
福　建	7583.9	9248.5	10823.0	12236.5	14737.1	17560.2	19701.8
江　西	4820.5	5800.3	6971.1	7655.2	9451.3	11702.8	12948.5
山　东	21900.2	25776.9	30933.3	33896.7	39169.9	45361.9	50013.2
河　南	12362.8	15012.5	18018.5	19480.5	23092.4	26931.0	29810.1
湖　北	7617.5	9333.4	11328.9	12961.1	15967.6	19632.3	22250.2
湖　南	7688.7	9439.6	11555.0	13059.7	16038.0	19669.6	22154.2
广　东	26587.8	31777.0	36796.7	39482.6	46013.1	53210.3	57067.9
广　西	4746.2	5823.4	7021.0	7759.2	9569.9	11720.9	13031.0
海　南	1044.9	1254.2	1503.1	1654.2	2064.5	2522.7	2855.3
重　庆	3907.2	4676.1	5793.7	6530.0	7925.6	10011.4	11459.0
四　川	8690.2	10562.4	12601.2	14151.3	17185.5	21026.7	23849.8
贵　州	2339.0	2884.1	3561.6	3912.7	4602.2	5701.8	6802.2
云　南	3988.1	4772.5	5692.1	6169.8	7224.2	8893.1	10309.8
西　藏	290.8	341.4	394.9	441.4	507.5	605.8	695.6
陕　西	4743.6	5757.3	7314.6	8169.8	10123.5	12512.3	14451.2
甘　肃	2277.4	2704.0	3166.8	3387.6	4120.8	5020.4	5650.2
青　海	648.5	797.4	1018.6	1081.3	1350.4	1670.4	1884.5
宁　夏	725.9	919.1	1203.9	1353.3	1689.7	2102.2	2326.6
新　疆	3045.3	3523.2	4183.2	4277.1	5437.5	6610.1	7466.3

注：本表按当年价格计算。

地区生产总值指数

(上年=100)

地　区	2006年	2007年	2008年	2009年	2010年	2011年	2012年
北　京	113.0	114.5	109.1	110.2	110.3	108.1	107.7
天　津	114.7	115.5	116.5	116.5	117.4	116.4	113.8
河　北	113.4	112.8	110.1	110.0	112.2	111.3	109.6
山　西	112.8	115.9	108.5	105.4	113.9	113.0	110.1
内蒙古	119.1	119.2	117.8	116.9	115.0	114.3	111.7
辽　宁	114.2	115.0	113.4	113.1	114.2	112.2	109.5
吉　林	115.0	116.1	116.0	113.6	113.8	113.8	112.0
黑龙江	112.1	112.0	111.8	111.4	112.7	112.3	110.0
上　海	112.7	115.2	109.7	108.2	110.3	108.2	107.5
江　苏	114.9	114.9	112.7	112.4	112.7	111.0	110.1
浙　江	113.9	114.7	110.1	108.9	111.9	109.0	108.0
安　徽	112.5	114.2	112.7	112.9	114.6	113.5	112.1
福　建	114.8	115.2	113.0	112.3	113.9	112.3	111.4
江　西	112.3	113.2	113.2	113.1	114.0	112.5	111.0
山　东	114.7	114.2	112.0	112.2	112.3	110.9	109.8
河　南	114.4	114.6	112.1	110.9	112.5	111.9	110.1
湖　北	113.2	114.6	113.4	113.5	114.8	113.8	111.3
湖　南	112.8	115.0	113.9	113.7	114.6	112.8	111.3
广　东	114.8	114.9	110.4	109.7	112.4	110.0	108.2
广　西	113.6	115.1	112.8	113.9	114.2	112.3	111.3
海　南	113.2	115.8	110.3	111.7	116.0	112.0	109.1
重　庆	112.4	115.9	114.5	114.9	117.1	116.4	113.6
四　川	113.5	114.5	111.0	114.5	115.1	115.0	112.6
贵　州	112.8	114.8	111.3	111.4	112.8	115.0	113.6
云　南	111.6	112.2	110.6	112.1	112.3	113.7	113.0
西　藏	113.3	114.0	110.1	112.4	112.3	112.7	111.8
陕　西	113.9	115.8	116.4	113.6	114.6	113.9	112.9
甘　肃	111.5	112.3	110.1	110.3	111.8	112.5	112.6
青　海	113.3	113.5	113.5	110.1	115.3	113.5	112.3
宁　夏	112.7	112.7	112.6	111.9	113.5	112.1	111.5
新　疆	111.0	112.2	111.0	108.1	110.6	112.0	112.0

注：本表按不变价格计算。

人均地区生产总值

单位：元

地 区	2006年	2007年	2008年	2009年	2010年	2011年	2012年
北 京	51722	60096	64491	66940	73856	81658	87091
天 津	42141	47970	58656	62574	72994	85213	93110
河 北	16682	19662	22986	24581	28668	33969	36584
山 西	14497	17805	21506	21522	26283	31357	33628
内蒙古	20523	26521	34869	39735	47347	57974	64319
辽 宁	21914	26057	31739	35149	42355	50760	56547
吉 林	15720	19383	23521	26595	31599	38460	43412
黑龙江	16255	18580	21740	22447	27076	32819	35711
上 海	54858	62041	66932	69164	76074	82560	85033
江 苏	28526	33837	40014	44253	52840	62290	68347
浙 江	31241	36676	41405	43842	51711	59249	63266
安 徽	9996	12039	14448	16408	20888	25659	28792
福 建	21105	25582	29755	33437	40025	47377	52763
江 西	11145	13322	15900	17335	21253	26150	28799
山 东	23603	27604	32936	35894	41106	47335	51768
河 南	13172	16012	19181	20597	24446	28661	31723
湖 北	13360	16386	19858	22677	27906	34197	38572
湖 南	12139	14869	18147	20428	24719	29880	33480
广 东	28534	33272	37638	39436	44736	50807	54095
广 西	10121	12277	14652	16045	20219	25326	27943
海 南	12810	14923	17691	19254	23831	28898	32374
重 庆	13939	16629	20490	22920	27596	34500	39083
四 川	10613	12963	15495	17339	21182	26133	29579
贵 州	6305	7878	9855	10971	13119	16413	19566
云 南	8929	10609	12570	13539	15752	19265	22195
西 藏	10422	12083	13824	15295	17319	20077	22757
陕 西	12840	15546	19700	21947	27133	33464	38557
甘 肃	8945	10614	12421	13269	16113	19595	21978
青 海	11889	14507	18421	19454	24115	29522	33023
宁 夏	12099	15142	19609	21777	26860	33043	36166
新 疆	15000	16999	19797	19942	25034	30087	33621

注：本表按当年价格计算。

人均地区生产总值指数

(上年=100)

地　区	2006年	2007年	2008年	2009年	2010年	2011年	2012年
北　京	109.1	109.7	103.7	104.6	104.8	103.8	104.8
天　津	112.0	111.7	111.4	111.1	111.7	110.9	109.1
河　北	112.6	112.0	109.3	109.3	110.6	109.7	108.8
山　西	112.1	115.3	107.9	104.9	111.2	110.4	109.6
内蒙古	118.5	118.6	117.1	116.2	114.4	113.8	111.3
辽　宁	113.5	114.0	112.8	112.5	113.4	111.6	109.3
吉　林	114.7	115.8	115.7	113.4	113.6	113.5	111.9
黑龙江	112.1	111.9	111.7	111.4	112.6	112.2	109.9
上　海	109.0	110.3	105.1	104.6	106.4	105.0	105.7
江　苏	113.9	113.9	111.9	111.8	112.0	110.3	109.7
浙　江	112.2	112.8	108.6	107.7	109.5	107.2	107.7
安　徽	114.1	114.2	112.4	112.8	118.8	112.6	111.8
福　建	114.1	114.5	112.3	111.6	113.2	111.6	110.5
江　西	111.6	112.5	112.4	112.3	113.2	111.8	110.5
山　东	113.9	113.5	111.4	111.6	111.3	109.9	109.2
河　南	113.7	114.7	111.9	110.2	112.6	112.5	110.1
湖　北	113.2	114.7	113.2	113.3	114.7	113.5	110.7
湖　南	111.2	114.7	113.6	113.2	112.9	111.2	110.7
广　东	112.8	112.1	107.9	107.1	109.5	108.0	107.4
广　西	112.3	113.8	111.7	112.9	113.9	112.0	110.4
海　南	112.0	114.7	109.2	110.4	115.0	111.1	107.9
重　庆	112.2	115.5	113.9	114.1	116.2	115.1	112.4
四　川	113.0	115.1	111.2	114.0	115.7	115.9	112.3
贵　州	113.1	116.4	112.8	112.9	114.7	116.1	113.5
云　南	110.7	111.4	109.8	111.4	111.6	112.9	112.3
西　藏	111.8	112.5	109.0	111.2	111.2	111.3	110.4
陕　西	113.7	115.6	116.1	113.3	114.4	113.7	112.6
甘　肃	111.4	112.3	110.1	110.2	111.6	112.3	112.2
青　海	112.3	112.6	112.9	109.6	114.5	112.3	111.3
宁　夏	111.2	111.4	111.3	110.6	112.2	110.8	110.3
新　疆	108.7	109.9	108.9	106.5	109.3	110.7	110.8

注：本表按不变价格计算。

地区生产总值及增长速度（一）

(2012年)

地　区	地　区 生产总值 (亿元)	第一产业	第二产业	工　业	建筑业
北　京	17801.0	150.3	4058.3	3294.3	764.0
天　津	12885.2	171.5	6663.7	6122.9	540.8
河　北	26575.0	3186.7	14001.0	12511.6	1489.4
山　西	12112.8	697.9	7009.1	6302.7	706.4
内蒙古	15988.3	1447.4	9032.5	7966.6	1065.9
辽　宁	24801.3	2155.8	13338.7	11712.7	1626.0
吉　林	11937.8	1412.1	6374.5	5582.5	792.0
黑龙江	13691.6	2113.7	6456.4	5659.3	797.1
上　海	20101.3	127.8	7912.8	7159.4	753.4
江　苏	54058.2	3418.3	27121.9	23908.4	3213.5
浙　江	34606.3	1669.5	17312.4	15336.3	1976.1
安　徽	17212.1	2178.7	9404.0	8025.8	1378.1
福　建	19701.8	1776.5	10288.6	8644.2	1644.4
江　西	12948.5	1520.2	6967.5	5854.6	1112.9
山　东	50013.2	4281.7	25735.7	22798.3	2937.4
河　南	29810.1	3772.3	17020.2	15357.4	1662.8
湖　北	22250.2	2848.8	11190.5	9735.2	1455.3
湖　南	22154.2	3004.2	10506.4	9140.0	1366.4
广　东	57067.9	2848.9	27825.3	25937.2	1888.1
广　西	13031.0	2172.4	6333.1	5364.9	968.2
海　南	2855.3	711.5	803.7	521.2	282.5
重　庆	11459.0	940.0	6172.3	5181.0	991.3
四　川	23849.8	3297.2	12587.8	10800.5	1787.3
贵　州	6802.2	890.0	2655.4	2196.1	459.3
云　南	10309.8	1654.6	4419.1	3450.7	968.4
西　藏	695.6	80.4	241.7	55.1	186.5
陕　西	14451.2	1370.2	8075.4	6847.4	1228.0
甘　肃	5650.2	780.4	2600.6	2074.2	526.4
青　海	1884.5	176.8	1092.0	895.9	196.1
宁　夏	2326.6	200.2	1158.6	878.6	279.9
新　疆	7466.3	1320.6	3560.8	2929.9	630.9

注：本表绝对数按当年价格计算，增长速度按不变价格计算。

地区生产总值及增长速度（二）

（2012年）

地 区	第三产业	#交通运输、仓储和邮政业	#批发和零售业	地区生产总值比上年增长(%)
北 京	13592.5	778.5	2279.4	7.7
天 津	6050.0	721.0	1678.8	13.8
河 北	9387.3	2241.1	2002.9	9.6
山 西	4405.9	799.0	981.1	10.1
内蒙古	5508.4	1167.9	1386.5	11.7
辽 宁	9306.8	1284.9	2212.8	9.5
吉 林	4151.3	460.0	984.5	12.0
黑龙江	5121.4	586.6	1185.3	10.0
上 海	12060.8	895.3	3291.9	7.5
江 苏	23518.0	2305.4	5948.4	10.1
浙 江	15624.4	1276.8	3696.8	8.0
安 徽	5629.3	650.2	1200.1	12.1
福 建	7636.7	1097.5	1654.8	11.4
江 西	4460.8	567.8	945.9	11.0
山 东	19995.8	2598.4	6365.4	9.8
河 南	9017.6	1059.6	1778.5	10.1
湖 北	8210.9	934.9	1687.5	11.3
湖 南	8643.6	1077.7	1866.3	11.3
广 东	26393.7	2365.5	6328.5	8.2
广 西	4525.6	667.6	926.1	11.3
海 南	1340.1	133.5	309.2	9.1
重 庆	4346.7	515.2	848.0	13.6
四 川	7964.8	707.2	1342.3	12.6
贵 州	3256.8	685.5	516.9	13.6
云 南	4236.1	239.6	1068.4	13.0
西 藏	373.5	24.6	38.2	11.8
陕 西	5005.6	617.5	1197.6	12.9
甘 肃	2269.2	319.7	398.6	12.6
青 海	615.8	71.9	109.4	12.3
宁 夏	967.9	195.5	124.3	11.5
新 疆	2585.0	332.8	414.2	12.0

地区生产总值构成

(2012年)　　　　(地区生产总值=100)

地　区	第一产业	第二产业	工　业	建筑业	第三产业	#交通运输、仓储和邮政业	#批发和零售业
北　京	0.8	22.8	18.5	4.3	76.4	4.4	12.8
天　津	1.3	51.7	47.5	4.2	47.0	5.6	13.0
河　北	12.0	52.7	47.1	5.6	35.3	8.4	7.5
山　西	5.8	57.9	52.0	5.8	36.4	6.6	8.1
内蒙古	9.1	56.5	49.8	6.7	34.5	7.3	8.7
辽　宁	8.7	53.8	47.2	6.6	37.5	5.2	8.9
吉　林	11.8	53.4	46.8	6.6	34.8	3.9	8.2
黑龙江	15.4	47.2	41.3	5.8	37.4	4.3	8.7
上　海	0.6	39.4	35.6	3.7	60.0	4.5	16.4
江　苏	6.3	50.2	44.2	5.9	43.5	4.3	11.0
浙　江	4.8	50.0	44.3	5.7	45.1	3.7	10.7
安　徽	12.7	54.6	46.6	8.0	32.7	3.8	7.0
福　建	9.0	52.2	43.9	8.3	38.8	5.6	8.4
江　西	11.7	53.8	45.2	8.6	34.5	4.4	7.3
山　东	8.6	51.5	45.6	5.9	40.0	5.2	12.7
河　南	12.7	57.1	51.5	5.6	30.3	3.6	6.0
湖　北	12.8	50.3	43.8	6.5	36.9	4.2	7.6
湖　南	13.6	47.4	41.3	6.2	39.0	4.9	8.4
广　东	5.0	48.8	45.4	3.3	46.2	4.1	11.1
广　西	16.7	48.6	41.2	7.4	34.7	5.1	7.1
海　南	24.9	28.1	18.3	9.9	46.9	4.7	10.8
重　庆	8.2	53.9	45.2	8.7	37.9	4.5	7.4
四　川	13.8	52.8	45.3	7.5	33.4	3.0	5.6
贵　州	13.1	39.0	32.3	6.8	47.9	10.1	7.6
云　南	16.0	42.9	33.5	9.4	41.1	2.3	10.4
西　藏	11.6	34.7	7.9	26.8	53.7	3.5	5.5
陕　西	9.5	55.9	47.4	8.5	34.6	4.3	8.3
甘　肃	13.8	46.0	36.7	9.3	40.2	5.7	7.1
青　海	9.4	57.9	47.5	10.4	32.7	3.8	5.8
宁　夏	8.6	49.8	37.8	12.0	41.6	8.4	5.3
新　疆	17.7	47.7	39.2	8.4	34.6	4.5	5.5

注：本表按当年价格计算。

支出法国内生产总值

单位：亿元

年　份	支出法国内生产总值	最终消费支出	资本形成总额	货物和服务净出口
1978	3605.6	2239.1	1377.9	-11.4
1979	4092.6	2633.7	1478.9	-20.0
1980	4592.9	3007.9	1599.7	-14.7
“六五”时期	**33254.4**	**22035.3**	**11426.0**	**-206.9**
1981	5008.8	3361.5	1630.2	17.1
1982	5590.0	3714.8	1784.2	91.0
1983	6216.2	4126.4	2039.0	50.8
1984	7362.7	4846.3	2515.1	1.3
1985	9076.7	5986.3	3457.5	-367.1
“七五”时期	**74833.6**	**47720.6**	**27183.8**	**-70.8**
1986	10508.5	6821.8	3941.9	-255.2
1987	12277.4	7804.6	4462.0	10.8
1988	15388.6	9839.5	5700.2	-151.1
1989	17311.3	11164.2	6332.7	-185.6
1990	19347.8	12090.5	6747.0	510.3
“八五”时期	**200515.0**	**119185.5**	**79483.2**	**1846.3**
1991	22577.4	14091.9	7868.0	617.5
1992	27565.2	17203.3	10086.3	275.6
1993	36938.1	21899.9	15717.7	-679.5
1994	50217.4	29242.2	20341.1	634.1
1995	63216.9	36748.2	25470.1	998.6
“九五”时期	**432066.8**	**260801.2**	**157861.4**	**13404.2**
1996	74163.6	43919.5	28784.9	1459.2
1997	81658.5	48140.6	29968.0	3549.9
1998	86531.6	51588.2	31314.2	3629.2
1999	91125.0	55636.9	32951.5	2536.6
2000	98749.0	61516.0	34842.8	2390.2
“十五”时期	**714497.0**	**403346.0**	**288322.6**	**22828.4**
2001	109028.0	66933.9	39769.4	2324.7
2002	120475.6	71816.5	45565.0	3094.1
2003	136613.4	77685.5	55963.0	2964.9
2004	160956.6	87552.6	69168.4	4235.6
2005	187423.4	99357.5	77856.8	10209.1
“十一五”时期	**1556877.8**	**762149.0**	**700289.7**	**94439.1**
2006	222712.5	113103.8	92954.1	16654.6
2007	266599.2	132232.9	110943.2	23423.1
2008	315974.6	153422.5	138325.3	24226.8
2009	348775.1	169274.8	164463.2	15037.0
2010	402816.5	194115.0	193603.9	15097.6
“十二五”时期				
2011	472619.2	232111.5	228344.3	12163.3
2012	527607.7	259599.6	253524.3	14483.8

注：本表按当年价格计算。

支出法国内生产总值主要构成项

单位：亿元

年　　份	最终消费支出		资本形成总额	
	居民消费支　出	政府消费支　出	固定资本形成总额	存货变动
1978	1759.1	480.0	1073.9	304.0
1979	2011.5	622.2	1153.1	325.8
1980	2331.2	676.7	1322.4	277.3
“六五”时期	**17191.3**	**4844.0**	**9384.8**	**2041.2**
1981	2627.9	733.6	1339.3	290.9
1982	2902.9	811.9	1503.2	281.0
1983	3231.1	895.3	1723.3	315.7
1984	3742.0	1104.3	2147.0	368.1
1985	4687.4	1298.9	2672.0	785.5
“七五”时期	**37559.8**	**10160.8**	**20887.5**	**6296.3**
1986	5302.1	1519.7	3139.7	802.2
1987	6126.1	1678.5	3798.7	663.3
1988	7868.1	1971.4	4701.9	998.3
1989	8812.6	2351.6	4419.4	1913.3
1990	9450.9	2639.6	4827.8	1919.2
“八五”时期	**90356.7**	**28828.8**	**66090.9**	**13392.3**
1991	10730.6	3361.3	6070.3	1797.7
1992	13000.1	4203.2	8513.7	1572.6
1993	16412.1	5487.8	13309.2	2408.5
1994	21844.2	7398.0	17312.7	3028.4
1995	28369.7	8378.5	20885.0	4585.1
“九五”时期	**197881.7**	**62919.5**	**142953.8**	**14907.6**
1996	33955.9	9963.6	24048.1	4736.8
1997	36921.5	11219.1	25965.0	4003.0
1998	39229.3	12358.9	28569.0	2745.2
1999	41920.4	13716.5	30527.3	2424.2
2000	45854.6	15661.4	33844.4	998.4
“十五”时期	**298319.5**	**105026.5**	**274227.9**	**14094.8**
2001	49435.9	17498.0	37754.5	2014.9
2002	53056.6	18759.9	43632.1	1932.9
2003	57649.8	20035.7	53490.7	2472.3
2004	65218.5	22334.1	65117.7	4050.7
2005	72958.7	26398.8	74232.9	3624.0
“十一五”时期	**554921.6**	**207227.4**	**660282.1**	**40007.7**
2006	82575.5	30528.4	87954.1	5000.0
2007	96332.5	35900.4	103948.6	6994.6
2008	111670.4	41752.1	128084.4	10240.9
2009	123584.6	45690.2	156679.8	7783.4
2010	140758.6	53356.3	183615.2	9988.7
“十二五”时期				
2011	168956.6	63154.9	215682.0	12662.3
2012	188370.1	71229.6	243151.9	10372.4

注：本表按当年价格计算。

支出法国内生产总值构成

(支出法国内生产总值=100)

年 份	最终消费支出			资本形成总额			货物和服务净出口
		居民消费支出	政府消费支出		固定资本形成总额	存货变动	
1978	62.1	48.8	13.3	38.2	29.8	8.4	-0.3
1979	64.4	49.1	15.3	36.1	28.2	7.9	-0.5
1980	65.5	50.8	14.7	34.8	28.8	6.0	-0.3
1981	67.1	52.5	14.6	32.5	26.7	5.8	0.4
1982	66.5	51.9	14.6	31.9	26.9	5.0	1.6
1983	66.4	52.0	14.4	32.8	27.7	5.1	0.8
1984	65.8	50.8	15.0	34.2	29.2	5.0	
1985	66.0	51.6	14.4	38.1	29.4	8.7	-4.1
1986	64.9	50.5	14.4	37.5	29.9	7.6	-2.4
1987	63.6	49.9	13.7	36.3	30.9	5.4	0.1
1988	63.9	51.1	12.8	37.0	30.6	6.4	-0.9
1989	64.5	50.9	13.6	36.6	25.5	11.1	-1.1
1990	62.5	48.8	13.7	34.9	25.0	9.9	2.6
1991	62.4	47.5	14.9	34.8	26.9	7.9	2.8
1992	62.4	47.2	15.2	36.6	30.9	5.7	1.0
1993	59.3	44.4	14.9	42.6	36.0	6.6	-1.9
1994	58.2	43.5	14.7	40.5	34.5	6.0	1.3
1995	58.1	44.9	13.2	40.3	33.0	7.3	1.6
1996	59.2	45.8	13.4	38.8	32.4	6.4	2.0
1997	59.0	45.2	13.8	36.7	31.8	4.9	4.3
1998	59.6	45.3	14.3	36.2	33.0	3.2	4.2
1999	61.1	46.0	15.1	36.2	33.5	2.7	2.7
2000	62.3	46.4	15.9	35.3	34.3	1.0	2.4
2001	61.4	45.3	16.1	36.5	34.6	1.9	2.1
2002	59.6	44.0	15.6	37.8	36.2	1.6	2.6
2003	56.9	42.2	14.7	41.0	39.2	1.8	2.1
2004	54.4	40.5	13.9	43.0	40.5	2.5	2.6
2005	53.0	38.9	14.1	41.5	39.6	1.9	5.5
2006	50.8	37.1	13.7	41.7	39.5	2.2	7.5
2007	49.6	36.1	13.5	41.6	39.0	2.6	8.8
2008	48.6	35.4	13.2	43.7	40.5	3.2	7.7
2009	48.5	35.4	13.1	47.2	44.9	2.3	4.3
2010	48.2	34.9	13.3	48.1	45.6	2.5	3.7
2011	49.1	35.7	13.4	48.3	45.6	2.7	2.6
2012	49.2	35.7	13.5	48.1	46.1	2.0	2.7

注：本表按当年价格计算。

三大需求对国内生产总值增长的贡献率和拉动

年份	最终消费支出		资本形成总额		货物和服务净出口	
	贡献率(%)	拉动(百分点)	贡献率(%)	拉动(百分点)	贡献率(%)	拉动(百分点)
1978	39.4	4.6	66.0	7.7	-5.4	-0.6
1979	87.3	6.6	15.4	1.2	-2.7	-0.2
1980	71.8	5.6	26.4	2.1	1.8	0.1
1981	93.4	4.9	-4.3	-0.2	10.9	0.5
1982	64.7	5.9	23.8	2.2	11.5	1.0
1983	74.1	8.1	40.4	4.4	-14.5	-1.6
1984	69.3	10.5	40.5	6.2	-9.8	-1.5
1985	85.5	11.5	80.9	10.9	-66.4	-8.9
1986	45.0	4.0	23.2	2.0	31.8	2.8
1987	50.3	5.8	23.5	2.7	26.2	3.1
1988	49.6	5.6	39.4	4.5	11.0	1.2
1989	39.6	1.6	16.4	0.7	44.0	1.8
1990	47.8	1.8	1.8	0.1	50.4	1.9
1991	65.1	6.0	24.3	2.2	10.6	1.0
1992	72.5	10.3	34.3	4.9	-6.8	-1.0
1993	59.5	8.3	78.6	11.0	-38.1	-5.3
1994	30.2	4.0	43.8	5.7	26.0	3.4
1995	44.7	4.9	55.0	6.0	0.3	
1996	60.1	6.0	34.3	3.4	5.6	0.6
1997	37.0	3.4	18.6	1.7	44.4	4.2
1998	57.1	4.4	26.4	2.1	16.5	1.3
1999	74.7	5.7	23.7	1.8	1.6	0.1
2000	65.1	5.5	22.4	1.9	12.5	1.0
2001	50.2	4.2	49.9	4.1	-0.1	
2002	43.9	4.0	48.5	4.4	7.6	0.7
2003	35.9	3.6	63.3	6.3	0.8	0.1
2004	39.1	3.9	54.0	5.5	6.9	0.7
2005	39.0	4.4	38.8	4.4	22.2	2.5
2006	40.3	5.1	43.6	5.5	16.1	2.1
2007	39.6	5.6	42.4	6.0	18.0	2.6
2008	44.2	4.2	47.0	4.5	8.8	0.9
2009	49.8	4.6	87.6	8.1	-37.4	-3.5
2010	43.1	4.5	52.9	5.5	4.0	0.4
2011	56.5	5.3	47.7	4.4	-4.2	-0.4
2012	51.8	4.1	50.4	3.9	-2.2	-0.2

注：1.本表按不变价格计算。三大需求指支出法国内生产总值的三大构成项目,即最终消费支出、资本形成总额、货物和服务净出口。

2.贡献率指三大需求增量分别与支出法国内生产总值增量之比。

3.拉动指国内生产总值增长速度分别与三大需求贡献率的乘积。

居民消费水平

年 份	绝对数(元)			指数（1978年=100）		
	全体居民	农村居民	城镇居民	全体居民	农村居民	城镇居民
1978	184	138	405	100.0	100.0	100.0
1979	208	159	425	106.9	106.5	102.8
1980	238	178	489	116.5	115.4	110.2
1981	264	201	521	126.2	126.8	114.6
1982	288	223	536	134.8	138.3	115.4
1983	316	250	558	145.8	153.1	117.9
1984	361	287	618	163.2	172.8	127.2
1985	446	349	765	185.2	195.7	141.3
1986	497	378	872	194.0	200.3	150.8
1987	565	421	998	205.5	210.0	159.3
1988	714	509	1311	221.5	221.0	174.7
1989	788	549	1466	221.0	217.2	176.0
1990	833	560	1596	229.2	215.4	190.9
1991	932	602	1840	249.0	227.1	211.4
1992	1116	688	2262	282.0	246.5	245.3
1993	1393	805	2924	305.8	257.1	270.8
1994	1833	1038	3852	320.0	265.0	282.8
1995	2355	1313	4931	345.1	282.9	303.2
1996	2789	1626	5532	377.6	323.8	313.6
1997	3002	1722	5823	394.6	334.0	320.4
1998	3159	1730	6109	417.8	338.1	339.2
1999	3346	1766	6405	452.3	355.3	363.0
2000	3632	1860	6850	491.0	371.3	391.1
2001	3887	1969	7161	521.2	388.0	406.3
2002	4144	2062	7486	557.6	408.1	426.2
2003	4475	2103	8060	596.9	409.5	456.1
2004	5032	2319	8912	645.3	426.7	487.7
2005	5596	2657	9593	698.2	472.8	511.8
2006	6299	2950	10618	766.4	511.6	552.7
2007	7310	3347	12130	849.9	546.8	606.2
2008	8430	3901	13653	926.4	593.5	647.9
2009	9283	4163	14904	1022.0	639.3	706.5
2010	10522	4700	16546	1106.1	690.3	748.3
2011	12570	5870	19108	1219.8	777.4	803.3
2012	13946	6475	20864	1315.6	836.6	851.6

注：1.本表绝对数按当年价格计算，指数按不变价格计算。
2.居民消费水平指按常住人口平均计算的居民消费支出。

人口基本情况

指　　标	单位	1982年	1990年	2000年	2010年	2011年	2012年
年末总人口	**万人**	**101654**	**114333**	**126743**	**134091**	**134735**	**135404**
按性别分							
男性人口	万人	52352	58904	65437	68748	69068	69395
女性人口	万人	49302	55429	61306	65343	65667	66009
按城乡分							
城镇人口	万人	21480	30195	45906	66978	69079	71182
乡村人口	万人	80174	84138	80837	67113	65656	64222
人口比重							
按性别分							
男性人口	%	51.5	51.5	51.6	51.3	51.3	51.3
女性人口	%	48.5	48.5	48.4	48.7	48.7	48.7
按城乡分							
城镇人口	%	21.1	26.4	36.2	49.9	51.3	52.6
乡村人口	%	78.9	73.6	63.8	50.1	48.7	47.4
出生率	‰	**22.28**	**21.06**	**14.03**	**11.90**	**11.93**	**12.10**
死亡率	‰	**6.60**	**6.67**	**6.45**	**7.11**	**7.14**	**7.15**
自然增长率	‰	**15.68**	**14.39**	**7.58**	**4.79**	**4.79**	**4.95**
各年龄段人口比重							
0-14岁人口	%	33.6	27.7	22.9	16.6	16.5	16.5
15-64岁人口	%	61.5	66.7	70.1	74.5	74.4	74.1
65岁以上人口	%	4.9	5.6	7.0	8.9	9.1	9.4
总抚养比	**%**	**62.6**	**49.8**	**42.6**	**34.2**	**34.4**	**34.9**
少儿抚养比	%	54.6	41.5	32.6	22.3	22.1	22.2
老年抚养比	%	8.0	8.3	9.9	11.9	12.3	12.7
平均预期寿命	**岁**	**67.77***	**68.55**	**71.40**	**74.83**		

注：1.总人口包括中国人民解放军现役军人,但不包括香港、澳门特别行政区和台湾地区人口(下表同)。

2.城镇人口中包括中国人民解放军现役军人(下表同)。

3.表中带“*”号的数字为1981年数据。

人　口　数

（年末数）　　　　　　　　　　单位：万人

年　份	总人口	按性别分		按城乡分	
		男	女	城镇人口	乡村人口
1978	96259	49567	46692	17245	79014
1979	97542	50192	47350	18495	79047
1980	98705	50785	47920	19140	79565
1981	100072	51519	48553	20171	79901
1982	101654	52352	49302	21480	80174
1983	103008	53152	49856	22274	80734
1984	104357	53848	50509	24017	80340
1985	105851	54725	51126	25094	80757
1986	107507	55581	51926	26366	81141
1987	109300	56290	53010	27674	81626
1988	111026	57201	53825	28661	82365
1989	112704	58099	54605	29540	83164
1990	114333	58904	55429	30195	84138
1991	115823	59466	56357	31203	84620
1992	117171	59811	57360	32175	84996
1993	118517	60472	58045	33173	85344
1994	119850	61246	58604	34169	85681
1995	121121	61808	59313	35174	85947
1996	122389	62200	60189	37304	85085
1997	123626	63131	60495	39449	84177
1998	124761	63940	60821	41608	83153
1999	125786	64692	61094	43748	82038
2000	126743	65437	61306	45906	80837
2001	127627	65672	61955	48064	79563
2002	128453	66115	62338	50212	78241
2003	129227	66556	62671	52376	76851
2004	129988	66976	63012	54283	75705
2005	130756	67375	63381	56212	74544
2006	131448	67728	63720	58288	73160
2007	132129	68048	64081	60633	71496
2008	132802	68357	64445	62403	70399
2009	133450	68647	64803	64512	68938
2010	134091	68748	65343	66978	67113
2011	134735	69068	65667	69079	65656
2012	135404	69395	66009	71182	64222

注：1.本表1982年以前数据为户籍统计数；1982-1989年数据根据1990年人口普查数据有所调整;1990-2000年数据根据2000年人口普查数据进行了调整；2001-2004年、2006-2009年和2011-2012年数据根据人口变动抽样调查资料推算；2005年数据根据全国1%人口抽样调查数据推算。2010年数据为第六次全国人口普查数据推算数，2006-2009年数据根据2010年人口普查数据进行了调整。

2.1982年以前的城镇人口是指辖区内全部人口；乡村人口是指县人口，但不包括镇人口。1982-1999年的城镇人口是指设区的市所辖区人口和不设区的市所辖街道人口以及不设区的市所辖镇的居民委员会人口和县辖镇的居民委员会人口；乡村人口是指除城镇人口以外的人口。2000-2005年城乡人口是按国家统计局1999年发布的《关于统计上划分城乡的规定（试行）》计算的。2006、2007年的城乡人口是按国家统计局2006年发布的《关于统计上划分城乡的暂行规定》计算的。2008-2012年的城乡人口是按2008年国家统计局《关于统计上划分城乡的规定》计算的。

人口出生率、死亡率、自然增长率、人口密度和城镇人口比重

年 份	出生率 (‰)	死亡率 (‰)	自然增长率 (‰)	人口密度 (人/平方公里)	城镇人口占总人口比重 (%)
1978	18.25	6.25	12.00	100	17.92
1979	17.82	6.21	11.61	102	18.96
1980	18.21	6.34	11.87	103	19.39
1981	20.91	6.36	14.55	104	20.16
1982	22.28	6.60	15.68	106	21.13
1983	20.19	6.90	13.29	107	21.62
1984	19.90	6.82	13.08	109	23.01
1985	21.04	6.78	14.26	110	23.71
1986	22.43	6.86	15.57	112	24.52
1987	23.33	6.72	16.61	114	25.32
1988	22.37	6.64	15.73	116	25.81
1989	21.58	6.54	15.04	117	26.21
1990	21.06	6.67	14.39	119	26.41
1991	19.68	6.70	12.98	121	26.94
1992	18.24	6.64	11.60	122	27.46
1993	18.09	6.64	11.45	123	27.99
1994	17.70	6.49	11.21	125	28.51
1995	17.12	6.57	10.55	126	29.04
1996	16.98	6.56	10.42	127	30.48
1997	16.57	6.51	10.06	129	31.91
1998	15.64	6.50	9.14	130	33.35
1999	14.64	6.46	8.18	131	34.78
2000	14.03	6.45	7.58	132	36.22
2001	13.38	6.43	6.95	133	37.66
2002	12.86	6.41	6.45	134	39.09
2003	12.41	6.40	6.01	135	40.53
2004	12.29	6.42	5.87	135	41.76
2005	12.40	6.51	5.89	136	42.99
2006	12.09	6.81	5.28	137	44.34
2007	12.10	6.93	5.17	138	45.89
2008	12.14	7.06	5.08	138	46.99
2009	11.95	7.08	4.87	139	48.34
2010	11.90	7.11	4.79	140	49.95
2011	11.93	7.14	4.79	140	51.27
2012	12.10	7.15	4.95	141	52.57

分地区年末常住人口

单位：万人

地 区	2006年	2007年	2008年	2009年	2010年	2011年	2012年
全 国	**131448**	**132129**	**132802**	**133450**	**134091**	**134735**	**135404**
北 京	1601	1676	1771	1860	1962	2019	2069
天 津	1075	1115	1176	1228	1299	1355	1413
河 北	6898	6943	6989	7034	7194	7241	7288
山 西	3375	3393	3411	3427	3574	3593	3611
内蒙古	2415	2429	2444	2458	2472	2482	2490
辽 宁	4271	4298	4315	4341	4375	4383	4389
吉 林	2723	2730	2734	2740	2747	2749	2750
黑龙江	3823	3824	3825	3826	3833	3834	3834
上 海	1964	2064	2141	2210	2303	2347	2380
江 苏	7656	7723	7762	7810	7869	7899	7920
浙 江	5072	5155	5212	5276	5447	5463	5477
安 徽	6110	6118	6135	6131	5957	5968	5988
福 建	3585	3612	3639	3666	3693	3720	3748
江 西	4339	4368	4400	4432	4462	4488	4504
山 东	9309	9367	9417	9470	9588	9637	9685
河 南	9392	9360	9429	9487	9405	9388	9406
湖 北	5693	5699	5711	5720	5728	5758	5779
湖 南	6342	6355	6380	6406	6570	6596	6639
广 东	9442	9660	9893	10130	10441	10505	10594
广 西	4719	4768	4816	4856	4610	4645	4682
海 南	836	845	854	864	869	877	887
重 庆	2808	2816	2839	2859	2885	2919	2945
四 川	8169	8127	8138	8185	8045	8050	8076
贵 州	3690	3632	3596	3537	3479	3469	3484
云 南	4483	4514	4543	4571	4602	4631	4659
西 藏	285	289	292	296	300	303	308
陕 西	3699	3708	3718	3727	3735	3743	3753
甘 肃	2547	2548	2551	2555	2560	2564	2578
青 海	548	552	554	557	563	568	573
宁 夏	604	610	618	625	633	639	647
新 疆	2050	2095	2131	2159	2185	2209	2233

注：1.全国数据包括中国人民解放军现役军人数，但不包括香港、澳门特别行政区和台湾地区数据；分省数据中未包括中国人民解放军现役军人数。

2.2010年数据为当年人口普查数据推算数；其余年份数据根据年度人口抽样调查推算。

就业和工资基本情况

项　　目	单位	1978年	1990年	2000年	2011年	2012年
就业人员(年底数)	**万人**	**40152**	**64749**	**72085**	**76420**	**76704**
第一产业	万人	28318	38914	36043	26594	25773
第二产业	万人	6945	13856	16219	22544	23241
第三产业	万人	4890	11979	19823	27282	27690
按城乡分就业人员(年底数)						
城镇就业人员	万人	9514	17041	23151	35914	37102
#国有单位	万人	7451	10346	8102	6704	6839
城镇集体单位	万人	2048	3549	1499	603	589
其他单位	万人		164	2011	7106	7808
乡村就业人员	万人	30638	47708	48934	40506	39602
城镇新增就业人员	**万人**				**1221**	**1266**
城镇登记失业人数(年底数)	**万人**	**530**	**383**	**595**	**922**	**917**
城镇登记失业率	**%**	**5.3**	**2.5**	**3.1**	**4.1**	**4.1**
城镇单位就业人员工资总额	**亿元**	**569**	**2951**	**10955**	**59955**	**70914**
国有单位	亿元	469	2324	7745	28955	32950
城镇集体单位	亿元	100	581	951	1737	1990
其他单位	亿元		46	2259	29262	35974
城镇单位就业人员平均工资	**元**	**615**	**2140**	**9333**	**41799**	**46769**
国有单位	元	644	2284	9441	43483	48357
城镇集体单位	元	506	1681	6241	28791	33784
其他单位	元		2987	11238	41323	46360

注：城镇单位就业人数、工资总额、平均工资均不包括城镇私营单位。

按三次产业分就业人员

(年底数)

年 份	就业人员 总计 (万人)	第一产业	第二产业	第三产业	构成(以合计为100) 第一产业	第二产业	第三产业
1978	40152	28318	6945	4890	70.5	17.3	12.2
1979	41024	28634	7214	5177	69.8	17.6	12.6
1980	42361	29122	7707	5532	68.7	18.2	13.1
1981	43725	29777	8003	5945	68.1	18.3	13.6
1982	45295	30859	8346	6090	68.1	18.4	13.5
1983	46436	31151	8679	6606	67.1	18.7	14.2
1984	48197	30868	9590	7739	64.0	19.9	16.1
1985	49873	31130	10384	8359	62.4	20.8	16.8
1986	51282	31254	11216	8811	60.9	21.9	17.2
1987	52783	31663	11726	9395	60.0	22.2	17.8
1988	54334	32249	12152	9933	59.3	22.4	18.3
1989	55329	33225	11976	10129	60.1	21.6	18.3
1990	64749	38914	13856	11979	60.1	21.4	18.5
1991	65491	39098	14015	12378	59.7	21.4	18.9
1992	66152	38699	14355	13098	58.5	21.7	19.8
1993	66808	37680	14965	14163	56.4	22.4	21.2
1994	67455	36628	15312	15515	54.3	22.7	23.0
1995	68065	35530	15655	16880	52.2	23.0	24.8
1996	68950	34820	16203	17927	50.5	23.5	26.0
1997	69820	34840	16547	18432	49.9	23.7	26.4
1998	70637	35177	16600	18860	49.8	23.5	26.7
1999	71394	35768	16421	19205	50.1	23.0	26.9
2000	72085	36043	16219	19823	50.0	22.5	27.5
2001	72797	36399	16234	20165	50.0	22.3	27.7
2002	73280	36640	15682	20958	50.0	21.4	28.6
2003	73736	36204	15927	21605	49.1	21.6	29.3
2004	74264	34830	16709	22725	46.9	22.5	30.6
2005	74647	33442	17766	23439	44.8	23.8	31.4
2006	74978	31941	18894	24143	42.6	25.2	32.2
2007	75321	30731	20186	24404	40.8	26.8	32.4
2008	75564	29923	20553	25087	39.6	27.2	33.2
2009	75828	28890	21080	25857	38.1	27.8	34.1
2010	76105	27931	21842	26332	36.7	28.7	34.6
2011	76420	26594	22544	27282	34.8	29.5	35.7
2012	76704	25773	23241	27690	33.6	30.3	36.1

按城乡分就业人员

（年底数） 单位：万人

年 份	合 计	城 镇 小 计	#国有单位	#集体单位	#股份合作单位	#联营单位	#有限责任公司
1978	40152	9514	7451	2048			
1980	42361	10525	8019	2425			
1985	49873	12808	8990	3324		38	
1990	64749	17041	10346	3549		96	
1995	68065	19040	11261	3147		53	
1996	68950	19922	11244	3016		49	
1997	69820	20781	11044	2883		43	
1998	70637	21616	9058	1963	136	48	484
1999	71394	22412	8572	1712	144	46	603
2000	72085	23151	8102	1499	155	42	687
2001	72797	24123	7640	1291	153	45	841
2002	73280	25159	7163	1122	161	45	1083
2003	73736	26230	6876	1000	173	44	1261
2004	74264	27293	6710	897	192	44	1436
2005	74647	28389	6488	810	188	45	1750
2006	74978	29630	6430	764	178	45	1920
2007	75321	30953	6424	718	170	43	2075
2008	75564	32103	6447	662	164	43	2194
2009	75828	33322	6420	618	160	37	2433
2010	76105	34687	6516	597	156	36	2613
2011	76420	35914	6704	603	149	37	3269
2012	76704	37102	6839	589	149	39	3787

年 份	#股份有限公司	#私营企业	#港澳台商投资单位	#外商投资单位	#个 体	乡 村 小 计
1978					15	30638
1980					81	31836
1985				6	450	37065
1990		57	4	62	614	47708
1995	317	485	272	241	1560	49025
1996	363	620	265	275	1709	49028
1997	468	750	281	300	1919	49039
1998	410	973	294	293	2259	49021
1999	420	1053	306	306	2414	48982
2000	457	1268	310	332	2136	48934
2001	483	1527	326	345	2131	48674
2002	538	1999	367	391	2269	48121
2003	592	2545	409	454	2377	47506
2004	625	2994	470	563	2521	46971
2005	699	3458	557	688	2778	46258
2006	741	3954	611	796	3012	45348
2007	788	4581	680	903	3310	44368
2008	840	5124	679	943	3609	43461
2009	956	5544	721	978	4245	42506
2010	1024	6071	770	1053	4467	41418
2011	1183	6912	932	1217	5227	40506
2012	1243	7557	969	1246	5643	39602

城镇登记失业人数及失业率

（年底数）

年份	城镇失业人数（万人）	失业率（%）	年份	城镇失业人数（万人）	失业率（%）
1978	530.0	5.3	1996	552.8	3.0
1979	567.6	5.4	1997	576.8	3.1
1980	541.5	4.9	1998	571.0	3.1
1981	439.5	3.8	1999	575.0	3.1
1982	379.4	3.2	2000	595.0	3.1
1983	271.4	2.3	2001	681.0	3.6
1984	235.7	1.9	2002	770.0	4.0
1985	238.5	1.8	2003	800.0	4.3
1986	264.4	2.0	2004	827.0	4.2
1987	276.6	2.0	2005	839.0	4.2
1988	296.2	2.0	2006	847.0	4.1
1989	377.9	2.6	2007	830.0	4.0
1990	383.2	2.5	2008	886.0	4.2
1991	352.2	2.3	2009	921.0	4.3
1992	363.9	2.3	2010	908.0	4.1
1993	420.1	2.6	2011	922.0	4.1
1994	476.4	2.8	2012	917.0	4.1
1995	519.6	2.9			

城镇单位就业人员工资总额和指数

年份	工资总额(亿元)				指数(上年=100)			
	合计	国有单位	城镇集体单位	其他单位	合计	国有单位	城镇集体单位	其他单位
1978	568.9	468.7	100.2		110.5	110.1	112.5	
1980	772.4	627.9	144.5		119.4	118.6	123.3	
1985	1383.0	1064.8	312.3	5.9	122.0	121.6	123.0	163.9
1990	2951.1	2324.1	581.0	46.0	119.0	113.4	108.7	135.7
1995	8055.8	6172.6	1210.6	672.7	119.0	117.4	115.6	142.2
1996	8964.4	6893.3	1269.4	801.7	111.3	111.7	104.9	119.2
1997	9602.4	7323.9	1283.9	994.5	107.1	106.2	101.1	124.0
1998	9540.2	6934.6	1054.9	1550.7	99.4	94.7	82.2	155.9
1999	10155.9	7289.9	995.8	1870.1	106.5	105.1	94.4	120.6
2000	10954.7	7744.9	950.7	2259.1	107.9	106.2	95.5	120.8
2001	12205.4	8515.2	898.5	2791.7	111.4	109.9	94.5	123.6
2002	13638.1	9138.0	863.9	3636.2	111.7	107.3	96.1	130.3
2003	15329.6	9911.9	867.1	4550.6	112.4	108.5	100.4	125.1
2004	17615.0	11038.2	876.2	5700.6	114.9	111.4	101.0	125.3
2005	20627.1	12291.7	906.4	7429.0	117.1	111.4	103.4	130.3
2006	24262.3	13920.6	983.8	9357.9	117.6	113.3	108.5	126.0
2007	29471.5	16689.1	1108.1	11674.3	121.5	119.9	112.6	124.8
2008	35289.5	19487.9	1203.2	14598.4	119.7	116.8	108.6	125.0
2009	40288.2	21862.7	1273.3	17152.1	114.2	112.2	105.8	117.5
2010	47269.9	24886.4	1433.7	20949.7	117.3	113.8	112.6	122.1
2011	59954.7	28954.8	1737.4	29262.4	126.8	116.3	121.2	139.7
2012	70914.2	32950.0	1990.4	35973.8	118.3	113.8	114.6	122.9

注：本表数据不包含私营单位（下表同）。

城镇单位就业人员平均货币工资及指数

年 份	平均货币工资(元)				平均货币工资指数(上年=100)			
	合 计	国 有 单 位	城镇集体 单 位	其 他 单 位	合 计	国 有 单 位	城镇集体 单 位	其 他 单 位
1978	615	644	506		106.8	107.0	105.9	
1979	668	705	542		108.6	109.5	107.1	
1980	762	803	623		114.1	113.9	114.9	
1981	772	812	642		101.3	101.1	103.0	
1982	798	836	671		103.4	103.0	104.5	
1983	826	865	698		103.5	103.5	104.0	
1984	974	1034	811	1048	117.9	119.5	116.2	
1985	1148	1213	967	1436	117.9	117.3	119.2	137.0
1986	1329	1414	1092	1629	115.8	116.6	112.9	113.4
1987	1459	1546	1207	1879	109.8	109.3	110.5	115.3
1988	1747	1853	1426	2382	119.7	119.9	118.1	126.8
1989	1935	2055	1557	2707	110.8	110.9	109.2	113.6
1990	2140	2284	1681	2987	110.6	111.1	108.0	110.3
1991	2340	2477	1866	3468	109.3	108.5	111.0	116.1
1992	2711	2878	2109	3966	115.9	116.2	113.0	114.4
1993	3371	3532	2592	4966	124.3	122.7	122.9	125.2
1994	4538	4797	3245	6303	134.6	135.8	125.2	126.9
1995	5348	5553	3934	7728	118.9	117.3	121.1	119.9
1996	5980	6207	4312	8521	111.8	111.8	109.6	110.3
1997	6444	6679	4516	9092	107.8	107.6	104.7	106.7
1998	7446	7579	5314	9241	115.5	113.5	117.7	101.6
1999	8319	8443	5758	10142	111.7	111.4	108.4	109.8
2000	9333	9441	6241	11238	112.2	111.8	108.4	110.8
2001	10834	11045	6851	12437	116.1	117.0	109.8	110.7
2002	12373	12701	7636	13486	114.2	115.0	111.5	108.4
2003	13969	14358	8627	14843	112.9	113.0	113.0	110.1
2004	15920	16445	9723	16519	114.0	114.5	112.7	111.3
2005	18200	18978	11176	18362	114.3	115.4	114.9	111.2
2006	20856	21706	12866	21004	114.6	114.4	115.1	114.4
2007	24721	26100	15444	24271	118.5	120.2	120.0	115.6
2008	28898	30287	18103	28552	116.9	116.0	117.2	117.6
2009	32244	34130	20607	31350	111.6	112.7	113.8	109.8
2010	36539	38359	24010	35801	113.3	112.4	116.5	114.2
2011	41799	43483	28791	41323	114.4	113.4	119.9	115.4
2012	46769	48357	33784	46360	111.9	111.2	117.3	112.2

城镇单位就业人员平均实际工资指数

年份	平均实际工资指数(1978年=100)				平均实际工资指数(上年=100)			
	合计	国有单位	城镇集体单位	其他单位	合计	国有单位	城镇集体单位	其他单位
1978	100.0	100.0	100.0		106.0	106.2	105.1	
1979	106.6	107.5	105.1		106.6	107.4	105.1	
1980	113.2	113.9	112.4		106.1	106.0	106.9	
1981	111.9	112.4	113.1		98.8	98.7	100.5	
1982	113.4	113.5	115.9		101.3	100.9	102.5	
1983	115.1	115.1	118.2		101.5	101.4	102.0	
1984	132.1	133.9	133.7	100.0	114.8	116.4	113.1	
1985	139.0	140.4	142.4	122.5	105.3	104.8	106.6	122.5
1986	150.4	152.9	150.3	129.8	108.2	108.9	105.5	106.0
1987	151.9	153.7	152.7	137.6	100.9	100.5	101.6	106.0
1988	150.7	152.6	149.5	144.6	99.2	99.3	97.9	105.0
1989	143.5	145.6	140.4	141.3	95.2	95.4	93.9	97.7
1990	156.7	159.8	149.6	153.9	109.2	109.7	106.6	108.9
1991	162.9	164.6	157.9	170.0	104.0	103.2	105.6	110.5
1992	173.8	176.2	164.3	179.0	106.7	107.0	104.1	105.3
1993	186.1	186.2	173.9	193.0	107.1	105.7	105.9	107.9
1994	200.4	202.3	174.3	196.0	107.7	108.7	100.2	101.5
1995	204.0	203.2	180.7	201.2	101.8	100.4	103.7	102.6
1996	209.7	208.8	182.0	203.9	102.8	102.7	100.7	101.3
1997	219.1	217.9	184.9	211.0	104.5	104.4	101.6	103.5
1998	254.7	248.7	218.9	215.8	116.2	114.2	118.4	102.3
1999	288.3	280.7	240.3	239.9	113.2	112.9	109.8	111.2
2000	320.9	311.4	258.4	263.8	111.3	110.9	107.5	109.9
2001	370.0	361.8	281.7	289.9	115.3	116.2	109.0	109.9
2002	426.8	420.3	317.2	317.5	115.4	116.2	112.6	109.5
2003	477.5	470.8	355.1	346.3	111.9	112.0	112.0	109.1
2004	526.8	522.1	387.5	373.1	110.3	110.9	109.1	107.7
2005	592.8	593.0	438.3	408.2	112.5	113.6	113.1	109.4
2006	669.3	668.2	497.2	460.0	112.9	112.7	113.4	112.7
2007	758.9	768.6	570.9	508.9	113.4	115.0	114.8	110.6
2008	840.1	844.3	633.6	566.7	110.7	109.8	111.0	111.4
2009	946.1	960.2	727.6	627.9	112.6	113.7	114.8	110.8
2010	1038.7	1045.7	821.4	694.9	109.8	108.9	112.9	110.7
2011	1128.4	1125.8	935.4	761.7	108.6	107.7	113.9	109.6
2012	1230.0	1219.2	1068.2	832.5	109.0	108.3	114.2	109.3

固定资产投资概况

指　　标	单位	1990年	2000年	2011年	2012年
全社会固定资产投资额	**亿元**	**4517.0**	**32917.7**	**311485.1**	**374675.7**
按登记注册类型分					
内资	亿元		30311.5	292768.3	353861.4
港、澳、台商投资	亿元		1293.0	9431.0	10184.5
外商投资	亿元		1313.2	9285.9	10629.7
按资金来源分					
国家预算资金	亿元	393.0	2109.5	14843.3	19244.4
国内贷款	亿元	885.5	6727.3	46344.5	50212.1
利用外资	亿元	284.6	1696.2	5062.0	4509.4
自筹资金	亿元	2954.4	22577.1	229346.8	278060.6
其他资金	亿元			50387.5	57254.3
按隶属关系分					
中央项目	亿元		6433.8	21797.2	21663.0
地方项目	亿元		26483.9	289687.9	353012.7
按构成分					
建筑安装工程	亿元	3008.7	20536.3	200195.7	243456.2
设备工器具购置	亿元	1165.5	7785.6	65152.3	78139.8
其他费用	亿元	342.7	4595.9	46137.1	53079.7
新增固定资产	**亿元**	**3995.3**	**26842.2**	**192964.4**	**238490.8**
房屋建筑面积					
施工面积	万平方米	137171	263294	1035519	1165406
#住宅	万平方米		180634	574910	614586
竣工面积	万平方米	107952	181974	329073	334323
#住宅	万平方米	86425	134529	197452	194703
房地产开发					
房地产开发投资额	亿元	253.3	4984.1	61796.9	71803.8
新增固定资产	亿元		3698.6	29051.7	33541.4
开发房屋竣工住宅面积	万平方米	3527	20603	74319	79043

全社会固定资产投资

年份	全社会固定资产投资(亿元)	#城镇	#房地产	比上年增长(%)
"六五"时期	**7997.6**	**5770.5**		**19.4**
1981	961.0	711.1		5.5
1982	1230.4	900.5		28.0
1983	1430.1	1014.4		16.2
1984	1832.9	1279.0		28.2
1985	2543.2	1865.5		38.8
"七五"时期	**20593.5**	**14871.3**	**1034.1**	**16.5**
1986	3120.6	2300.4	101.0	22.7
1987	3791.7	2730.6	149.9	21.5
1988	4753.8	3431.9	257.2	25.4
1989	4410.4	3134.0	272.7	-7.2
1990	4517.0	3274.4	253.3	2.4
"八五"时期	**63808.3**	**49619.0**	**8708.0**	**36.9**
1991	5594.5	4057.9	336.2	23.9
1992	8080.1	6079.7	731.2	44.4
1993	13072.3	10303.4	1937.5	61.8
1994	17042.1	13534.3	2554.1	30.4
1995	20019.3	15643.7	3149.0	17.5
"九五"时期	**139033.2**	**109206.6**	**19096.3**	**11.2**
1996	(22974.0)	(17627.7)	(3216.4)	14.8
	22913.5	17567.2	3216.4	
1997	24941.1	19194.2	3178.4	8.8
1998	28406.2	22491.4	3614.2	13.9
1999	29854.7	23732.0	4103.2	5.1
2000	32917.7	26221.8	4984.1	10.3
"十五"时期	**295531.0**	**245425.0**	**53356.4**	**20.2**
2001	37213.5	30001.2	6344.1	13.0
2002	43499.9	35488.8	7790.9	16.9
2003	55566.6	45811.7	10153.8	27.7
2004	70477.4	59028.2	13158.3	26.6
2005	88773.6	75095.1	15909.2	26.0
"十一五"时期	**922871.2**	**794922.8**	**160416.1**	**25.5**
2006	109998.2	93368.7	19422.9	23.9
2007	137323.9	117464.5	25288.8	24.8
2008	172828.4	148738.3	31203.2	25.9
2009	224598.8	193920.4	36241.8	30.0
2010	(278121.9)	(241430.9)	(48259.4)	23.8
	251683.8	243797.8	48259.4	
"十二五"时期				
2011	311485.1	302396.1	61796.9	23.8
2012	374675.7	364835.1	71803.8	20.3
平均每年增长(%)				
1982-2012年	21.2	22.0		
1991-2012年	22.5	23.9	30.5	
2001-2012年	22.8	24.4	25.4	

注：1.1997年起，除房地产投资、农村集体投资、农村个人投资外，其他固定资产投资的统计起点由5万元提高到50万元。2004年受经济普查影响，投资额与上年有不可比因素。2011年，除房地产投资、农村个人投资外，固定资产投资统计起点由50万元提高到500万元。为便于比较，1996、2010年数据作了相应调整，括号内为原口径数(以下相关表同)。口径变动年份的增速均按可比口径计算。

2.本表增长速度均未扣除价格因素，平均每年增长速度按累计法计算(以下相关表同)。

3.2011年起，城镇固定资产投资数据发布口径改为固定资产投资（不含农户）。固定资产投资（不含农户）等于原口径的城镇固定资产投资加上农村企事业组织项目投资（以下相关表同）。

按构成和隶属关系分全社会固定资产投资

单位：亿元

年份	按构成分			按隶属关系分	
	建筑安装工程	设备工器具购置	其他费用	中央项目	地方项目
“六五”时期	**5427.3**	**2100.7**	**469.6**		
1981	689.8	223.6	47.5		
1982	871.1	291.4	67.9		
1983	993.3	358.3	78.4		
1984	1217.6	509.2	106.1		
1985	1655.5	718.1	169.7		
“七五”时期	**13638.3**	**5477.0**	**1477.8**		
1986	2059.7	852.0	209.0		
1987	2475.7	1038.8	277.3		
1988	3099.7	1305.4	348.8		
1989	2994.6	1115.8	300.0		
1990	3008.7	1165.5	342.7		
“八五”时期	**40972.1**	**15492.0**	**7345.0**		
1991	3647.7	1460.2	486.6		
1992	5163.4	2125.1	791.6		
1993	8201.2	3315.9	1555.2		
1994	10786.5	4328.3	1928.1		
1995	13173.3	4262.5	2583.5	4533.7	15485.6
“九五”时期	**87930.0**	**32338.0**	**18765.2**	**29487.5**	**109545.7**
1996	(15153.4)	(4940.8)	(2879.8)	(5185.3)	(17788.7)
	15109.3	4926.0	2878.3	5135.3	17778.2
1997	15614.0	6044.8	3282.3	5768.4	19172.7
1998	17874.5	6528.5	4003.1	6255.4	22150.8
1999	18795.9	7053.0	4005.7	5894.6	23960.1
2000	20536.3	7785.6	4595.9	6433.8	26483.9
“十五”时期	**179167.1**	**69350.1**	**47013.8**	**35945.8**	**259585.2**
2001	22954.9	8833.8	5424.8	6669.9	30543.6
2002	26578.9	9884.5	7036.6	6526.7	36973.2
2003	33447.2	12681.9	9437.5	6113.6	49453.1
2004	42803.6	16527.0	11146.8	7524.6	62952.8
2005	53382.6	21422.9	13968.1	9111.0	79662.6
“十一五”时期	**565363.1**	**210258.5**	**147249.5**	**84778.5**	**838092.6**
2006	66775.8	25563.9	17658.4	10647.8	99350.4
2007	83518.3	31574.8	22230.9	13165.3	124158.6
2008	104958.9	40594.1	27275.5	17172.5	155655.9
2009	138758.3	50844.2	34996.2	20697.4	203901.4
2010	(171351.8)	(61681.5)	(45088.5)	23095.5	255026.4
	155580.5	53842.8	42260.5		
“十二五”时期					
2011	200195.7	65152.3	46137.1	21797.2	289687.9
2012	243456.2	78139.8	53079.7	21663.0	353012.7
平均每年增长(%)					
1982-2012年	20.6	21.0	26.4		
1991-2012年	22.0	21.5	27.3		
2001-2012年	22.8	21.9	24.2	11.2	24.6

全社会房屋建筑面积

单位：万平方米

年　份	施工面积	#住　宅	竣工面积	#住　宅
“六五”时期	**513964**		**516895**	**394235**
1981			86325	69444
1982	109510		90289	71459
1983	129188		111610	86540
1984	126407		106587	75820
1985	148859		122084	90972
“七五”时期	**800691**		**658745**	**513267**
1986	188184		154621	120516
1987	174597		145425	110641
1988	168951		140190	108418
1989	131788		110557	87267
1990	137171		107952	86425
“八五”时期	**924350**		**643345**	**464473**
1991	152813		120093	94685
1992	172173		116153	85880
1993	183449	98844	124949	78965
1994	200830	126486	136550	97510
1995	215085	140452	145600	107433
“九五”时期	**1240093**	**834639**	**868259**	**644421**
1996	(236308)	(155849)	(162849)	(122204)
	235259	155509	161966	121913
1997	230491	149658	166057	121101
1998	245756	167601	170905	127572
1999	263294	181236	187357	139306
2000	265294	180634	181974	134529
“十五”时期	**1731813**	**1039135**	**1016426**	**652300**
2001	276025	182767	182437	130420
2002	304428	193731	196738	134002
2003	343742	205287	202644	130161
2004	376495	217580	207019	124881
2005	431123	239770	227589	132836
“十一五”时期	**3282843**	**1869776**	**1317697**	**804477**
2006	462677	265565	212542	131408
2007	548542	315630	238425	146283
2008	632261	364354	260307	159405
2009	754189	431463	302117	184210
2010	(885173)	(492764)	(304306)	(183172)
	844057	480773	278565	174604
“十二五”时期				
2011	1035519	574910	329073	197452
2012	1165406	614586	334323	194703
平均每年增长(%)				
1991-2012年	9.0		5.3	3.7
2001-2012年	12.1	9.5	4.8	2.1

分地区全社会固定资产投资

单位：亿元

地　区	2006年	2007年	2008年	2009年	2010年	2011年	2012年
全国总计	**109998.2**	**137323.9**	**172828.4**	**224598.8**	**278121.9**	**311485.1**	**374675.7**
北　京	3296.4	3907.2	3814.7	4616.9	5403.0	5578.9	6111.7
天　津	1820.5	2353.1	3389.8	4738.2	6278.1	7067.7	7934.8
河　北	5470.2	6884.7	8866.6	12269.8	15083.4	16389.3	19661.3
山　西	2255.7	2861.5	3531.2	4943.2	6063.2	7073.1	8863.3
内蒙古	3363.2	4372.9	5475.4	7336.8	8926.5	10365.2	11858.2
辽　宁	5689.6	7435.2	10019.1	12292.5	16043.0	17726.3	21836.3
吉　林	2594.3	3651.4	5038.9	6411.6	7870.4	7441.7	9711.4
黑龙江	2236.0	2833.5	3656.0	5028.8	6812.6	7475.4	9695.4
上　海	3900.0	4420.4	4823.1	5043.8	5108.9	4962.1	5117.6
江　苏	10069.2	12268.1	15300.6	18949.9	23184.3	26692.6	30807.7
浙　江	7590.2	8420.4	9323.0	10742.3	12376.0	14185.3	17554.4
安　徽	3533.6	5087.5	6747.0	8990.7	11542.9	12455.7	15384.3
福　建	2981.8	4287.8	5207.7	6231.2	8199.1	9910.9	12423.1
江　西	2683.6	3301.9	4745.4	6643.1	8772.3	9087.6	11784.7
山　东	11111.4	12537.7	15435.9	19034.5	23280.5	26749.7	31256.0
河　南	5904.7	8010.1	10490.6	13704.5	16585.9	17769.0	21761.5
湖　北	3343.5	4330.4	5647.0	7866.9	10262.7	12557.3	15591.8
湖　南	3175.5	4154.8	5534.0	7703.4	9663.6	11880.9	14523.2
广　东	7973.4	9294.3	10868.7	12933.1	15623.7	17069.2	18749.4
广　西	2198.7	2939.7	3756.4	5237.2	7057.6	7990.7	9808.6
海　南	423.9	502.4	705.4	988.3	1317.0	1657.2	2126.3
重　庆	2407.4	3127.7	3979.6	5214.3	6688.9	7473.4	8732.3
四　川	4412.9	5639.8	7127.8	11371.9	13116.7	14222.2	17036.5
贵　州	1197.4	1488.8	1864.5	2412.0	3104.9	4235.9	5517.8
云　南	2208.6	2759.0	3435.9	4526.4	5528.7	6191.0	7831.1
西　藏	231.1	270.3	309.9	378.3	462.7	516.3	670.5
陕　西	2480.7	3415.0	4614.4	6246.9	7963.7	9431.1	12044.5
甘　肃	1022.6	1304.2	1712.8	2363.0	3158.3	3965.8	5145.5
青　海	408.5	482.8	583.2	798.2	1016.9	1435.6	1848.4
宁　夏	498.7	599.8	828.9	1075.9	1444.2	1644.7	2096.9
新　疆	1567.1	1850.8	2260.0	2725.5	3423.2	4632.1	6158.4
不分地区	1947.6	2530.8	3734.9	5779.7	6759.1	5651.3	5032.7

按登记注册类型分固定资产投资

单位：亿元

注 册 类 型	固定资产投资		#房地产开发投资额	
	2011年	2012年	2011年	2012年
全国总计	**302396.1**	**364835.1**	**61796.9**	**71803.8**
内资	**283679.2**	**344020.8**	**55792.0**	**64826.6**
国有	82494.8	95461.3	3370.1	4415.6
集体	10245.1	12098.4	431.2	475.5
股份合作	1627.5	1800.7	215.8	289.0
联营企业	988.6	1275.4	94.6	104.1
国有联营企业	363.0	529.5	56.7	72.3
集体联营企业	121.7	156.9	7.8	6.1
国有与集体联营企业	164.2	211.7	12.6	9.8
其他联营企业	339.7	377.3	17.5	15.9
有限责任公司	86254.9	101325.4	28438.2	32779.2
国有独资公司	6939.1	7930.5	1103.7	1601.4
其他有限责任公司	79315.8	93394.9	27334.5	31177.8
股份有限公司	19023.4	21504.1	2647.2	2818.0
私营和个体	72732.1	94812.5	19627.7	22931.6
其他企业	10312.7	15743.1	967.1	1013.6
港、澳、台商投资企业	**9431.0**	**10184.5**	**3894.5**	**4518.1**
合资经营	3423.6	3385.9	1537.1	1638.5
合作经营	580.6	591.8	316.7	359.8
独资	4653.0	5252.5	1936.8	2374.7
股份有限公司	760.4	762.8	90.5	124.4
其他	13.5	191.4	13.5	20.7
外商投资企业	**9285.9**	**10629.7**	**2110.5**	**2459.1**
合资经营	3552.6	3829.8	729.0	758.0
合作经营	373.6	446.0	188.6	247.2
独资	4661.5	5463.3	1113.1	1323.7
股份有限公司	695.6	690.1	77.1	108.9
其他	2.6	200.5	2.6	21.4

注：本表为固定资产投资(不含农户)。

按行业分固定资产投资(一)

行　　业	投资额（亿元）		2012年比上年增长(%)	2012年比重(%)
	2011年	2012年		
全 国 总 计	**302396.1**	**364835.1**	**20.6**	**100.0**
农、林、牧、渔业	**6811.6**	**9004.3**	**32.2**	**2.5**
农业	2334.2	3280.4	40.5	0.9
林业	889.9	1023.3	15.0	0.3
畜牧业	1750.6	2315.6	32.3	0.6
渔业	371.3	524.6	41.3	0.1
农、林、牧、渔服务业	1465.6	1860.4	26.9	0.5
采矿业	**11746.8**	**13128.7**	**11.8**	**3.6**
#煤炭开采和洗选业	4907.3	5285.8	7.7	1.4
石油和天然气开采业	2691.1	2854.0	6.1	0.8
黑色金属矿采选业	1235.4	1528.7	23.7	0.4
有色金属矿采选业	1241.2	1477.3	19.0	0.4
非金属矿采选业	1291.0	1631.0	26.3	0.4
制造业	**102411.6**	**124970.7**	**22.0**	**34.3**
农副食品加工业	5233.7	6906.6	32.0	1.9
食品制造业	2404.9	3080.0	28.1	0.8
酒、饮料和精制茶制造业	1910.1	2601.9	36.2	0.7
烟草制品业	268.6	245.2	-8.7	0.1
纺织业	3656.1	4094.8	12.0	1.1
纺织服装、服饰业	2101.8	2610.9	24.2	0.7
皮革、毛皮、羽毛及其制品和制鞋业	1170.5	1337.6	14.3	0.4
木材加工及木、竹、藤、棕、草制品业	1900.3	2495.0	31.3	0.7
家具制造业	1196.4	1557.2	30.2	0.4
造纸及纸制品业	1922.6	2220.9	15.5	0.6
印刷和记录媒介复制业	876.2	1092.6	24.7	0.3
文教、工美、体育和娱乐用品制造业	950.7	1148.2	20.8	0.3
石油加工、炼焦和核燃料加工业	2268.5	2391.0	5.4	0.7
化学原料和化学制品制造业	8786.5	11483.9	30.7	3.1
医药制造业	2648.9	3564.7	34.6	1.0
化学纤维制造业	744.0	883.4	18.7	0.2
橡胶和塑料制品业	3714.8	4334.7	16.7	1.2
非金属矿物制品业	10359.5	12217.6	17.9	3.3
黑色金属冶炼和压延加工业	5160.6	5055.5	-2.0	1.4
有色金属冶炼和压延加工业	3720.3	4484.9	20.6	1.2
金属制品业	5418.4	5955.0	9.9	1.6
通用设备制造业	6364.07	8505.47	33.6	2.3
专用设备制造业	5791.7	8430.2	45.6	2.3
汽车制造业	6027.4	8004.2	32.8	2.2
铁路、船舶、航空航天和其他运输设备制造业	2211.4	2318.9	4.9	0.6

注：本表为新行业口径，数据为固定资产投资（不含农户）。

按行业分固定资产投资(二)

行业	投资额（亿元）		2012年比上年增长(%)	2012年比重(%)
	2011年	2012年		
电气机械和器材制造业	7881.2	8258.7	4.8	2.3
计算机、通信和其他电子设备制造业	5259.0	5936.9	12.9	1.6
仪器仪表制造业	992.8	1301.7	31.1	0.4
其他制造业	1001.4	1402.3	40.0	0.4
废弃资源综合利用业	469.0	717.9	53.1	0.2
金属制品、机械和设备修理业		332.8		0.1
电力、热力、燃气及水的生产和供应业	**14659.2**	**16536.5**	**12.8**	**4.5**
电力、热力生产和供应业	11603.5	12815.2	10.4	3.5
燃气生产和供应业	1244.4	1576.8	26.7	0.4
水的生产和供应业	1811.3	2144.5	18.4	0.6
建筑业	**3239.9**	**4035.6**	**24.6**	**1.1**
批发和零售业	**7379.7**	**9816.3**	**33.0**	**2.7**
交通运输、仓储和邮政业	**27765.9**	**30296.4**	**9.1**	**8.3**
#铁路运输业	5915.0	6056.3	2.4	1.7
道路运输业	16076.8	17134.9	6.6	4.7
水上运输业	1926.5	1967.6	2.1	0.5
航空运输业	835.8	1088.0	30.2	0.3
管道运输业	148.1	192.4	29.9	0.1
仓储业	2437.2	3120.1	28.0	0.9
住宿和餐饮业	**3918.8**	**5102.5**	**30.2**	**1.4**
信息传输、软件和信息技术服务业	**2169.8**	**2834.4**	**30.6**	**0.8**
#电信、广播电视和卫星传输服务	1427.8	1646.9	15.3	0.5
金融业	**637.7**	**932.2**	**46.2**	**0.3**
房地产业	**75664.7**	**92357.1**	**22.1**	**25.3**
租赁和商务服务业	**3379.9**	**4644.9**	**37.4**	**1.3**
科学研究和技术服务业	**1702.6**	**2175.8**	**27.8**	**0.6**
水利、环境和公共设施管理业	**24520.7**	**29296.3**	**19.5**	**8.0**
水利管理业	3412.6	4059.4	19.0	1.1
生态保护和环境治理业	1070.8	1098.1	2.5	0.3
公共设施管理业	20037.4	24138.8	20.5	6.6
居民服务、修理和其他服务业	**1363.0**	**1717.5**	**26.0**	**0.5**
教育	**3890.4**	**4678.6**	**20.3**	**1.3**
卫生和社会工作	**2151.0**	**2645.2**	**23.0**	**0.7**
#卫生	1909.5	2218.4	16.2	0.6
文化、体育和娱乐业	**3155.6**	**4299.1**	**36.2**	**1.2**
#文化艺术业	1209.6	2002.4	65.5	0.5
公共管理、社会保障和社会组织	**5827.0**	**6363.0**	**9.2**	**1.7**
国际组织				

分地区固定资产投资

单位：亿元

地区	2006年	2007年	2008年	2009年	2010年	2011年	2012年
全国总计	**93368.68**	**117464.47**	**148738.30**	**193920.39**	**241430.89**	**302396.06**	**364835.07**
北京	3012.45	3597.29	3520.95	4149.63	4916.53	5519.84	6064.15
天津	1678.98	2192.17	3175.14	4446.57	5896.52	7040.68	7913.26
河北	4403.23	5690.31	7463.77	10476.50	12922.66	15780.26	19104.63
山西	2055.69	2600.22	3194.57	4509.56	5526.60	6837.69	8584.85
内蒙古	3264.86	4255.00	5327.04	7143.84	8687.99	10252.97	11732.22
辽宁	4977.84	6576.05	8881.95	11605.12	15106.33	17431.46	21535.37
吉林	2366.06	3340.19	4592.71	5958.95	7395.23	7226.65	9462.09
黑龙江	2040.41	2591.69	3354.82	4695.74	6292.67	7157.92	9376.10
上海	3497.48	4045.10	4404.95	4618.91	4630.47	4959.93	5114.64
江苏	7479.60	9161.37	11609.71	14266.80	17416.47	26313.46	30427.25
浙江	5429.28	5996.93	6551.10	7454.33	8438.08	13651.65	17000.96
安徽	3050.15	4444.58	5948.61	7945.50	10281.29	12007.87	14902.31
福建	2692.36	3829.02	4601.50	5548.61	7385.78	9677.09	12165.64
江西	2375.39	2954.87	4325.38	6008.12	7856.94	8753.93	11388.92
山东	8715.50	10153.56	12528.96	15439.10	18844.41	25907.38	30319.76
河南	4840.80	6609.16	8721.19	11454.89	13934.82	16934.32	20870.16
湖北	3038.49	3927.36	5148.76	7183.67	9405.63	12195.39	15162.21
湖南	2718.44	3609.54	4879.96	6880.00	8617.98	11407.74	13966.26
广东	6553.67	7368.69	8640.87	10230.05	12599.26	16599.16	18248.04
广西	1947.81	2596.74	3325.95	4689.88	6383.26	7580.90	9345.18
海南	397.00	472.77	668.02	942.68	1257.50	1599.14	2045.38
重庆	2251.98	2937.07	3715.90	4855.11	6170.61	7366.95	8606.46
四川	3927.37	5043.42	6362.08	9090.09	11061.38	13687.75	16526.89
贵州	1052.79	1289.13	1609.34	2049.83	2609.36	4026.47	5304.93
云南	2001.85	2443.79	3106.33	4117.51	5052.61	5932.75	7553.51
西藏	200.65	230.83	271.25	327.64	404.98	516.31	670.52
陕西	2285.71	3168.82	4286.42	5888.37	7569.90	9108.98	11705.83
甘肃	923.92	1177.46	1510.75	2076.36	2808.55	3870.08	5040.53
青海	384.61	443.69	514.05	689.09	840.01	1365.91	1773.67
宁夏	438.73	527.69	735.71	964.16	1292.80	1589.14	2033.03
新疆	1418.01	1659.19	2025.64	2434.15	3065.13	4444.99	5857.58
不分地区	1947.56	2530.77	3734.93	5779.66	6759.14	5651.29	5032.73

注：2010年之前为城镇固定资产投资口径；2011年后为固定资产投资（不含农户）。

房地产开发企业概况

指　　标	单位	2007年	2008年	2009年	2010年	2011年	2012年
房地产开发投资	**亿元**	**25288.8**	**31203.2**	**36241.8**	**48259.4**	**61796.9**	**71803.8**
按工程用途分							
住宅	亿元	18005.4	22440.9	25613.7	34026.2	44319.5	49374.2
办公楼	亿元	1035.0	1167.2	1377.2	1807.4	2558.8	3366.6
商业营业用房	亿元	2785.6	3354.5	4180.7	5648.4	7424.0	9312.0
其它	亿元	3462.7	4240.7	5070.2	6777.4	7494.5	9751.0
按构成分							
建筑安装工程	亿元	17205.5	21637.7	25839.3	33065.5	44405.3	52036.3
设备工器具购置	亿元	340.5	454.1	454.1	558.1	816.0	1019.4
其他费用	亿元	7742.8	9111.4	9948.4	14635.8	16575.5	18748.1
房屋建筑面积及价值							
施工面积	万平方米	236318	283266	320368	405356	506775	573418
#新开工面积	万平方米	95402	102553	116422	163647	191237	177334
竣工面积	万平方米	60607	66545	72677	78744	92620	99425
竣工价值	亿元	10039.9	11947.6	14689.4	17542.7	21975.9	24836.6
商品房销售情况							
商品房销售面积	万平方米	77355	65970	94755	104765	109367	111304
商品房销售额	亿元	29889.1	25068.2	44355.2	52721.2	58588.9	64455.8
实际到位资金合计	**亿元**	**43565.6**	**48491.7**	**66545.5**	**88296.6**	**110990.2**	**120969.8**
上年末结余资金	亿元	6087.7	8872.3	8746.5	15352.6	25301.5	24432.1
实际到位资金小计	亿元	37478.0	39619.4	57799.0	72944.0	85688.7	96537.7
国内贷款	亿元	7015.6	7605.7	11364.5	12563.7	13056.8	14778.4
利用外资	亿元	641.0	728.2	479.4	790.7	785.1	402.1
#外商直接投资	亿元	485.4	635.0	403.3	673.4	689.5	358.5
自筹资金	亿元	11772.5	15312.1	17949.1	26637.2	35004.6	39082.7
#自有资金	亿元	6974.1	8849.1	9858.9	14212.8	17945.4	17851.5
其他资金	亿元	18048.8	15973.4	28006.0	32952.4	36842.2	42274.5
#定金及预收款	亿元	10663.2	9756.7	16217.5	19275.2	22470.3	26558.1
各项应付款	**亿元**	**4133.8**	**6048.0**	**6356.4**	**8307.0**	**12896.7**	**16178.1**
#工程款	亿元	2190.2	3219.8	3296.9	4052.8	6314.5	8395.1

注：2012年数据为快报数据(下表同)。

分地区房地产开发企业投资和房屋施工、竣工面积

地 区	房地产开发投资（亿元）		房屋施工面积（万平方米）		房屋竣工面积（万平方米）	
	2011年	2012年	2011年	2012年	2011年	2012年
全国总计	**61796.9**	**71803.8**	**506775**	**573418**	**92620**	**99425**
北 京	3036.3	3153.4	12065	13122	2245	2391
天 津	1080.2	1260.0	9234	9864	2103	2543
河 北	3054.6	3086.5	26671	27578	5181	4895
山 西	790.2	1010.5	9308	11714	2110	1733
内蒙古	1591.2	1291.4	15895	16507	2519	2449
辽 宁	4487.6	5455.8	34364	38502	6323	6438
吉 林	1195.4	1310.0	9123	10936	1879	1928
黑龙江	1227.6	1535.8	12123	13485	3231	3246
上 海	2253.8	2381.4	13033	13250	2384	2305
江 苏	5567.9	6206.1	40500	45098	8448	9848
浙 江	4137.3	5226.3	29927	33423	4529	4293
安 徽	2611.5	3151.6	20786	24836	3629	3965
福 建	2406.3	2824.1	18938	21121	2652	2233
江 西	867.0	969.6	8461	9466	1906	1747
山 东	4106.8	4708.3	36339	42959	6357	7325
河 南	2626.5	3035.3	25343	29559	5527	5871
湖 北	2066.5	2539.5	13922	16820	3221	3274
湖 南	1943.8	2210.5	20342	21357	4146	4458
广 东	4809.9	5352.8	36137	39296	6141	6356
广 西	1517.5	1554.9	14264	15018	2303	2334
海 南	650.8	886.6	3610	5109	449	856
重 庆	2015.1	2508.4	20397	22009	3424	3991
四 川	2819.2	3266.4	27122	29866	4233	5867
贵 州	873.5	1467.6	10261	13245	1455	1417
云 南	1280.1	1782.1	11010	14362	1572	1852
西 藏	5.1	6.9	49	47	22	9
陕 西	1410.9	1835.9	12222	15411	1128	1654
甘 肃	367.0	561.0	4099	5635	744	845
青 海	144.7	189.7	1666	1891	520	416
宁 夏	336.2	429.2	4080	5033	967	1152
新 疆	516.4	606.1	5481	6897	1270	1736

分地区房地产开发企业 商品房销售面积和销售额

地　区	商品房销售面积（万平方米）		商品房销售额（亿元）		#住　宅	
	2011年	2012年	2011年	2012年	2011年	2012年
全国总计	**109367**	**111304**	**58588.9**	**64455.8**	**48198.3**	**53467.2**
北　京	1439	1944	2425.3	3308.6	1606.0	2455.5
天　津	1595	1662	1394.4	1365.5	1167.4	1210.6
河　北	5888	5145	2345.2	2303.9	1993.8	1914.6
山　西	1285	1498	441.0	579.9	378.4	513.2
内蒙古	3509	2524	1327.5	1022.8	972.5	769.4
辽　宁	7541	8828	3569.1	4362.8	3009.2	3611.2
吉　林	2433	2452	1061.6	1016.9	883.2	836.8
黑龙江	3433	3807	1361.6	1548.3	1085.6	1201.9
上　海	1791	1898	2615.2	2669.5	2034.9	2209.0
江　苏	7970	9019	5224.2	6067.0	4158.6	5089.1
浙　江	3531	4005	3474.2	4262.7	2702.4	3541.6
安　徽	4606	4829	2199.7	2329.9	1745.0	1921.9
福　建	2707	3259	2101.6	2817.7	1649.3	2293.9
江　西	2417	2397	1002.4	1137.3	824.3	931.4
山　东	9576	8633	4259.1	4111.8	3757.6	3529.5
河　南	6275	5968	2196.8	2286.7	1788.0	1915.6
湖　北	4188	4038	1878.7	2036.2	1569.3	1689.9
湖　南	4900	5150	1857.4	2085.2	1570.0	1711.5
广　东	7428	7899	5852.5	6407.8	5070.8	5488.4
广　西	2964	2759	1118.2	1159.8	977.1	995.8
海　南	866	932	774.3	735.6	743.9	701.7
重　庆	4534	4522	2146.1	2297.3	1825.4	1972.4
四　川	6544	6456	3218.0	3517.7	2677.4	2816.5
贵　州	1882	2187	731.9	900.1	592.7	740.0
云　南	3223	3238	1171.6	1362.8	958.8	1077.1
西　藏	18	23	6.3	7.4	5.7	6.2
陕　西	3052	2756	1510.4	1420.7	1352.5	1215.6
甘　肃	839	978	278.3	349.3	237.3	301.6
青　海	360	263	116.8	106.5	105.9	91.1
宁　夏	846	804	315.9	317.6	239.0	256.2
新　疆	1728	1430	613.3	560.5	516.2	458.1

分地区房地产开发企业土地购置面积和成交价款

地　区	土地购置面积(万平方米)		2012年比上年增长(%)	土地成交价款(亿元)		2012年比上年增长(%)
	2011年	2012年		2011年	2012年	
全国总计	**44327**	**35667**	**-19.5**	**8894.0**	**7409.6**	**-16.7**
北　京	507	306	-39.7	422.6	224.7	-46.8
天　津	757	300	-60.4	155.4	56.4	-63.7
河　北	2800	1761	-37.1	378.5	306.0	-19.1
山　西	698	718	3.0	89.8	97.4	8.4
内蒙古	1635	903	-44.8	129.9	107.6	-17.2
辽　宁	3446	3200	-7.2	531.3	491.8	-7.4
吉　林	1516	1539	1.5	241.9	277.7	14.8
黑龙江	1861	930	-50.0	288.5	127.6	-55.8
上　海	636	301	-52.8	238.6	135.1	-43.4
江　苏	2694	3071	14.0	693.2	776.9	12.1
浙　江	2189	1256	-42.6	1047.0	650.3	-37.9
安　徽	3295	2619	-20.5	602.7	474.0	-21.4
福　建	1540	926	-39.9	567.6	320.3	-43.6
江　西	1068	733	-31.3	177.8	136.8	-23.1
山　东	3691	2610	-29.3	571.6	448.2	-21.6
河　南	1566	1743	11.3	184.7	216.7	17.3
湖　北	1582	1303	-17.6	293.1	297.3	1.4
湖　南	1292	1106	-14.4	218.5	183.3	-16.1
广　东	2437	1805	-25.9	520.7	591.9	13.7
广　西	979	542	-44.7	194.5	100.9	-48.1
海　南	400	334	-16.5	52.7	45.7	-13.1
重　庆	1665	2183	31.2	413.7	550.7	33.1
四　川	1055	892	-15.4	242.3	158.0	-34.8
贵　州	883	708	-19.9	116.4	107.3	-7.8
云　南	1623	1602	-1.3	275.5	272.1	-1.2
西　藏	6	1	-76.7	0.4	0.1	-80.0
陕　西	528	473	-10.5	70.5	98.1	39.2
甘　肃	304	419	37.8	45.0	47.1	4.5
青　海	140	197	40.6	19.0	25.9	36.0
宁　夏	555	426	-23.3	51.0	31.8	-37.7
新　疆	981	761	-22.4	59.6	52.1	-12.6

对外贸易和利用外资

指　标	单　位	1990年	2000年	2010年	2011年	2012年
对外经济贸易						
货物进出口总额	**亿美元**	**1154.4**	**4742.9**	**29740.0**	**36418.6**	**38667.6**
出口总额	亿美元	620.9	2492.0	15777.5	18983.8	20489.3
初级产品	亿美元	158.9	254.6	816.9	1005.5	1005.8
工业制成品	亿美元	462.0	2237.4	14960.7	17978.4	19483.5
进口总额	亿美元	533.5	2250.9	13962.4	17434.8	18178.3
初级产品	亿美元	98.5	467.4	4338.5	6042.7	6346.0
工业制成品	亿美元	434.9	1783.5	9623.9	11392.1	11832.2
进出口差额	亿美元	87.4	241.1	1815.1	1549.0	2311.1
吸收外商投资						
合同项目	个	7371	22347	27406	27712	24925
#外商直接投资	个	7273	22347	27406	27712	24925
实际使用外资额	亿美元	102.9	593.6	1088.2	1177.0	1132.9
#外商直接投资	亿美元	34.9	407.2	1057.4	1160.1	1117.2
外商其他投资	亿美元	2.7	86.4	30.9	16.9	15.8
非金融类对外直接投资额	**亿美元**			**601.8**	**685.8**	**772.2**
对外经济合作						
合同金额	亿美元	26.0	149.4	1430.9		
#对外承包工程	亿美元	21.3	117.2	1343.7	1423.3	1565.3
对外劳务合作	亿美元	4.8	29.9	87.2		
完成营业额	亿美元	18.7	113.3	1010.5		
#对外承包工程	亿美元	16.4	83.8	921.7	1034.2	1166.0
对外劳务合作	亿美元	2.2	28.1	88.8		

注：1.本表进出口、对外经济数据分别由海关总署和商务部提供(以下相关表同)。
2.2000年起吸收外商投资数据不包括对外借款。
3.非金融类对外直接投资从2002年开始统计。
4.2011年起，商务部不再对外公布对外劳务合作合同数、合同金额以及完成营业额数据。

货物进出口总额

年　份	人民币(亿元)			美元（亿美元）		
	进出口总　额	出口额	进口额	进出口总　额	出口额	进口额
1978	355.0	167.6	187.4	206.4	97.5	108.9
1979	454.6	211.7	242.9	293.3	136.6	156.7
1980	570.0	271.2	298.8	381.4	181.2	200.2
“六五”时期	**5634.4**	**2609.1**	**3025.3**	**2524.1**	**1200.5**	**1323.6**
1981	735.3	367.6	367.7	440.3	220.1	220.2
1982	771.3	413.8	357.5	416.1	223.2	192.9
1983	860.1	438.3	421.8	436.2	222.3	213.9
1984	1201.0	580.5	620.5	535.5	261.4	274.1
1985	2066.7	808.9	1257.8	696.0	273.5	422.5
“七五”时期	**19202.4**	**9260.6**	**9941.8**	**4864.1**	**2325.3**	**2538.8**
1986	2580.4	1082.1	1498.3	738.5	309.4	429.1
1987	3084.2	1470.0	1614.2	826.5	394.4	432.1
1988	3821.8	1766.7	2055.1	1027.9	475.2	552.7
1989	4155.9	1956.0	2199.9	1116.8	525.4	591.4
1990	5560.1	2985.8	2574.3	1154.4	620.9	533.5
“八五”时期	**71498.2**	**36661.8**	**34836.4**	**10144.1**	**5183.8**	**4960.3**
1991	7225.8	3827.1	3398.7	1357.0	719.1	637.9
1992	9119.6	4676.3	4443.3	1655.3	849.4	805.9
1993	11271.0	5284.8	5986.2	1957.0	917.4	1039.6
1994	20381.9	10421.8	9960.1	2366.2	1210.1	1156.1
1995	23499.9	12451.8	11048.1	2808.6	1487.8	1320.8
“九五”时期	**147120.2**	**79754.9**	**67365.3**	**17739.1**	**9616.8**	**8122.3**
1996	24133.8	12576.4	11557.4	2898.8	1510.5	1388.3
1997	26967.2	15160.7	11806.5	3251.6	1827.9	1423.7
1998	26849.7	15223.6	11626.1	3239.5	1837.1	1402.4
1999	29896.3	16159.8	13736.5	3606.3	1949.3	1657.0
2000	39273.2	20634.4	18638.8	4742.9	2492.0	2250.9
“十五”时期	**376506.2**	**197011.6**	**179494.6**	**45578.7**	**23852.0**	**21726.6**
2001	42183.6	22024.4	20159.2	5096.5	2661.0	2435.5
2002	51378.2	26947.9	24430.3	6207.7	3256.0	2951.7
2003	70483.5	36287.9	34195.6	8509.9	4382.3	4127.6
2004	95539.1	49103.3	46435.8	11545.5	5933.2	5612.3
2005	116921.8	62648.1	54273.7	14219.1	7619.5	6599.5
“十一五”时期	**840003.3**	**460497.7**	**379505.6**	**116818.0**	**63995.0**	**52823.0**
2006	140971.5	77594.6	63376.9	17604.4	9689.8	7914.6
2007	166740.2	93455.6	73284.6	21765.7	12204.6	9561.1
2008	179921.5	100394.9	79526.5	25632.6	14306.9	11325.6
2009	150648.1	82029.7	68618.4	22075.4	12016.1	10059.2
2010	201722.1	107022.8	94699.3	29740.0	15777.5	13962.4
“十二五”时期						
2011	236402.0	123240.6	113161.4	36418.6	18983.8	17434.8
2012	244157.6	129362.4	114795.3	38667.6	20489.3	18178.3

注：本表1979年前为外贸部门数据，1980年起为海关数据。

人民币对主要外币年平均汇价

（中间价）　　单位：人民币元

年　份	100美元	100日元	100港元	100欧元
1985	293.66	1.2457	37.57	
1986	345.28	2.0694	44.22	
1987	372.21	2.5799	47.74	
1988	372.21	2.9082	47.70	
1989	376.51	2.7360	48.28	
1990	478.32	3.3233	61.39	
1991	532.33	3.9602	68.45	
1992	551.46	4.3608	71.24	
1993	576.20	5.2020	74.41	
1994	861.87	8.4370	111.53	
1995	835.10	8.9225	107.96	
1996	831.42	7.6352	107.51	
1997	828.98	6.8600	107.09	
1998	827.91	6.3488	106.88	
1999	827.83	7.2932	106.66	
2000	827.84	7.6864	106.18	
2001	827.70	6.8075	106.08	
2002	827.70	6.6237	106.07	800.58
2003	827.70	7.1466	106.24	936.13
2004	827.68	7.6552	106.23	1029.00
2005	819.17	7.4484	105.30	1019.53
2006	797.18	6.8570	102.62	1001.90
2007	760.40	6.4632	97.46	1041.75
2008	694.51	6.7427	89.19	1022.27
2009	683.10	7.2986	88.12	952.70
2010	676.95	7.7279	87.13	897.25
2011	645.88	8.1050	82.97	900.11
2012	631.25	7.9037	81.38	810.67

注：本表资料由国家外汇管理局提供。2002年的欧元汇价为4-12月的平均汇价。

货物进出口额分类

单位：亿美元

指　　标	2011年		2012年	
	出口	进口	出口	进口
总　额	**18983.8**	**17434.8**	**20489.3**	**18178.3**
初级产品	**1005.5**	**6042.7**	**1005.8**	**6346.0**
食品及主要供食用的活动物	504.9	287.7	520.8	352.6
饮料及烟类	22.8	36.8	25.9	44.0
非食用原料	149.8	2849.2	143.4	2696.2
矿物燃料、润滑油及有关原料	322.7	2757.8	310.3	3128.0
动、植物油脂及蜡	5.3	111.1	5.4	125.3
工业制成品	**17978.4**	**11392.1**	**19483.5**	**11832.2**
化学品及有关产品	1147.9	1811.1	1136.3	1792.7
轻纺产品、橡胶制品、矿冶产品及其制品	3195.6	1503.0	3331.7	1459.0
机械及运输设备	9017.7	6305.7	9644.2	6527.5
杂项制品	4593.7	1277.2	5357.2	1365.3
未分类的其他商品	23.4	495.1	14.2	687.7

分地区货物进出口总额

(按经营单位所在地分)　　单位：亿美元

地　区	2006年	2007年	2008年	2009年	2010年	2011年	2012年
全国总计	**17604.4**	**21765.7**	**25632.6**	**22075.4**	**29740.0**	**36418.6**	**38667.6**
北　京	1580.4	1930.0	2716.9	2147.3	3017.2	3895.6	4079.2
天　津	644.6	714.5	804.0	638.3	821.0	1033.8	1156.2
河　北	185.3	255.2	384.2	296.3	420.6	536.0	505.5
山　西	66.3	115.8	144.0	85.7	125.8	147.4	150.4
内蒙古	59.6	77.4	89.2	67.7	87.3	119.3	112.6
辽　宁	483.9	594.7	724.3	629.3	807.1	960.4	1039.9
吉　林	79.1	103.0	133.3	117.4	168.5	220.6	245.7
黑龙江	128.6	173.0	231.3	162.3	255.2	385.2	378.2
上　海	2275.2	2828.5	3220.6	2777.1	3689.5	4375.5	4365.4
江　苏	2839.8	3494.7	3922.7	3387.4	4658.0	5395.8	5480.9
浙　江	1391.4	1768.5	2111.3	1877.3	2535.3	3093.8	3122.3
安　徽	122.5	159.3	201.8	156.8	242.7	313.1	393.3
福　建	626.6	744.5	848.2	796.5	1087.8	1435.2	1559.3
江　西	61.9	94.5	136.2	127.8	216.2	314.7	334.1
山　东	952.1	1224.7	1584.1	1390.5	1891.6	2358.9	2455.4
河　南	97.9	127.9	174.8	134.8	178.3	326.2	517.5
湖　北	117.6	148.7	207.1	172.5	259.3	335.9	319.6
湖　南	73.5	96.9	125.5	101.5	146.6	189.4	219.4
广　东	5272.0	6341.9	6849.7	6110.9	7849.0	9134.7	9838.2
广　西	66.7	92.6	132.4	142.5	177.4	233.6	294.7
海　南	28.5	35.1	45.3	48.8	86.5	127.6	143.3
重　庆	54.7	74.4	95.2	77.1	124.3	292.1	532.0
四　川	110.2	143.8	221.1	241.7	326.9	477.2	591.3
贵　州	16.2	22.7	33.7	23.0	31.5	48.9	66.3
云　南	62.2	87.9	96.0	80.5	134.3	160.3	210.0
西　藏	3.3	3.9	7.7	4.0	8.4	13.6	34.2
陕　西	53.6	68.9	83.3	84.1	121.0	146.5	148.0
甘　肃	38.2	55.2	61.0	38.7	74.0	87.3	89.0
青　海	6.5	6.1	6.9	5.9	7.9	9.2	11.6
宁　夏	14.4	15.8	18.8	12.0	19.6	22.9	22.2
新　疆	91.0	137.2	222.2	139.5	171.3	228.2	251.7

分地区货物进出口总额

(按境内目的地、货源地分)　　单位：亿美元

地　区	2006年	2007年	2008年	2009年	2010年	2011年	2012年
全国总计	**17604.4**	**21765.7**	**25632.6**	**22075.4**	**29740.0**	**36418.6**	**38667.6**
北　京	704.6	820.4	950.4	870.9	1106.9	1293.0	1286.6
天　津	672.8	755.6	869.0	720.3	916.1	1116.8	1228.5
河　北	234.8	344.7	508.8	402.7	620.5	841.5	822.6
山　西	96.6	152.4	201.9	93.2	138.6	162.2	165.9
内蒙古	61.1	90.9	104.3	94.6	116.8	148.2	139.7
辽　宁	524.2	651.8	821.6	698.5	952.9	1129.5	1181.1
吉　林	87.0	113.1	136.2	118.8	170.2	230.5	244.8
黑龙江	140.7	184.3	204.2	133.6	183.4	261.6	282.1
上　海	2212.3	2738.7	3138.8	2733.3	3654.4	4331.5	4341.0
江　苏	2990.4	3722.5	4304.7	3659.3	4987.8	5812.4	5887.9
浙　江	1600.8	1992.0	2444.1	2107.1	2872.5	3514.1	3482.4
安　徽	122.5	157.4	195.5	156.6	233.8	303.3	329.7
福　建	648.9	752.9	867.2	812.4	1105.5	1345.7	1462.0
江　西	72.5	103.1	150.1	138.3	209.5	279.9	302.2
山　东	1106.4	1408.0	1876.4	1635.2	2251.6	2845.6	2966.5
河　南	109.8	142.1	198.9	150.7	200.2	355.9	543.5
湖　北	121.1	153.1	213.6	176.7	260.3	337.5	324.3
湖　南	79.8	102.0	136.0	116.1	156.1	201.0	214.4
广　东	5418.3	6524.1	7177.8	6319.9	8340.1	10067.9	11151.2
广　西	76.1	104.7	148.6	135.6	195.5	323.2	408.6
海　南	33.9	70.7	95.9	84.8	103.7	134.5	145.7
重　庆	53.1	71.6	90.5	77.2	118.3	244.8	452.4
四　川	106.7	136.2	199.3	215.2	263.0	401.1	517.0
贵　州	22.1	32.0	48.1	27.3	34.6	49.2	50.5
云　南	63.8	88.0	93.3	74.6	103.3	122.6	121.2
西　藏	2.3	3.2	3.5	2.9	5.9	11.0	21.2
陕　西	69.2	82.4	104.6	86.7	117.0	140.8	151.9
甘　肃	44.4	58.7	65.6	44.8	73.9	78.3	71.7
青　海	9.4	6.8	8.0	7.2	8.2	7.6	8.1
宁　夏	16.1	19.6	25.8	19.6	25.7	28.1	26.7
新　疆	102.1	154.4	249.8	161.3	213.6	299.2	336.3

分地区货物出口额和进口额

(2012年)　　单位：亿美元

地　区	按经营单位所在地分		按境内目的地、货源地分	
	出口额	进口额	出口额	进口额
全国总计	**20489.3**	**18178.3**	**20489.3**	**18178.3**
北　京	596.5	3482.7	312.6	974.0
天　津	483.1	673.1	490.6	737.8
河　北	296.0	209.4	372.8	449.8
山　西	70.2	80.3	84.5	81.4
内蒙古	39.7	72.9	54.0	85.8
辽　宁	579.5	460.4	525.1	656.0
吉　林	59.8	185.9	60.3	184.5
黑龙江	144.4	233.9	99.1	183.0
上　海	2067.4	2298.0	1935.6	2405.4
江　苏	3285.4	2195.6	3342.5	2545.5
浙　江	2245.7	876.7	2447.1	1035.3
安　徽	267.5	125.7	206.5	123.1
福　建	978.4	580.9	888.4	573.5
江　西	251.1	83.0	200.2	102.0
山　东	1287.3	1168.1	1359.6	1606.8
河　南	296.8	220.7	319.4	224.0
湖　北	194.0	125.6	187.5	136.8
湖　南	126.0	93.4	123.4	91.1
广　东	5741.4	4096.8	6363.0	4788.2
广　西	154.7	140.1	92.1	316.5
海　南	31.4	111.9	28.1	117.6
重　庆	385.7	146.3	310.5	141.9
四　川	384.6	206.6	311.5	205.5
贵　州	49.5	16.8	31.5	19.1
云　南	100.2	109.9	54.2	66.9
西　藏	33.6	0.7	20.2	0.9
陕　西	86.5	61.5	85.0	66.9
甘　肃	35.7	53.3	18.3	53.4
青　海	7.3	4.3	4.3	3.9
宁　夏	16.4	5.8	18.7	8.0
新　疆	193.5	58.2	142.6	193.7

分地区外商投资企业货物进出口总额

单位：万美元

地　区	2011年			2012年		
	进出口总　额	出口额	进口额	进出口总　额	出口额	进口额
全国总计	**185989874**	**99522704**	**86467170**	**189399771**	**102274850**	**87124921**
北　京	7679756	2164526	5515230	7446920	2135021	5311900
天　津	7113264	3085243	4028020	7742908	3280932	4461977
河　北	2022204	1017219	1004985	1774883	942375	832508
山　西	264502	90781	173721	443295	221497	221798
内蒙古	246266	143589	102676	175215	87722	87493
辽　宁	4598764	2322010	2276754	4702250	2349523	2352728
吉　林	919356	144656	774700	1104121	149690	954431
黑龙江	113682	69932	43750	104584	55994	48590
上　海	29232879	14237994	14994885	28988951	13868737	15120215
江　苏	38531121	21519202	17011920	35789017	20468393	15320624
浙　江	10792591	6528698	4263893	10298835	6299479	3999357
安　徽	1028561	435117	593444	997815	459135	538680
福　建	6868116	3912418	2955698	7390862	3912733	3478129
江　西	1352999	597155	755844	1329806	646277	683529
山　东	10743801	6372487	4371314	10203345	6049739	4153606
河　南	1497885	836757	661127	3378156	1874386	1503770
湖　北	1409993	760056	649937	1382597	762022	620575
湖　南	455239	190455	264784	628137	293730	334407
广　东	54988586	32479001	22509584	57117580	34059185	23058395
广　西	694528	264683	429845	962687	354236	608451
海　南	1006193	117261	888932	1149333	161624	987709
重　庆	1342670	685554	657117	2494774	1616607	878167
四　川	2335441	1207356	1128085	3020341	1826162	1194179
贵　州	22401	13793	8608	19009	11753	7256
云　南	74904	36048	38857	62374	34126	28248
西　藏	40	2	37	41	15	26
陕　西	562954	236559	326395	614912	303992	310920
甘　肃	13870	10782	3088	11796	9806	1990
青　海	3928	1727	2201	4988	2496	2493
宁　夏	40091	22413	17678	32800	21816	10984
新　疆	33290	19230	14061	27438	15651	11788

货物进出口总额(按主要国家和地区分)

单位：亿美元

国家和地区	2006年	2007年	2008年	2009年	2010年	2011年	2012年
总　　额	**17604**	**21767**	**25633**	**22075**	**29740**	**36419**	**38668**
#中国香港	1661	1972	2036	1749	2306	2835	3415
印度	249	386	518	434	618	739	665
日本	2073	2360	2667	2288	2978	3428	3295
韩国	1342	1599	1861	1562	2071	2456	2563
中国台湾	1078	1245	1292	1062	1454	1600	1690
南非	99	140	179	161	257	455	599
俄罗斯联邦	334	482	569	388	555	793	882
巴西	203	297	487	424	626	842	857
加拿大	232	303	345	297	371	474	514
美国	2627	3021	3337	2983	3854	4466	4847
澳大利亚	329	438	597	601	883	1166	1223
东盟	1608	2025	2313	2130	2929	3631	4001
欧盟	2723	3561	4258	3639	4796	5671	5460

外商直接投资实际使用金额(按主要国家和地区分)

单位：亿美元

国家和地区	2006年	2007年	2008年	2009年	2010年	2011年	2012年
总　　额	**630**	**748**	**924**	**900**	**1057**	**1160**	**1117**
#中国香港	202	277	410	461	606	705	656
日本	46	36	37	41	41	63	74
新加坡	23	32	44	36	54	61	63
韩国	39	37	31	27	27	26	30
中国台湾	21	18	19	19	25	22	28
英国	7	8	9	7	7	6	4
德国	20	7	9	12	9	11	15
法国	4	5	6	7	12	8	7
开曼群岛	21	26	31	26	25	22	20
英属维尔京群岛	112	166	160	113	104	97	78
加拿大	4	4	5	9	6	5	4
美国	29	26	29	26	30	24	26
澳大利亚	6	4	4	4	3	3	3

实际使用外资额

年　份	总计(亿美元)	对外借款	外商直接投资	外商其他投资	外商直接投资相当于国内生产总值的比重(%)
1979-2012	**14814.3**	**1471.5**	**12761.1**	**581.7**	
1979-1982	130.6	106.9	17.7	6.0	
1983	22.6	10.7	9.2	2.8	0.3
1984	28.7	12.9	14.2	1.6	0.5
1985	47.6	25.1	19.6	3.0	0.6
“七五”时期	**466.5**	**301.3**	**146.3**	**19.0**	
1986	76.3	50.1	22.4	3.7	0.8
1987	84.5	58.1	23.1	3.3	0.7
1988	102.3	64.9	31.9	5.5	0.8
1989	100.6	62.9	33.9	3.8	0.8
1990	102.9	65.3	34.9	2.7	0.9
“八五”时期	**1610.5**	**455.8**	**1141.7**	**13.0**	
1991	115.5	68.9	43.7	3.0	1.1
1992	192.0	79.1	110.1	2.8	2.3
1993	389.6	111.9	275.1	2.6	4.5
1994	432.1	92.6	337.7	1.8	6.0
1995	481.3	103.3	375.2	2.9	5.2
“九五”时期	**2897.9**	**559.0**	**2134.9**	**204.0**	
1996	548.0	126.7	417.3	4.1	4.9
1997	644.1	120.2	452.6	71.3	4.8
1998	585.6	110.0	454.6	20.9	4.5
1999	526.6	102.1	403.2	21.3	3.7
2000	593.6	100.0	407.2	86.4	3.4
“十五”时期	**2887.0**		**2740.8**	**146.2**	
2001	496.7		468.8	27.9	3.5
2002	550.1		527.4	22.7	3.6
2003	561.4		535.1	26.4	3.3
2004	640.7		606.3	34.4	3.1
2005	638.1		603.3	34.8	2.7
“十一五”时期	**4413.0**		**4259.5**	**153.4**	
2006	670.8		630.2	40.6	2.4
2007	783.4		747.7	35.7	2.3
2008	952.5		924.0	28.6	2.1
2009	918.0		900.3	17.7	1.8
2010	1088.2		1057.3	30.9	1.8
“十二五”时期					
2011	1177.0		1160.1	16.9	1.6
2012	1132.9		1117.2	15.8	1.4

对外经济合作

年份	合同数（份）	合同金额（亿美元）	#对外承包工程	#对外劳务合作	完成营业额（亿美元）	#对外承包工程	#对外劳务合作
“五五”时期	**215**						
1976	2				1.7		
1977	1						
1978	4						
1979	36	0.5					
1980	172	1.9					
“六五”时期	**2800**	**49.4**					
1981	363	5.0					
1982	314	5.1			3.5		
1983	460	9.2			4.5		
1984	740	17.4			6.2		
1985	923	12.7			8.4		
“七五”时期	**12794**	**102.3**			**72.2**		
1986	944	13.6			9.7		
1987	1449	18.9			12.6		
1988	2126	21.7			14.3		
1989	3100	22.1	17.8	4.3	16.9	14.8	2.0
1990	5175	26.0	21.3	4.8	18.7	16.4	2.2
“八五”时期	**66260**	**346.6**	**264.8**	**80.0**	**225.2**	**180.3**	**43.5**
1991	8438	36.1	25.2	10.9	23.6	19.7	3.9
1992	9405	65.9	52.5	13.4	30.5	24.0	6.5
1993	11605	68.0	51.9	16.1	45.4	36.7	8.7
1994	17491	79.9	60.3	19.6	59.8	48.8	11.0
1995	19321	96.7	74.8	20.1	65.9	51.1	13.5
“九五”时期	**123979**	**613.4**	**474.1**	**128.4**	**487.7**	**365.3**	**115.9**
1996	24891	102.7	77.3	22.8	77.0	58.2	17.1
1997	28442	113.6	85.2	25.5	83.8	60.4	21.7
1998	25955	117.7	92.4	23.9	101.3	77.7	22.8
1999	21126	130.0	102.0	26.3	112.3	85.2	26.2
2000	23565	149.4	117.2	29.9	113.3	83.8	28.1
“十五”时期	**249465**	**1172.0**	**992.1**	**169.1**	**918.7**	**731.6**	**181.0**
2001	39400	164.6	130.4	33.3	121.4	89.0	31.8
2002	34461	178.9	150.5	27.5	143.5	111.9	30.7
2003	42059	209.3	176.7	30.9	172.3	138.4	33.1
2004	60312	277.0	238.4	35.0	213.7	174.7	37.5
2005	73233	342.2	296.1	42.5	267.8	217.6	47.9
“十一五”时期	**848333**	**5467.7**	**5087.5**	**356.9**	**3363.7**	**2971.1**	**379.9**
2006	107744	716.5	660.0	52.3	356.9	299.9	53.7
2007	168240	853.5	776.2	67.0	479.0	406.4	67.7
2008	163881	1130.1	1045.6	75.6	651.2	566.1	80.6
2009	162081	1336.7	1262.0	74.7	866.1	777.0	89.1
2010	246387	1430.9	1343.7	87.2	1010.5	921.7	88.8
“十二五”时期							
2011			1423.3			1034.2	
2012			1565.3			1166.0	

注：1.2009年起，“对外承包工程”数据包含了“对外设计咨询”。

2.2011年起，商务部不再对外公布对外劳务合作合同数、合同金额以及完成营业额数据。

国家财政收支和国债余额

单位：亿元

指　　标	1990年	1995年	2000年	2010年	2011年	2012年
财政收入	**2937.1**	**6242.2**	**13395.2**	**83101.5**	**103874.4**	**117209.8**
中央	992.4	3256.6	6989.2	42488.5	51327.3	56132.4
地方	1944.7	2985.6	6406.1	40613.0	52547.1	61077.3
财政收入指数（上年=100）	110.2	119.6	117.0	121.3	125.0	112.8
财政收入按项目分						
#各项税收	2821.9	6038.0	12581.5	73210.8	89738.4	100600.9
#国内增值税	400.0	2602.3	4553.2	21093.5	24266.6	26415.7
国内消费税		541.5	858.3	6071.6	6936.2	7872.1
营业税	515.8	865.6	1868.8	11157.9	13679.0	15747.5
企业所得税	716.0	878.4	999.6	12843.5	16769.6	19653.6
个人所得税	21.1	131.3	659.6	4837.3	6054.1	5820.2
关税	159.0	291.8	750.5	2027.8	2559.1	2782.7
财政支出	**3083.6**	**6823.7**	**15886.5**	**89874.2**	**109247.8**	**125712.3**
中央	1004.5	1995.4	5519.9	15989.7	16514.1	18764.8
地方	2079.1	4828.3	10366.7	73884.4	92733.7	106947.5
财政支出指数（上年=100）	109.2	117.8	120.5	117.8	121.6	115.1
财政支出按项目分						
#一般公共服务				9337.2	10987.8	12890.8
国防				5333.4	6027.9	6691.3
教育				12550.0	16497.3	21164.6
科学技术				3250.2	3828.0	4429.5
社会保障和就业				9130.6	11109.4	12541.8
医疗卫生				4804.2	6429.5	7198.8
节能环保				2442.0	2641.0	2932.0
城乡社区事务				5987.4	7620.6	9019.6
农林水事务				8129.6	9937.6	11903.1
交通运输				5488.5	7497.8	8172.9
年末国债余额				**67548.1**	**72044.5**	**77565.7**
内债余额				66988.0	71410.8	76747.9
外债余额				560.1	633.7	817.8

注：1.本表及其他各表有关财政数据由财政部提供。2012年全国数据为预算执行数，以前各年数据为财政决算数。

2.财政收支不包括国内外债务收支，2000年起财政支出包括国内外债务付息支出(下表同)。

3.中央、地方财政收支均为本级收支。

4.1990年和1995年企业所得税数据仅包括国有和集体企业所得税。

5.本表财政支出项目按2012年《政府收支分类科目》设置。

国家财政收支总额和指数

年　份	财政收入（亿元）	财政支出（亿元）	指数（上年=100）		财政收入相当于国内生产总值的比重(%)	财政支出相当于国内生产总值的比重(%)
			财政收入	财政支出		
1978	1132.26	1122.09	129.5	133.0	31.1	30.8
1979	1146.38	1281.79	101.2	114.2	28.2	31.6
1980	1159.93	1228.83	101.2	95.9	25.5	27.0
“六五”时期	**7402.75**	**7483.18**	**111.6**	**110.3**		
1981	1175.79	1138.41	101.4	92.6	24.0	23.3
1982	1212.33	1229.98	103.1	108.0	22.8	23.1
1983	1366.95	1409.52	112.8	114.6	22.9	23.6
1984	1642.86	1701.02	120.2	120.7	22.8	23.6
1985	2004.82	2004.25	122.0	117.8	22.2	22.2
“七五”时期	**12280.60**	**12865.67**	**107.9**	**109.0**		
1986	2122.01	2204.91	105.8	110.0	20.7	21.5
1987	2199.35	2262.18	103.6	102.6	18.2	18.8
1988	2357.24	2491.21	107.2	110.1	15.7	16.6
1989	2664.90	2823.78	113.1	113.3	15.7	16.6
1990	2937.10	3083.59	110.2	109.2	15.7	16.5
“八五”时期	**22442.10**	**24387.46**	**116.3**	**117.2**		
1991	3149.48	3386.62	107.2	109.8	14.5	15.5
1992	3483.37	3742.20	110.6	110.5	12.9	13.9
1993	4348.95	4642.30	124.8	124.1	12.3	13.1
1994	5218.10	5792.62	120.0	124.8	10.8	12.0
1995	6242.20	6823.72	119.6	117.8	10.3	11.2
“九五”时期	**50774.39**	**57043.46**	**116.5**	**118.4**		
1996	7407.99	7937.55	118.7	116.3	10.4	11.2
1997	8651.14	9233.56	116.8	116.3	11.0	11.7
1998	9875.95	10798.18	114.2	116.9	11.7	12.8
1999	11444.08	13187.67	115.9	122.1	12.8	14.7
2000	13395.23	15886.50	117.0	120.5	13.5	16.0
“十五”时期	**115050.69**	**128022.85**	**118.8**	**116.4**		
2001	16386.04	18902.58	122.3	119.0	14.9	17.2
2002	18903.64	22053.15	115.4	116.7	15.7	18.3
2003	21715.25	24649.95	114.9	111.8	16.0	18.1
2004	26396.47	28486.89	121.6	115.6	16.5	17.8
2005	31649.29	33930.28	119.9	119.1	17.1	18.3
“十一五”时期	**303010.95**	**318672.05**	**121.3**	**121.4**		
2006	38760.20	40422.73	122.5	119.1	17.9	18.7
2007	51321.78	49781.35	132.4	123.2	19.3	18.7
2008	61330.35	62592.66	119.5	125.7	19.5	19.9
2009	68518.30	76299.93	111.7	121.9	20.1	22.4
2010	83101.51	89874.16	121.3	117.8	20.7	22.4
“十二五”时期						
2011	103874.43	109247.79	125.0	121.6	22.0	23.1
2012	117209.75	125712.25	112.8	115.1	22.6	24.2

注：各时期指数为该时期年平均发展速度。

中央和地方财政收支

单位：亿元

年　　份	国家财政收　　入	中　　央	地　　方	国家财政支　　出	中　　央	地　　方
1978	1132.26	175.77	956.49	1122.09	532.12	589.97
1979	1146.38	231.34	915.04	1281.79	655.08	626.71
1980	1159.93	284.45	875.48	1228.83	666.81	562.02
“六五”时期	**7402.75**	**2583.02**	**4819.73**	**7483.18**	**3725.64**	**3757.54**
1981	1175.79	311.07	864.72	1138.41	625.65	512.76
1982	1212.33	346.84	865.49	1229.98	651.81	578.17
1983	1366.95	490.01	876.94	1409.52	759.60	649.92
1984	1642.86	665.47	977.39	1701.02	893.33	807.69
1985	2004.82	769.63	1235.19	2004.25	795.25	1209.00
“七五”时期	**12280.60**	**4104.41**	**8176.19**	**12865.67**	**4420.27**	**8445.40**
1986	2122.01	778.42	1343.59	2204.91	836.36	1368.55
1987	2199.35	736.29	1463.06	2262.18	845.63	1416.55
1988	2357.24	774.76	1582.48	2491.21	845.04	1646.17
1989	2664.90	822.52	1842.38	2823.78	888.77	1935.01
1990	2937.10	992.42	1944.68	3083.59	1004.47	2079.12
“八五”时期	**22442.10**	**9038.39**	**13403.71**	**24387.46**	**7323.13**	**17064.33**
1991	3149.48	938.25	2211.23	3386.62	1090.81	2295.81
1992	3483.37	979.51	2503.86	3742.20	1170.44	2571.76
1993	4348.95	957.51	3391.44	4642.30	1312.06	3330.24
1994	5218.10	2906.50	2311.60	5792.62	1754.43	4038.19
1995	6242.20	3256.62	2985.58	6823.72	1995.39	4828.33
“九五”时期	**50774.39**	**25618.37**	**25156.02**	**57043.46**	**17481.55**	**39561.91**
1996	7407.99	3661.07	3746.92	7937.55	2151.27	5786.28
1997	8651.14	4226.92	4424.22	9233.56	2532.50	6701.06
1998	9875.95	4892.00	4983.95	10798.18	3125.60	7672.58
1999	11444.08	5849.21	5594.87	13187.67	4152.33	9035.34
2000	13395.23	6989.17	6406.06	15886.50	5519.85	10366.65
“十五”时期	**115050.69**	**61888.28**	**53162.41**	**128022.85**	**36629.87**	**91392.98**
2001	16386.04	8582.74	7803.30	18902.58	5768.02	13134.56
2002	18903.64	10388.64	8515.00	22053.15	6771.70	15281.45
2003	21715.25	11865.27	9849.98	24649.95	7420.10	17229.85
2004	26396.47	14503.10	11893.37	28486.89	7894.08	20592.81
2005	31649.29	16548.53	15100.76	33930.28	8775.97	25154.31
“十一五”时期	**303032.14**	**159290.52**	**143741.62**	**318970.83**	**66023.15**	**252947.68**
2006	38760.20	20456.62	18303.58	40422.73	9991.40	30431.33
2007	51321.78	27749.16	23572.62	49781.35	11442.06	38339.29
2008	61330.35	32680.56	28649.79	62592.66	13344.17	49248.49
2009	68518.30	35915.71	32602.59	76299.93	15255.79	61044.14
2010	83101.51	42488.47	40613.04	89874.16	15989.73	73884.43
“十二五”时期						
2011	103874.43	51327.32	52547.11	109247.79	16514.11	92733.68
2012	117209.75	56132.42	61077.33	125712.25	18764.80	106947.45

注：中央、地方财政收支均为本级收支。

金融机构本外币存贷款余额

项　目	存款余额	#非金融企业存款	#住户存款	#人民币	贷款余额	#境内短期贷款	#境内中长期贷款
年底余额(亿元)							
2003	220364				169771	87398	67252
2004	254089				189411	90818	81007
2005	300209				206838	91157	92941
2006	169331				238519	101762	113173
2007	401051	195149	179526	175749	277747	118898	138581
2008	478444	224489	225641	222006	320049	128571	164160
2009	612006	305365	268650	264652	425597	151353	235579
2010	733382	314111	312302	308380	509226	171236	305127
2011	826701	313981	351957	348046	581893	217480	333747
2012	943102	345124	410201	406192	672875	268152	363894
比上年增长(%)							
2003	20.2				21.4	13.8	30.0
2004	15.3				14.3	7.4	22.1
2005	18.2				13.1	6.8	16.5
2006	13.5				14.7	10.9	21.3
2007	15.2	21.7	5.7	6.8	16.4	16.8	22.5
2008	19.3	15.1	25.7	26.3	17.9	12.3	20.2
2009	27.7	36.1	19.2	19.3	33.0	17.7	43.5
2010	19.8	21.5	16.3	16.5	19.7	13.1	29.5
2011	13.5	9.5	15.5	15.7	15.7	21.8	11.8
2012	14.1	9.9	16.6	16.7	15.6	23.3	9.0

注：1.本表中外币存贷余额已折合人民币。

2.人民银行从2007年开始正式编制发布按部门分类《金融机构信贷收支表》，故2007年前各年存款无分类数据。

3.2010年前，“住户存款”称为“居民户存款”，主要为居民储蓄存款；“非金融企业存款”称为“非金融性公司存款”，主要包括企事业单位存款和机关团体存款。

4.2011年金融统计制度调整，“非金融企业存款”与2010年之前数据不可比，增长按可比口径计算。

金融机构人民币信贷收支

（年底余额）　　单位：亿元

项　　目	2011年	2012年
资金来源合计	**913226**	**1024067**
各项存款	809368	917555
单位存款	410912	458821
个人存款	353536	411003
财政性存款	26223	24426
临时性存款	1570	1633
委托存款	308	227
其他存款	16818	21445
金融债券	10039	8488
流通中货币	50748	54660
对国际金融机构负债	776	828
其他	42294	42538
资金运用合计	**913226**	**1024067**
各项贷款	547947	629910
境内贷款	546398	628101
短期贷款	203133	248273
中长期贷款	323807	352907
融资租赁	4152	5931
票据融资	15124	20433
各项垫款	183	556
境外贷款	1548	1806
有价证券	96479	111681
股权及其他投资	12825	21633
黄金占款	670	670
外汇占款	253587	258533
在国际金融机构资产	1719	1641

注：2011年起，《金融机构人民币信贷收支》分类项目调整。

金融机构人民币存贷款余额和货币供应量

单位：亿元

年 份	金融机构		货币供应量		
	存款余额	贷款余额	货币和准货币(M_2)	狭义货币(M_1)	流通中现金(M_0)
1978	1155.0	1890.4			212.0
1979	1362.6	2082.5			267.7
1980	1689.7	2478.1			346.2
1981	2097.2	2853.3			396.3
1982	2449.1	3162.7			439.1
1983	2883.3	3566.6			529.8
1984	3735.3	4746.8			792.1
1985	4560.0	6198.4			987.8
1986	5933.9	8142.7			1218.4
1987	7392.4	9814.1			1454.5
1988	8810.4	11964.3			2134.0
1989	10709.6	14248.8			2344.0
1990	13942.9	17511.0	15293.4	6950.7	2644.4
1991	17972.8	21116.4	19349.9	8633.3	3177.8
1992	23143.8	25742.8	25402.2	11731.5	4336.0
1993	29646.0	32955.8	34879.8	16280.4	5864.7
1994	40502.5	39976.0	46923.5	20540.7	7288.6
1995	53882.1	50544.1	60750.5	23987.1	7885.3
1996	68595.6	61156.6	76094.9	28514.8	8802.0
1997	82392.8	74914.1	90995.3	34826.3	10177.6
1998	95697.9	86524.1	104498.5	38953.7	11204.2
1999	108778.9	93734.3	119897.9	45837.3	13455.5
2000	123804.4	99371.1	134610.3	53147.2	14652.7
2001	143617.2	112314.7	158301.9	59871.6	15688.8
2002	170917.4	131293.9	185007.0	70881.8	17278.0
2003	208055.6	158996.2	221222.8	84118.6	19745.9
2004	241424.3	178197.8	254107.0	95969.7	21467.3
2005	287163.0	194690.4	298755.7	107278.8	24031.7
2006	335459.8	225347.2	345603.6	126035.1	27072.6
2007	389371.2	261690.9	403442.2	152560.1	30375.2
2008	466203.3	303394.6	475166.6	166217.1	34219.0
2009	597741.1	399684.8	606225.0	220001.5	38246.0
2010	718237.9	479195.6	725774.1	266621.5	44628.2
2011	809368.3	547946.7	851590.9	289847.7	50748.5
2012	917554.8	629909.6	974148.8	308664.2	54659.8

注：2001年6月起货币供应量(M_2)含证券公司客户保证金。

金融机构人民币存贷款余额和货币供应量同比增长率

单位：%

年份	金融机构		货币供应量		
	存款余额	贷款余额	货币和准货币 (M_2)	狭义货币 (M_1)	流通中现金 (M_0)
1978	6.9	11.2			
1979	18.0	10.2			26.3
1980	24.0	19.0			29.3
1981	24.1	15.1			14.5
1982	16.8	10.8			10.8
1983	17.7	12.8			20.7
1984	29.5	33.1			49.5
1985	22.1	30.6			24.7
1986	30.1	31.4			23.3
1987	24.6	20.5			19.4
1988	19.2	21.9			46.7
1989	21.6	19.1			9.8
1990	30.2	22.9			12.8
1991	28.9	20.6	26.5	24.2	20.2
1992	28.8	21.9	31.3	35.9	36.4
1993	28.1	28.0			
1994	36.6	21.3	34.5	26.2	24.3
1995	33.0	26.4	29.5	16.8	8.2
1996	27.3	21.0	25.3	18.9	11.6
1997	20.1	22.5	17.3	16.5	15.6
1998	15.7	15.5	14.8	11.9	10.1
1999	13.5	12.3	14.7	17.7	20.1
2000	13.8	17.6	12.3	16.0	8.9
2001	16.0	12.9	17.6	12.7	7.1
2002	18.9	15.8	16.8	16.8	10.1
2003	21.7	21.1	19.6	18.7	14.3
2004	16.0	14.4	14.7	13.6	8.7
2005	18.9	13.3	17.6	11.8	11.9
2006	16.8	15.1	17.0	17.5	12.7
2007	16.1	16.1	16.7	21.1	12.2
2008	19.7	16.0	17.8	9.1	12.7
2009	28.2	31.7	27.7	32.4	11.8
2010	20.2	19.9	19.7	21.2	16.7
2011	13.5	15.8	13.6	7.9	13.8
2012	13.3	15.0	13.8	6.5	7.7

注：本表按可比口径计算。

人民币一年期存贷款利率

单位：年利率 %

执行日期	金融机构存款基准利率	金融机构贷款基准利率	中央银行对金融机构贷款基准利率
1978	3.24	5.04	
1980	3.96-5.76	5.04	
1985	5.40-7.20	3.60-7.92	
1990.01.01	11.34	11.34	
1990.04.15	10.08	10.08	
1990.08.21	8.64	9.36	
1991.04.21	7.56	8.64	
1993.05.15	9.18	9.36	
1993.07.11	10.98	10.98	
1995.07.01	10.98	12.06	
1996.05.01	9.18	10.98	10.98
1996.08.23	7.47	10.08	10.62
1997.10.23	5.67	8.64	9.36
1998.03.25	5.22	7.92	7.92
1998.07.01	4.77	6.93	5.67
1998.12.07	3.78	6.39	5.13
1999.06.10	2.25	5.85	3.78
2002.02.21	1.98	5.31	3.24
2004.03.25	1.98	5.31	3.87
2004.10.29	2.25	5.58	3.87
2006.04.28	2.25	5.85	3.87
2006.08.19	2.52	6.12	3.87
2007.03.18	2.79	6.39	3.87
2007.05.19	3.06	6.57	3.87
2007.07.21	3.33	6.84	3.87
2007.08.22	3.60	7.02	3.87
2007.09.15	3.87	7.29	3.87
2007.12.21	4.14	7.47	3.87
2008.01.01	4.14	7.47	4.68
2008.09.16	4.14	7.20	4.68
2008.10.09	3.87	6.93	4.68
2008.10.30	3.60	6.66	4.68
2008.11.27	2.52	5.58	3.60
2008.12.23	2.25	5.31	3.33
2010.10.20	2.50	5.56	3.33
2010.12.26	2.75	5.81	3.85
2011.02.09	3.00	6.06	3.85
2011.04.06	3.25	6.31	3.85
2011.07.07	3.50	6.56	3.85
2012.06.08	3.25	6.31	3.85
2012.07.06	3.00	6.00	3.00

金融机构存款利率调整时间表

单位：年利率%

项　　目	2012年6月8日	2012年7月6日
活期存款	**0.4**	**0.35**
定期存款		
整存整取		
三个月	2.85	2.60
半　年	3.05	2.80
一　年	3.25	3.00
二　年	4.10	3.75
三　年	4.65	4.25
五　年	5.10	4.75
零存整取、整存零取、存本取息		
一　年	2.85	2.60
三　年	3.05	2.80
五　年	3.25	3.00
定活两便	按一年期以内定期整存整取同档次利率打6折执行	
协定存款	**1.21**	**1.15**
通知存款		
一　天	0.85	0.80
七　天	1.39	1.35

金融机构贷款利率调整时间表

单位：年利率%

项　　目	2012年6月8日	2012年7月6日
短期贷款		
六个月以内(含六个月)	5.85	5.60
六个月至一年(含一年)	6.31	6.00
中长期贷款		
一至三年(含三年)	6.40	6.15
三至五年(含五年)	6.65	6.40
五年以上	6.80	6.55
贴现	以再贴现利率为下限加点确定	
个人住房贷款		
个人住房公积金贷款		
五年以下(含五年)	4.20	4.00
五年以上	4.70	4.50

黄金和外汇储备

年　份	黄金储备（万盎司）	外汇储备（亿美元）	年　份	黄金储备（万盎司）	外汇储备（亿美元）
1978	1280	1.67	1996	1267	1050.49
1979	1280	8.40	1997	1267	1398.90
1980	1280	-12.96	1998	1267	1449.59
1981	1267	27.08	1999	1267	1546.75
1982	1267	69.86	2000	1267	1655.74
1983	1267	89.01	2001	1608	2121.65
1984	1267	82.20	2002	1929	2864.07
1985	1267	26.44	2003	1929	4032.51
1986	1267	20.72	2004	1929	6099.32
1987	1267	29.23	2005	1929	8188.72
1988	1267	33.72	2006	1929	10663.40
1989	1267	55.50	2007	1929	15282.49
1990	1267	110.93	2008	1929	19460.30
1991	1267	217.12	2009	3389	23991.52
1992	1267	194.43	2010	3389	28473.38
1993	1267	211.99	2011	3389	31811.48
1994	1267	516.20	2012	3389	33115.89
1995	1267	735.97			

注：本表资料由国家外汇管理局提供。

证券市场基本情况

项　　　目	单位	2008年	2009年	2010年	2011年	2012年
境内上市公司数（A、B股）	家	1625	1718	2063	2342	2494
境内上市外资股（B股）	家	109	108	108	108	107
境外上市公司数（H股）	家	153	159	165	171	179
股票发行量	亿股	180.3	416.0	928.4	167.2	299.8
股票筹资额	亿元	3852.2	6124.7	11971.9	5073.1	3172.5
股票总发行股本	亿股	24523	26163	33184	36096	38395
#流通股本	亿股	12579	19760	25642	28850	31340
股票市价总值	亿元	121366	243939	265423	214758	230358
#股票流通市值	亿元	45214	151259	193110	164921	181658
股票成交量	亿股	24131	51107	42152	33958	3288106
股票成交金额	亿元	267113	535987	545634	421650	314667
上证综合指数(收盘)		1820.81	3277.14	2808.08	2199.42	2269.13
深证综合指数(收盘)		553.30	1201.34	1290.86	866.65	881.17
股票有效账户数	万户	10450	12038	13391	14050	14046
平均市盈率						
上海		14.9	28.7	21.6	13.4	12.3
深圳		16.7	46.0	44.7	23.1	22.0
平均换手率						
上海	%	393.0	499.4	198.0	124.8	101.6
深圳	%	469.0	793.3	557.0	340.5	297.9
国债发行额	亿元	8558	17927	19778	17100	16154
公司信用类债券发行额	亿元	8435	15864	15491	20143	37366
债券成交量	万手	288912	405677	760076	2162808	4134076
债券成交额	亿元	28885	40635	76206	216350	403427
国债现货成交金额	亿元	2123	2086	1662	1253	914
国债回购成交金额	亿元	24269	35929	65878	204621	371376
证券投资基金只数	只	439	557	704	914	1173
证券投资基金规模	亿份	25742	26767	24228	26510	31708
证券投资基金成交金额	亿元	5831	10250	8996	6366	8667
期货总成交量	万手	136396	215752	312890	105414	145053
期货总成交额	亿元	719173	1305143	2959480	1375162	1711269

注：1.本表资料由中国证券监督管理委员会提供。

2.公司信用类债券包含非金融企业债券融资工具、企业债券以及公司债、可转债、可分离债、中小企业私募债。该指标为2012年新增指标，与以前年份不可比(以前年份数据为企业债发行额)。

保险业基本情况

年份	机构数（个）	职工人数（人）	保费（亿元）	财产保险公司	人寿保险公司	赔款及给付（亿元）	财产保险公司	人寿保险公司
1994			376					
1995			453					
1996			538					
1997			773	382	390	247	215	32
1998		172892	1256	506	750	532	290	242
1999		171865	1406	527	879	508	280	228
2000	33	166602	1598	608	990	526	308	218
2001	35	185502	2109	685	1424	597	333	264
2002	44	194383	3054	780	2274	707	403	304
2003	62	199705	3880	869	3011	841	476	365
2004	68	262429	4318	1125	3194	1004	582	422
2005	93	366559	4927	1281	3646	1130	691	439
2006	107	434001	5641	1580	4061	1438	825	614
2007	120	500441	7036	2086	4949	2265	1064	1201
2008	130	599344	9784	2446	7338	2971	1475	1496
2009	138	630734	11137	2993	8144	3125	1638	1487
2010	142	685856	14528	4027	10501	3200	1815	1385
2011	152	776258	14339	4779	9560	3929	2249	1680
2012	164	846504	15488	5530	9958	4716	2897	1819

保险公司业务经济技术指标

单位：亿元

项目	保费		赔款及给付	
	2011年	2012年	2011年	2012年
合计	**14339.3**	**15487.9**	**3929.4**	**4716.3**
财产保险公司	**4779.1**	**5529.9**	**2249.2**	**2896.9**
企业财产保险	329.8	360.4	129.4	165.0
家庭财产保险	23.3	28.5	6.1	10.6
机动车辆保险	3504.6	4005.2	1750.9	2247.6
工程保险	73.8	62.3	27.2	26.3
责任保险	148.0	183.8	57.1	75.1
信用保险	115.5	160.6	56.8	67.6
保证保险	56.5	93.5	3.8	9.3
船舶保险	55.9	55.7	27.3	30.5
货物运输保险	97.8	101.7	34.8	40.5
特殊风险保险	35.4	36.9	11.0	11.5
农业保险	174.0	240.6	81.8	131.3
健康险	56.1	72.4	32.9	44.9
意外伤害保险	105.1	126.5	29.3	35.7
其他险	3.2	2.0	0.7	1.0
人寿保险公司	**9560.2**	**9958.1**	**1680.2**	**1819.4**
寿险	8695.6	8908.1	1300.9	1505.0
健康险	229.0	790.4	52.5	61.1
人身意外伤害险	635.6	259.6	326.8	253.3

注：2011年起，保险业执行《保险合同相关会计处理规定》，数据与往年不可比。

国际收支概况

单位：百万美元

年 份	经常项目差额	货物和服务	收 益	经常转移	资本和金融项目差额	资本项目	金融项目	储备资产	净误差与遗漏
1982	5674	4812	376	486	-1736		-1736	-4217	279
1983	4240	2571	1158	511	-1372		-1732	-2695	-173
1984	2030	54	1534	442	-3752		-3752	531	1191
1985	-11417	-12501	841	243	8485		8485	5422	-2490
1986	-7035	-7390	-23	378	6540		6540	1727	-1232
1987	300	291	-215	224	2731		2731	-1660	-1371
1988	-3803	-4061	-161	419	5269		5269	-455	-1011
1989	-4318	-4928	229	381	6428		6428	-2202	92
1990	11997	10668	1055	274	-2774		-2774	-6089	-3134
1991	13271	11601	840	830	4580		4580	-11091	-6760
1992	6401	4998	248	1155	-251		-251	2102	-8252
1993	-11904	-11792	-1284	1172	23474		23474	-1767	-9803
1994	7658	7357	-1036	1337	32644		32644	-30527	-9775
1995	1618	11958	-11774	1434	38675		38675	-22463	-17830
1996	7242	17550	-12437	2129	39967		39967	-31662	-15547
1997	36963	42823	-11004	5143	21015	-21	21036	-35724	-22254
1998	31471	43837	-16644	4278	-6321	-47	-6275	-6426	-18724
1999	21114	30641	-14470	4943	5180	-26	5205	-8505	-17788
2000	20519	28873	-14666	6311	1922	-35	1958	-10548	-11893
2001	17405	28086	-19173	8492	34775	-54	34829	-47325	-4856
2002	35422	37383	-14945	12984	32291	-50	32340	-75507	7794
2003	45875	36079	-7838	17634	52726	-48	52774	-117023	18422
2004	68659	49284	-3523	22898	110660	-69	110729	-206364	27045
2005	160818	124798	10635	25385	62964	4102	58862	-207016	-16766
2006	253268	208912	15156	29199	6662	4020	2642	-246981	-12949
2007	371833	307477	25688	38668	73509	3099	70410	-461744	16402
2008	426107	348870	31438	45799	18965	3051	15913	-418978	-26094
2009	297142	220112	43282	33748	144828	3958	140871	-398422	-43548
2010	237810	223024	-25899	40686	286865	4630	282234	-471739	-52936
2011	136097	181904	-70318	24511	265470	5446	260024	-387801	-13766
2012	193139	231845	-42139	3434	-16816	4272	-21089	-96552	-79771

注：国际收支数据来源于国家外汇管理局(下表同)。

国际收支平衡表

单位：百万美元

项　目	2011年			2012年		
	差　额	贷　方	借　方	差　额	贷　方	借　方
一、经常项目	**136097**	**2289667**	**2153571**	**193139**	**2459926**	**2266786**
A.货物和服务	181904	2089830	1907926	231845	2248317	2016472
a.货物	243549	1903821	1660272	321595	2056887	1735292
b.服务	-61645	186009	247654	-89750	191430	281180
1.运输	-44875	35570	80445	-46949	38912	85862
2.旅游	-24121	48464	72585	-51949	50028	101977
3.通讯服务	536	1726	1191	146	1793	1647
4.建筑服务	10996	14724	3728	8627	12246	3619
5.保险服务	-16720	3018	19738	-17271	3329	20600
6.金融服务	103	849	747	-40	1886	1926
7.计算机和信息服务	8338	12182	3844	10610	14454	3843
8.专有权利使用费和特许费	-13963	743	14706	-16705	1044	17749
9.咨询	9810	28391	18582	13427	33447	20020
10.广告、宣传	1245	4018	2773	1977	4751	2773
11.电影、音像	-277	123	400	-439	126	564
12.其它商业服务	7596	35447	27851	8864	28425	19560
13.别处未提及的政府服务	-312	753	1065	-50	990	1040
B.收益	-70318	144268	214585	-42139	160441	202581
1.职工报酬	14950	16568	1618	15278	17066	1788
2.投资收益	-85268	127699	212967	-57417	143376	200793
C.经常转移	24511	55570	31060	3434	51167	47733
1.各级政府	-3338	16	3353	-3098	863	3961
2.其它部门	27848	55554	27706	6531	50304	43772
二、资本和金融项目	**265470**	**1449474**	**1184004**	**-16816**	**1378322**	**1395138**
A.资本项目	5446	5621	174	4272	4550	278
B.金融项目	260024	1443854	1183830	-21089	1373772	1394861
1. 直接投资	231652	331592	99940	191120	307887	116767
2. 证券投资	19639	51947	32308	47779	82941	35162
3. 其它投资	8733	1060315	1051582	-259988	982944	1242932
三、储备资产	**-387801**	**1016**	**388818**	**-96552**	**13551**	**110103**
1.货币黄金						
2.特别提款权	465	465		505	695	189
3.在基金组织的储备头寸	-3449	551	4000	1616	1616	
4.外汇	-384818		384818	-98673	11240	109913
5.其它债权						
四、净误差与遗漏	**-13766**		**13766**	**-79771**		**79771**

国家外债余额和外债风险指标

年 份	外债余额(亿美元)	按偿还期限分		外债风险指标（%）		
		长期债务	短期债务	偿债率	负债率	债务率
1985	158.3	94.1	64.2	2.7	5.2	56.0
1986	214.8	167.1	47.7	15.4	7.3	72.1
1987	302.0	244.8	57.2	9.0	9.4	77.1
1988	400.0	326.9	73.1	6.5	10.0	87.1
1989	413.0	370.3	42.7	8.3	9.2	86.4
1990	525.5	457.8	67.7	8.7	13.6	91.6
1991	605.6	502.6	103.0	8.5	14.9	91.9
1992	693.2	584.7	108.5	7.1	14.4	87.9
1993	835.7	700.2	135.5	10.2	13.6	96.5
1994	928.1	823.9	104.2	9.1	16.6	78.0
1995	1065.9	946.7	119.2	7.6	14.6	72.4
1996	1162.8	1021.7	141.1	6.0	13.6	67.7
1997	1309.6	1128.2	181.4	7.3	13.7	63.2
1998	1460.4	1287.0	173.4	10.9	14.3	70.4
1999	1518.3	1366.5	151.8	11.2	14.0	68.7
2000	1457.3	1326.5	130.8	9.2	12.2	52.1
2001	2033.0	1195.3	837.7	7.5	15.3	67.9
2002	2026.3	1155.5	870.8	7.9	13.9	55.5
2003	2193.6	1165.9	1027.7	6.9	13.4	45.2
2004	2629.9	1242.9	1387.0	3.2	13.6	40.2
2005	2965.4	1249.0	1716.4	3.1	13.1	35.4
2006	3385.9	1393.6	1992.3	2.1	12.5	31.9
2007	3892.2	1535.3	2356.9	2.0	11.1	29.0
2008	3901.6	1638.8	2262.8	1.8	8.6	24.7
2009	4286.5	1693.9	2592.6	2.9	8.6	32.2
2010	5489.4	1732.4	3757.0	1.6	9.3	29.2
2011	6950.0	1941.0	5009.0	1.7	9.5	33.3
2012	7369.9	1960.6	5409.3	1.6	9.0	32.8

注：1.本表数据由国家外汇管理局提供。2001年起外债余额增加3个月以内贸易项下的对外融资余额。

2.偿债率指偿还外债本息与当年贸易和非贸易外汇收入(国际收支口径)之比；负债率指外债余额与当年国内生产总值之比；债务率指外债余额与当年贸易和非贸易外汇收入(国际收支口径)之比。

3.2009年,国家外汇管理局对贸易信贷抽样调查方法进行了调整，为保证数据的可比性，2001-2008年末外债余额也相应进行了调整。

各种价格指数

(上年=100)

年份	居民消费价格指数	商品零售价格指数	农业生产资料价格指数	农产品生产价格指数	工业生产者出厂价格指数	工业生产者购进价格指数	固定资产投资价格指数
1978	100.7	100.7	99.9	103.9	100.1		
1979	101.9	102.0	100.4	122.1	101.5		
1980	107.5	106.0	101.0	107.1	100.5		
1981	102.5	102.4	101.7	105.9	100.2		
1982	102.0	101.9	101.9	102.2	99.8		
1983	102.0	101.5	103.0	104.4	99.9		
1984	102.7	102.8	108.9	104.0	101.4		
1985	109.3	108.8	104.8	108.6	108.7		
1986	106.5	106.0	101.1	106.4	103.8		
1987	107.3	107.3	107.0	112.0	107.9		
1988	118.8	118.5	116.2	123.0	115.0		
1989	118.0	117.8	118.9	115.0	118.6	126.4	
1990	103.1	102.1	105.5	97.4	104.1	105.6	108.0
1991	103.4	102.9	102.9	98.0	106.2	109.1	109.5
1992	106.4	105.4	103.7	103.4	106.8	111.0	115.3
1993	114.7	113.2	114.1	113.4	124.0	135.1	126.6
1994	124.1	121.7	121.6	139.9	119.5	118.2	110.4
1995	117.1	114.8	127.4	119.9	114.9	115.3	105.9
1996	108.3	106.1	108.4	104.2	102.9	103.9	104.0
1997	102.8	100.8	99.5	95.5	99.7	101.3	101.7
1998	99.2	97.4	94.5	92.0	95.9	95.8	99.8
1999	98.6	97.0	95.8	87.8	97.6	96.7	99.6
2000	100.4	98.5	99.1	96.4	102.8	105.1	101.1
2001	100.7	99.2	99.1	103.1	98.7	99.8	100.4
2002	99.2	98.7	100.5	99.7	97.8	97.7	100.2
2003	101.2	99.9	101.4	104.4	102.3	104.8	102.2
2004	103.9	102.8	110.6	113.1	106.1	111.4	105.6
2005	101.8	100.8	108.3	101.4	104.9	108.3	101.6
2006	101.5	101.0	101.5	101.2	103.0	106.0	101.5
2007	104.8	103.8	107.7	118.5	103.1	104.4	103.9
2008	105.9	105.9	120.3	114.1	106.9	110.5	108.9
2009	99.3	98.8	97.5	97.6	94.6	92.1	97.6
2010	103.3	103.1	102.9	110.9	105.5	109.6	103.6
2011	105.4	104.9	111.3	116.5	106.0	109.1	106.6
2012	102.6	102.0	105.6	102.7	98.3	98.2	101.1

注：1.居民消费价格指数1985年及以前为职工生活费用价格指数（下表同）。

2.从2011年起工业品出厂价格指数改为工业生产者出厂价格指数，原材料、燃料、动力购进价格指数改为工业生产者购进价格指数(下表同)。

各种价格定基指数

年份	居民消费价格指数(1978年=100)	商品零售价格指数(1978年=100)	农业生产资料价格指数(1978年=100)	农产品生产价格指数(1978年=100)	工业生产者出厂价格指数(1985年=100)	工业生产者购进价格指数(1990年=100)	固定资产投资价格指数(1990年=100)
1978	100.0	100.0	100.0	100.0			
1979	101.9	102.0	100.4	122.1			
1980	109.5	108.1	101.4	130.8			
1981	112.2	110.7	103.1	138.5			
1982	114.4	112.8	105.1	141.5			
1983	116.7	114.5	108.3	147.8			
1984	119.9	117.7	117.9	153.7			
1985	131.1	128.1	123.6	166.9	100.0		
1986	139.6	135.8	125.0	177.6	103.8		
1987	149.8	145.7	133.8	198.9	112.0		
1988	177.9	172.7	155.5	244.6	128.8		
1989	209.9	203.4	184.9	281.3	152.8		
1990	216.4	207.7	195.1	274.0	159.0	100.0	100.0
1991	223.8	213.7	200.8	268.5	168.9	109.1	109.5
1992	238.1	225.2	208.2	277.6	180.4	121.1	126.3
1993	273.1	254.9	237.6	314.8	223.7	163.6	159.8
1994	339.0	310.2	288.9	440.5	267.3	193.4	176.5
1995	396.9	356.1	368.1	528.1	307.1	222.9	186.9
1996	429.9	377.8	399.0	550.3	316.0	231.6	194.3
1997	441.9	380.8	397.0	525.5	315.0	234.6	197.6
1998	438.4	370.9	375.2	483.5	302.1	224.7	197.3
1999	432.2	359.8	359.4	424.5	294.8	217.3	196.5
2000	434.0	354.4	356.2	409.2	303.1	228.4	198.6
2001	437.0	351.6	353.0	421.9	299.2	227.9	199.4
2002	433.5	347.0	354.8	420.6	292.6	222.7	199.8
2003	438.7	346.7	359.8	439.0	299.3	233.4	204.2
2004	455.8	356.4	397.9	496.5	317.6	260.0	215.7
2005	464.0	359.3	430.9	503.4	333.2	281.6	219.1
2006	471.0	362.9	437.4	509.4	343.2	298.5	222.4
2007	493.6	376.7	471.1	603.6	353.8	311.6	231.1
2008	522.7	398.9	566.7	688.5	378.2	344.3	251.8
2009	519.0	394.1	552.5	672.0	357.8	317.2	245.8
2010	536.1	406.3	568.5	745.5	377.5	347.7	254.6
2011	565.0	426.2	632.7	868.2	400.2	379.3	271.4
2012	579.7	434.7	668.1	892.0	393.4	372.5	274.4

居民消费价格指数

（上年=100）

项　　目	2010年	2011年	2012年		
				城　市	农　村
居民消费价格指数	**103.3**	**105.4**	**102.6**	**102.7**	**102.5**
食品	**107.2**	**111.8**	**104.8**	**105.1**	**104.0**
#粮食	111.8	112.2	104.0	104.1	103.6
油脂	103.8	113.4	105.1	105.6	104.1
肉禽及其制品	102.9	122.6	102.1	102.8	100.2
蛋	108.3	114.2	97.1	97.3	96.8
水产品	108.1	112.1	108.0	107.7	109.0
菜	118.5	101.1	113.7	113.7	113.9
糖	108.3	111.2	104.2	104.6	103.3
茶及饮料	101.3	104.0	104.2	104.4	103.3
干鲜瓜果	114.6	115.9	100.1	100.0	100.2
液体乳及乳制品	102.8	105.1	103.2	103.3	102.6
烟酒及用品	**101.6**	**102.8**	**102.9**	**102.9**	**102.7**
烟草	100.5	100.3	100.5	100.3	100.9
酒	103.6	106.7	106.3	106.9	105.2
衣着	**99.0**	**102.1**	**103.1**	**102.9**	**103.8**
#服装	99.1	102.4	103.3	103.2	103.9
鞋袜帽	98.2	100.7	102.3	102.0	103.3
家庭设备用品及维修服务	**100.0**	**102.4**	**101.9**	**102.1**	**101.5**
#耐用消费品	98.5	100.4	100.4	100.4	100.3
室内装饰品	99.9	101.0	100.8	100.7	100.9
家庭服务及加工维修服务	106.7	111.4	109.7	110.2	107.5
医疗保健和个人用品	**103.2**	**103.4**	**102.0**	**102.0**	**102.1**
医疗保健	103.3	102.9	101.7	101.7	101.8
个人用品及服务	103.0	104.4	102.6	102.5	103.1
交通和通信	**99.6**	**100.5**	**99.9**	**99.7**	**100.6**
交通	101.7	102.6	101.2	100.9	101.9
通信	97.3	97.5	98.0	97.8	98.6
娱乐教育文化用品及服务	**100.6**	**100.4**	**100.5**	**100.4**	**101.0**
文娱用耐用消费品及服务	94.3	93.7	94.5	94.0	96.0
教育	101.4	101.3	101.7	101.7	101.9
文化娱乐	101.0	101.1	101.3	101.3	101.1
旅游	104.9	103.8	101.7	101.4	103.4
居住	**104.5**	**105.3**	**102.1**	**102.2**	**101.9**
建房及装修材料	103.3	104.7	101.0	101.1	100.9
住房租金	104.9	105.3	102.7	102.7	103.2
自有住房	103.6	106.5	102.3	102.3	102.2
水电燃料	105.5	103.5	102.4	102.5	102.4

分地区居民消费价格指数

(上年=100)

地　区	2006年	2007年	2008年	2009年	2010年	2011年	2012年
全　国	**101.5**	**104.8**	**105.9**	**99.3**	**103.3**	**105.4**	**102.6**
北　京	100.9	102.4	105.1	98.5	102.4	105.6	103.3
天　津	101.5	104.2	105.4	99.0	103.5	104.9	102.7
河　北	101.7	104.7	106.2	99.3	103.1	105.7	102.6
山　西	102.0	104.6	107.2	99.6	103.0	105.2	102.5
内蒙古	101.5	104.6	105.7	99.7	103.2	105.6	103.1
辽　宁	101.2	105.1	104.6	100.0	103.0	105.2	102.8
吉　林	101.4	104.8	105.1	100.1	103.7	105.2	102.5
黑龙江	101.9	105.4	105.6	100.2	103.9	105.8	103.2
上　海	101.2	103.2	105.8	99.6	103.1	105.2	102.8
江　苏	101.6	104.3	105.4	99.6	103.8	105.3	102.6
浙　江	101.1	104.2	105.0	98.5	103.8	105.4	102.2
安　徽	101.2	105.3	106.2	99.1	103.1	105.6	102.3
福　建	100.8	105.2	104.6	98.2	103.2	105.3	102.4
江　西	101.2	104.8	106.0	99.3	103.0	105.2	102.7
山　东	101.0	104.4	105.3	100.0	102.9	105.0	102.1
河　南	101.3	105.4	107.0	99.4	103.5	105.6	102.5
湖　北	101.6	104.8	106.3	99.6	102.9	105.8	102.9
湖　南	101.4	105.6	106.0	99.6	103.1	105.5	102.0
广　东	101.8	103.7	105.6	97.7	103.1	105.3	102.8
广　西	101.3	106.1	107.8	97.9	103.0	105.9	103.2
海　南	101.5	105.0	106.9	99.3	104.8	106.1	103.2
重　庆	102.4	104.7	105.6	98.4	103.2	105.3	102.6
四　川	102.3	105.9	105.1	100.8	103.2	105.3	102.5
贵　州	101.7	106.4	107.6	98.7	102.9	105.1	102.7
云　南	101.9	105.9	105.7	100.4	103.7	104.9	102.7
西　藏	102.0	103.4	105.7	101.4	102.2	105.0	103.5
陕　西	101.5	105.1	106.4	100.5	104.0	105.7	102.8
甘　肃	101.3	105.5	108.2	101.3	104.1	105.9	102.7
青　海	101.6	106.6	110.1	102.6	105.4	106.1	103.1
宁　夏	101.9	105.4	108.5	100.7	104.1	106.3	102.0
新　疆	101.3	105.5	108.1	100.7	104.3	105.9	103.8

分地区居民消费价格分类指数

(2012年)　　(上年=100)

地　区	居民消费价格指数	食品	烟酒及用品	衣着	家庭设备用品及服务	医疗保健和个人用品	交通和通信	娱乐教育文化	居住
全　国	**102.6**	**104.8**	**102.9**	**103.1**	**101.9**	**102.0**	**99.9**	**100.5**	**102.1**
北　京	103.3	106.6	102.2	100.9	102.8	101.5	99.1	102.3	103.9
天　津	102.7	106.4	104.9	107.0	101.6	102.2	97.6	99.3	100.9
河　北	102.6	103.8	104.7	104.7	102.8	102.4	100.3	100.6	101.7
山　西	102.5	104.2	103.1	102.1	101.7	101.9	99.7	101.0	102.7
内蒙古	103.1	105.8	102.8	103.8	101.4	102.1	99.7	100.8	102.4
辽　宁	102.8	104.9	102.3	102.3	102.9	101.9	100.1	101.1	102.8
吉　林	102.5	104.9	102.1	101.2	100.7	102.2	100.2	101.0	101.8
黑龙江	103.2	105.5	103.0	102.8	101.7	102.5	99.5	99.9	103.9
上　海	102.8	105.8	101.4	103.0	103.5	100.6	100.8	99.3	102.8
江　苏	102.6	104.7	103.9	103.6	103.6	101.3	99.8	99.9	102.4
浙　江	102.2	105.3	101.5	101.3	102.5	101.3	99.7	99.4	101.6
安　徽	102.3	103.8	103.3	102.5	101.6	101.5	100.7	101.7	101.0
福　建	102.4	104.6	102.4	105.0	101.7	102.3	100.1	98.8	101.6
江　西	102.7	105.2	102.2	100.2	101.7	102.2	100.1	100.9	102.7
山　东	102.1	103.5	102.8	103.3	101.2	102.1	100.2	100.3	101.8
河　南	102.5	103.6	103.4	103.2	102.8	101.9	100.7	101.2	102.5
湖　北	102.9	105.4	103.0	102.5	102.2	102.8	99.8	100.6	102.3
湖　南	102.0	103.3	102.0	101.1	101.4	102.7	99.9	101.2	101.7
广　东	102.8	105.6	102.6	104.0	101.9	101.9	99.2	100.7	101.8
广　西	103.2	105.2	103.1	103.6	101.1	102.0	100.2	101.5	103.7
海　南	103.2	105.2	101.2	102.8	103.5	102.0	101.6	102.1	101.7
重　庆	102.6	104.7	107.1	102.2	100.9	101.9	98.3	100.9	102.5
四　川	102.5	104.2	102.7	109.7	99.6	101.7	100.3	99.5	100.8
贵　州	102.7	104.7	102.8	103.8	101.1	102.5	99.6	101.2	101.4
云　南	102.7	106.2	100.6	98.7	101.4	101.6	100.2	101.2	102.2
西　藏	103.5	106.9	101.5	104.3	101.5	100.9	101.2	100.3	101.4
陕　西	102.8	104.8	103.0	102.7	102.4	103.9	99.1	100.6	102.2
甘　肃	102.7	104.1	103.0	102.6	101.1	103.8	100.4	101.0	101.8
青　海	103.1	106.6	102.8	98.4	99.3	100.9	99.4	100.8	105.0
宁　夏	102.0	104.5	101.5	103.0	100.2	101.6	99.5	98.6	100.8
新　疆	103.8	107.6	105.6	101.9	101.9	102.9	99.5	100.1	102.8

商品零售价格指数

(上年=100)

项　　目	2010年	2011年	2012年		
				城　市	农　村
商品零售价格指数	**103.1**	**104.9**	**102.0**	**101.9**	**102.2**
食品	**107.6**	**111.9**	**104.8**	**105.1**	**104.0**
#粮食	111.7	112.3	103.8	103.9	103.7
油脂	103.7	113.4	105.1	105.6	104.1
肉禽及其制品	103.0	122.4	102.2	103.0	100.5
蛋	108.3	114.3	97.1	97.2	96.8
水产品	108.3	112.1	108.1	107.9	108.9
菜	119.0	101.0	113.5	113.5	113.7
干鲜瓜果	114.3	115.9	99.7	99.7	99.6
液体乳及乳制品	102.9	105.0	103.1	103.3	102.6
饮料、烟酒	**101.7**	**103.3**	**103.3**	**103.4**	**102.8**
服装、鞋帽	**98.8**	**101.8**	**102.9**	**102.8**	**103.4**
纺织品	**101.2**	**105.7**	**101.5**	**101.4**	**101.9**
家用电器及音像器材	**96.1**	**96.9**	**97.7**	**97.4**	**98.5**
#家庭设备	97.5	99.5	100.0	100.0	100.2
文娱用耐用消费品	93.7	92.9	93.9	93.1	95.9
专业音像器材	97.8	98.5	99.2	99.1	99.8
文化办公用品	**97.8**	**97.6**	**98.1**	**97.9**	**99.2**
日用品	**100.3**	**102.3**	**102.1**	**102.2**	**101.7**
体育娱乐用品	**98.3**	**100.9**	**101.0**	**101.0**	**100.9**
#体育用品	99.9	101.3	101.8	101.9	101.3
娱乐用品	97.1	100.5	100.3	100.2	100.5
交通、通信用品	**95.6**	**96.1**	**96.0**	**95.6**	**97.7**
#交通运输机械	98.8	99.0	98.3	98.0	99.2
通信器材	89.0	89.7	90.5	88.8	95.0
家具	**100.1**	**102.3**	**101.3**	**101.4**	**100.9**
化妆品	**100.4**	**101.3**	**102.2**	**102.3**	**101.9**
金银珠宝	**114.5**	**114.3**	**101.0**	**100.6**	**102.8**
中西药品及医疗保健用品	**104.3**	**103.9**	**102.1**	**102.0**	**102.4**
#中药材及中成药	111.1	112.1	104.9	104.8	105.1
西药	101.0	99.6	100.3	100.2	100.6
书报杂志及电子出版物	**101.3**	**100.8**	**101.4**	**101.4**	**101.3**
#教材及参考书	102.3	101.1	101.5	101.4	101.8
书报杂志	101.1	101.1	101.8	101.9	101.1
电子音像制品	99.6	99.3	100.3	100.2	100.7
燃料	**112.3**	**111.1**	**102.9**	**102.8**	**103.3**
#煤炭及制品	107.0	110.4	101.7	100.7	103.2
石油及制品	113.9	111.3	103.2	103.1	103.4
建筑材料及五金电料	**103.5**	**105.1**	**100.3**	**100.2**	**100.5**
#建筑装潢材料	104.0	105.7	99.8	99.7	100.1
五金电料	101.9	103.1	101.8	101.7	101.8

分地区农业生产资料价格分类指数

(2012年)　　(上年=100)

地　区	农业生产资料价格指数	农用手工工具	饲料	产品畜	半机械化农具	机械化农具	化学肥料	农药及农药械	农用机油	其他农业生产资料	农业生产服务
全　国	**105.6**	**104.4**	**105.7**	**104.6**	**102.1**	**102.1**	**106.6**	**102.4**	**104.2**	**105.9**	**108.3**
北　京											
天　津											
河　北	108.2	105.4	106.5	110.9	107.3	106.7	108.5	107.3	106.2	111.1	110.0
山　西	105.4	108.9	102.9	111.4	100.0	101.4	106.4	101.9	103.9	103.5	109.4
内蒙古	104.9	100.3	103.7	114.1	102.8	102.7	105.8	111.5	101.7	104.2	102.2
辽　宁	106.9	106.8	106.4	104.2	101.3	102.0	108.5	102.9	104.4	111.6	106.6
吉　林	106.8	104.7	107.8	106.9	99.8	102.4	107.6	107.9	103.3	101.7	117.0
黑龙江	107.8	102.5	104.8	113.6	100.9	101.9	108.3	100.9	103.0	113.6	111.5
上　海											
江　苏	104.6	104.7	104.9	100.3	100.6	100.9	105.4	101.2	104.6	104.2	107.7
浙　江	104.2	103.1	107.6	89.5	104.1	101.3	103.5	100.4	103.2	101.5	111.0
安　徽	105.3	107.3	108.9	104.8	100.8	103.1	103.5	101.1	103.7	107.5	109.0
福　建	103.3	108.4	106.7	92.8	103.4	101.0	105.5	101.8	102.4	102.8	109.1
江　西	106.6	106.9	105.3	106.6	105.8	106.6	105.8	102.0	103.9	106.9	120.5
山　东	105.9	100.8	105.4	105.0	100.7	101.7	108.3	102.7	106.9	103.8	105.8
河　南	105.4	102.9	106.5	103.1	104.6	100.5	106.0	101.4	104.2	107.9	107.1
湖　北	107.2	105.2	105.1	112.8	103.5	101.9	109.6	101.6	106.1	105.9	107.0
湖　南	104.7	100.8	101.1	111.2	103.2	101.6	106.7	101.1	106.1	106.6	104.4
广　东	104.0	102.0	104.3	103.3	101.4	101.6	105.5	100.7	101.5	105.0	107.0
广　西	103.9	103.7	111.3	91.5	101.2	101.4	104.8	103.6	106.3	105.8	106.7
海　南	104.3	101.4	103.8	103.0	102.8	101.1	105.4	103.0	102.6	105.0	109.9
重　庆											
四　川	104.7	105.6	103.1	106.0	100.3	100.5	104.8	102.1	105.1	103.1	112.2
贵　州	100.7	114.1	97.8	93.7	97.0	99.5	105.6	106.4	100.8	97.9	103.1
云　南	104.6	101.7	105.1	106.3	101.3	101.1	106.5	101.8	103.8	102.7	106.1
西　藏	101.6	101.8	98.7	103.1	101.5	103.5	100.5	100.0	105.8	99.3	100.9
陕　西	105.4	104.9	105.4	106.6	105.2	104.7	105.7	102.7	102.9	106.9	105.8
甘　肃	105.2	103.2	103.8	136.5	100.8	100.4	103.1	106.5	101.7	102.8	100.9
青　海	108.7	97.6	105.4	128.4	103.4	99.9	108.1	99.5	106.0	100.4	115.7
宁　夏	107.6	106.1	108.9	114.7	102.4	105.6	106.6	104.2	105.0	105.7	107.5
新　疆	106.2	101.5	107.7	109.6	101.2	101.6	107.6	100.7	103.2	108.0	105.4

农产品生产者价格指数

（上年＝100）

指　　标	2006年	2007年	2008年	2009年	2010年	2011年	2012年
农产品生产者价格指数	**101.2**	**118.5**	**114.1**	**97.6**	**110.9**	**116.5**	**102.7**
农业产品	**104.5**	**109.8**	**108.4**	**102.9**	**116.6**	**107.8**	**104.8**
谷物	102.1	109.0	107.1	104.9	112.8	109.7	104.8
小麦	100.1	105.5	108.7	107.9	107.9	105.2	102.9
稻谷	102.0	105.4	106.6	105.2	112.8	113.3	104.1
玉米	103.0	115.0	107.3	98.5	116.1	109.9	106.6
大豆	99.2	124.2	119.7	92.3	107.9	106.3	105.7
油料	104.8	133.4	128.0	94.2	112.1	112.1	105.2
棉花	97.1	109.6	90.6	111.8	157.7	79.5	98.1
糖料	121.1	100.0	98.4	101.5	106.0	125.5	105.0
蔬菜	109.3	106.9	104.7	111.8	116.8	103.4	109.9
水果	111.4	101.3	101.4	107.0	118.9	106.2	103.9
林业产品	**112.8**	**104.4**	**108.5**	**94.9**	**122.8**	**114.9**	**101.2**
畜牧产品	**94.3**	**131.4**	**123.9**	**90.1**	**103.0**	**126.2**	**99.7**
猪（毛重）	90.6	145.9	130.8	81.6	98.3	137.0	95.9
牛（毛重）	100.6	117.5	123.6	101.0	104.7	108.1	116.8
羊（毛重）	101.8	121.0	118.8	101.1	108.7	115.7	107.8
家禽（毛重）	97.2	117.0	111.9	102.2	107.0	112.0	103.8
蛋类	96.0	115.9	112.2	102.8	107.5	112.6	100.5
奶类	102.9	106.2	125.5	91.6	115.3	108.1	103.9
渔业产品	**103.9**	**108.1**	**111.2**	**99.0**	**107.6**	**110.0**	**106.2**
海水养殖产品						111.5	101.0
海水捕捞产品						111.2	110.9
淡水养殖产品						109.5	106.8
淡水捕捞产品						103.7	107.2

分地区农产品生产者价格指数

(上年=100)

地　区	2006年	2007年	2008年	2009年	2010年	2011年	2012年
全　国	**101.2**	**118.5**	**114.1**	**97.6**	**110.9**	**116.5**	**102.7**
北　京	99.1	114.4	112.3	98.3	106.5	110.7	104.7
天　津	103.4	107.8	107.1	103.0	110.2	105.0	105.3
河　北	100.2	116.2	109.0	99.7	115.1	110.9	100.7
山　西	100.2	113.0	109.2	100.4	110.2	111.0	101.3
内蒙古	103.6	114.9	111.0	99.8	111.4	112.8	104.7
辽　宁	105.8	116.6	109.8	102.9	110.6	114.2	106.6
吉　林	104.6	114.0	104.5	103.8	111.8	116.8	105.1
黑龙江	100.0	119.9	117.0	98.1	109.2	116.5	105.9
上　海	101.9	110.2	109.7	102.2	107.1	110.9	101.4
江　苏	99.9	112.6	114.3	99.9	108.8	112.1	103.7
浙　江	102.7	108.6	112.9	100.3	114.8	113.6	104.3
安　徽	99.3	114.1	114.7	99.1	110.8	112.8	102.9
福　建	102.7	112.6	110.7	98.0	111.5	113.3	102.7
江　西	101.4	115.0	114.2	96.8	107.5	114.3	103.5
山　东	103.4	114.0	112.5	101.2	118.8	109.7	102.5
河　南	100.9	117.7	115.0	99.1	112.5	111.5	102.9
湖　北	99.5	117.0	117.0	96.3	112.3	111.7	103.3
湖　南	100.7	130.6	126.7	90.6	109.9	121.9	100.2
广　东	102.6	109.7	113.9	95.0	107.6	112.4	103.4
广　西	106.8	121.5	113.0	89.3	107.6	124.5	99.4
海　南	105.6	104.7	112.5	101.9	107.9	115.3	103.3
重　庆	93.6	121.8	120.2	89.0	103.2	120.2	104.6
四　川	102.7	120.8	118.4	96.9	105.9	117.8	104.0
贵　州	101.4	113.0	115.5	96.1	106.7	120.3	104.3
云　南	106.6	117.5	115.5	96.5	112.5	117.9	110.7
西　藏							
陕　西	103.2	115.4	111.2	95.8	121.7	113.8	102.6
甘　肃	102.6	111.4	114.0	100.2	113.8	111.3	105.9
青　海	104.5	119.0	114.9	94.6	124.3	117.3	108.2
宁　夏	101.2	115.0	118.7	99.4	117.0	111.3	103.6
新　疆	98.4	114.7	119.8	92.9	131.5	103.7	103.2

工业生产者出厂价格指数

(上年=100)

项　　目	2006年	2007年	2008年	2009年	2010年	2011年	2012年
工业生产者出厂价格指数	**103.0**	**103.1**	**106.9**	**94.6**	**105.5**	**106.0**	**98.3**
生产资料	**103.9**	**103.2**	**107.7**	**93.3**	**106.6**	**106.6**	**97.5**
采掘工业	114.1	103.8	123.2	84.2	122.2	115.4	97.6
原材料工业	106.6	105.6	108.9	91.9	110.1	109.2	98.0
加工工业	101.1	102.0	105.2	95.1	103.1	104.6	97.3
生活资料	**100.2**	**102.8**	**104.1**	**98.8**	**102.0**	**104.2**	**100.8**
食品类	100.5	107.0	108.3	98.6	103.8	107.4	101.4
衣着类	101.3	101.2	102.2	100.1	102.0	104.2	102.1
一般日用品类	100.8	101.5	103.6	99.2	101.9	104.0	100.9
耐用消费品类	98.0	99.0	99.5	97.7	99.4	99.4	99.1

工业生产者购进价格分类指数

(上年=100)

项　　目	2006年	2007年	2008年	2009年	2010年	2011年	2012年
工业生产者购进价格指数	**106.0**	**104.4**	**110.5**	**92.1**	**109.6**	**109.1**	**98.2**
燃料、动力类	111.9	104.3	120.6	89.2	116.3	110.8	100.9
黑色金属材料类	98.3	105.4	118.4	86.3	106.6	109.4	92.9
有色金属材料类	130.8	111.6	98.6	81.1	122.2	112.1	94.5
化工原料类	102.1	103.6	105.2	91.3	107.0	110.4	96.1
木材及纸浆类	102.6	102.7	105.2	95.8	103.0	104.6	100.1
建材类	101.9	103.0	109.5	101.1	103.8	108.4	99.7
农副产品类	104.3	106.1	107.5	97.0	110.4	115.6	100.2
纺织原料类	102.9	101.4	103.1	98.8	106.7	112.7	99.1

按行业分工业生产者出厂价格指数

（上年＝100）

行　　　业	2008年	2009年	2010年	2011年	2012年
工业生产者出厂价格指数	**106.9**	**94.6**	**105.5**	**106.0**	**98.3**
煤炭开采和洗选业	128.7	101.9	110.0	110.2	97.0
石油和天然气开采业	122.1	66.0	137.8	124.5	99.6
黑色金属矿采选业	131.4	74.3	117.5	112.7	89.0
有色金属矿采选业	104.8	88.9	119.0	115.0	97.6
非金属矿采选业	111.0	97.8	106.4	109.1	103.4
农副食品加工业	114.4	96.0	105.5	110.6	102.2
食品制造业	108.0	101.1	103.3	106.3	102.2
饮料制造业	103.7	100.6	102.9	104.4	101.9
烟草制品业	100.5	100.5	100.4	100.3	101.3
纺织业	101.5	98.3	108.5	111.1	96.6
纺织服装、鞋、帽制造业	102.1	99.9	101.7	103.7	102.3
皮革、毛皮、羽毛(绒)及其制品业	102.3	98.5	101.7	104.5	102.3
木材加工及木、竹、藤、棕、草制品业	104.1	98.8	101.5	104.1	102.2
家具制造业	103.3	100.2	101.4	102.4	101.7
造纸及纸制品业	105.8	94.4	103.5	103.0	98.5
印刷业和记录媒介的复制	102.6	99.9	100.7	101.9	100.4
文教体育用品制造业	101.9	100.3	102.4	103.7	101.8
石油加工、炼焦及核燃料加工业	120.3	91.2	117.8	114.9	101.6
化学原料及化学制品制造业	111.2	88.1	108.0	109.8	96.0
医药制造业	103.8	100.2	103.2	102.5	100.1
化学纤维制造业	99.4	90.5	114.1	112.1	88.0
橡胶制品业	104.9	99.6	103.8	110.0	99.4
塑料制品业	102.7	96.1	102.3	104.7	99.4
非金属矿物制品业	107.9	99.9	102.1	107.0	98.6
黑色金属冶炼及压延加工业	119.7	83.9	107.4	109.8	89.4
有色金属冶炼及压延加工业	96.8	83.4	117.3	113.0	93.1
金属制品业	106.7	96.8	101.7	104.1	99.1
通用设备制造业	104.8	98.7	100.1	102.7	99.8
专用设备制造业	103.3	100.0	101.2	101.5	100.3
交通运输设备制造业	101.5	99.9	100.3	100.4	99.5
电气机械及器材制造业	101.1	95.0	103.2	103.1	97.5
通信设备、计算机及其他电子设备制造业	98.3	95.7	98.3	98.3	97.8
仪器仪表及文化、办公用机械制造业	100.3	99.1	99.1	99.8	100.2
工艺品及其他制造业	105.5	100.5	103.5	105.3	100.9
废弃资源和废旧材料回收加工业	108.9	85.0	107.5	111.8	92.2
电力、热力的生产和供应业	101.9	102.4	102.0	101.6	103.7
燃气生产和供应业	105.9	100.5	105.4	109.4	102.0
水的生产和供应业	102.9	103.2	105.5	102.8	102.2

固定资产投资价格指数

年份	上年=100				1990年=100			
	固定资产投资	建筑安装工程	设备工器具购置	其他费用	固定资产投资	建筑安装工程	设备工器具购置	其他费用
1990	108.0	106.9	109.1	112.4	100.0	100.0	100.0	100.0
1991	109.5	109.7	106.1	116.8	109.5	109.7	106.1	116.8
1992	115.3	116.8	109.4	120.9	126.3	128.1	116.1	141.2
1993	126.6	131.3	119.7	123.4	159.8	168.2	138.9	174.3
1994	110.4	110.4	109.5	112.1	176.5	185.7	152.1	195.3
1995	105.9	104.7	106.3	112.4	186.9	194.5	161.7	219.6
1996	104.0	105.1	101.6	104.3	194.3	204.4	164.3	229.0
1997	101.7	102.9	98.1	102.9	197.6	210.3	161.2	235.6
1998	99.8	100.5	97.5	100.4	197.3	211.4	157.2	236.6
1999	99.6	100.3	97.5	99.9	196.5	212.0	153.2	236.3
2000	101.1	102.4	97.4	101.0	198.6	217.1	149.2	238.7
2001	100.4	101.4	97.0	101.0	199.4	220.1	144.8	241.1
2002	100.2	101.0	97.0	101.2	199.8	222.3	140.4	244.0
2003	102.2	104.2	97.0	101.6	204.2	231.7	136.2	247.9
2004	105.6	108.2	99.4	103.5	215.7	250.7	135.4	256.6
2005	101.6	101.8	99.4	103.2	219.1	255.2	134.6	264.8
2006	101.5	101.3	100.7	103.3	222.4	258.5	135.5	273.5
2007	103.9	105.1	100.2	104.2	231.1	271.8	135.7	284.9
2008	108.9	112.9	100.6	105.4	251.8	306.9	136.4	300.3
2009	97.6	96.3	97.6	102.4	245.8	295.5	133.1	307.5
2010	103.6	104.9	100.3	103.1	254.6	310.0	133.5	317.0
2011	106.6	109.2	101.1	104.0	271.4	338.5	135.0	329.7
2012	101.1	101.6	98.9	102.2	274.4	343.9	133.5	337.0

建筑安装工程价格指数

(上年=100)

项目	2006年	2007年	2008年	2009年	2010年	2011年	2012年
建筑安装工程价格指数	**101.3**	**105.1**	**112.9**	**96.3**	**104.9**	**109.2**	**101.6**
人工费	106.7	108.9	113.8	106.6	109.1	113.5	109.7
材料费	99.8	104.5	114.1	92.8	104.3	108.7	98.0
#钢材	96.5	106.0	120.1	85.3	105.0	109.8	94.4
木材	102.5	104.1	108.3	101.5	103.8	106.6	102.6
水泥	100.8	103.9	110.4	100.4	103.1	109.2	97.8

分地区固定资产投资价格指数

(上年=100)

地　区	2006年	2007年	2008年	2009年	2010年	2011年	2012年
全　国	**101.5**	**103.9**	**108.9**	**97.6**	**103.6**	**106.6**	**101.1**
北　京	100.4	102.8	107.8	97.1	102.5	105.7	101.3
天　津	100.7	102.6	109.2	97.6	102.6	105.7	100.0
河　北	101.7	103.8	109.6	96.5	103.7	105.5	100.3
山　西	101.5	104.1	113.3	98.1	103.7	105.5	101.2
内蒙古	103.3	103.8	108.1	98.5	105.4	106.3	101.6
辽　宁	102.1	104.3	109.1	97.0	103.3	106.6	101.0
吉　林	102.2	103.9	107.3	99.4	102.4	105.6	100.4
黑龙江	102.1	104.5	109.0	97.6	105.2	107.5	100.8
上　海	100.1	103.5	107.9	97.0	103.8	106.5	99.4
江　苏	101.2	104.9	110.0	97.7	105.1	106.8	98.6
浙　江	101.5	104.4	109.3	96.7	104.7	107.5	99.2
安　徽	101.9	105.4	109.4	96.0	105.4	108.1	101.0
福　建	102.0	105.9	105.9	98.0	103.3	106.2	100.3
江　西	103.2	105.4	110.4	96.1	104.8	108.4	101.0
山　东	101.8	104.0	107.7	96.9	103.6	106.8	100.8
河　南	101.6	104.6	109.0	96.4	103.5	107.4	101.0
湖　北	101.8	104.1	109.4	98.8	104.7	107.3	101.8
湖　南	103.1	105.8	109.9	99.7	104.0	107.2	101.7
广　东	100.7	102.4	108.6	96.7	103.0	105.5	101.5
广　西	101.2	102.3	107.9	97.9	103.0	106.2	100.6
海　南	101.0	106.1	113.3	97.7	105.2	106.4	102.0
重　庆	101.7	105.5	110.2	97.8	102.1	105.9	101.8
四　川	102.9	104.7	112.5	98.3	102.5	105.2	101.0
贵　州	101.1	103.5	108.9	100.5	102.7	105.4	101.5
云　南	101.8	104.2	107.4	98.1	102.7	104.6	101.4
西　藏							
陕　西	102.6	104.0	109.5	99.3	103.6	105.9	102.6
甘　肃	104.1	102.8	106.7	101.5	103.5	104.7	102.1
青　海	102.4	104.2	110.5	100.9	103.8	106.5	102.2
宁　夏	101.3	103.2	109.0	100.2	104.2	107.5	101.5
新　疆	102.2	104.4	111.2	98.0	104.6	107.1	100.6

人民生活基本情况

指标名称	单　位	1990年	2000年	2010年	2011年	2012年
就业						
城镇居民家庭每一就业者负担人数	人	1.77	1.86	1.93	1.94	1.92
农村居民家庭每一劳动力负担人数	人	1.64	1.52	1.39	1.40	1.40
城镇登记失业率	%	2.5	3.1	4.1	4.1	4.1
收入与支出						
城镇居民人均可支配收入	元	1510	6280	19109	21810	24565
农村居民人均纯收入	元	686	2253	5919	6977	7917
城镇居民人均可支配收入指数	1978年=100	198.1	383.7	965.0	1046.3	1146.7
农村居民人均纯收入指数	1978年=100	311.2	483.4	954.4	1063.2	1176.9
城镇居民人均消费支出	元	1279	4998	13471	15161	16674
农村居民人均消费支出	元	585	1670	4382	5221	5908
城镇居民家庭恩格尔系数	%	54.2	39.4	35.7	36.3	36.2
农村居民家庭恩格尔系数	%	58.8	49.1	41.1	40.4	39.3
住房						
城镇居民人均住房建筑面积	平方米			31.6	32.7	32.9
农村居民人均住房面积	平方米	17.8	24.8	34.1	36.2	37.1
文化						
城镇每百户彩色电视机拥有量	台	59.0	116.6	137.4	135.2	136.1
农村每百户彩色电视机拥有量	台	4.7	48.7	111.8	115.5	116.9
城镇每百户计算机拥有量	台		9.7	71.2	81.9	87.0
农村每百户计算机拥有量	台		0.5	10.4	18.0	21.4
广播节目综合人口覆盖率	%	74.7	92.5	96.8	97.1	97.5
电视节目综合人口覆盖率	%	79.4	93.7	97.6	97.8	98.2
教育						
小学学龄儿童净入学率	%	97.8	99.1	99.7	99.8	99.9
每十万人口高等教育在校生数	人	326	723	2189	2253	2335
社会保障						
参加城镇基本养老保险人数	万人	6166	13617	25707	28391	30379
参加城镇基本医疗保险人数	万人		3787	43263	47343	53589
参加失业保险人数	万人		10408	13376	14317	15225
参加工伤保险人数	万人		4350	16161	17696	18993
参加生育保险人数	万人		3002	12336	13892	15445
社会保险基金收入	亿元	187	2645	18823	24043	28465

注：本表价值量指标按当年价格计算，指数按可比价格计算。

城乡居民家庭人均收入和指数

年份	城镇居民家庭人均可支配收入			农村居民家庭人均纯收入		
	绝对数(元)	指数(上年=100)	指数(1978年=100)	绝对数(元)	指数(上年=100)	指数(1978年=100)
1978	343.4		100.0	133.6		100.0
1979	405.0	115.7	115.7	160.2	119.2	119.2
1980	477.6	109.7	127.0	191.3	116.6	139.0
1981	500.4	102.2	129.9	223.4	115.4	160.4
1982	535.3	104.9	136.3	270.1	119.9	192.3
1983	564.6	103.9	141.5	309.8	114.2	219.6
1984	652.1	112.2	158.7	355.3	113.6	249.5
1985	739.1	101.1	160.4	397.6	107.8	268.9
1986	900.9	113.9	182.7	423.8	103.2	277.6
1987	1002.1	102.2	186.8	462.6	105.2	292.0
1988	1180.2	97.6	182.3	544.9	106.4	310.7
1989	1373.9	100.1	182.5	601.5	98.4	305.7
1990	1510.2	108.5	198.1	686.3	101.8	311.2
1991	1700.6	107.1	212.4	708.6	102.0	317.4
1992	2026.6	109.7	232.9	784.0	105.9	336.2
1993	2577.4	109.5	255.1	921.6	103.2	346.9
1994	3496.2	108.5	276.8	1221.0	105.0	364.3
1995	4283.0	104.9	290.3	1577.7	105.3	383.6
1996	4838.9	103.8	301.6	1926.1	109.0	418.1
1997	5160.3	103.4	311.9	2090.1	104.6	437.3
1998	5425.1	105.8	329.9	2162.0	104.3	456.1
1999	5854.0	109.3	360.6	2210.3	103.8	473.5
2000	6280.0	106.4	383.7	2253.4	102.1	483.4
2001	6859.6	108.5	416.3	2366.4	104.2	503.7
2002	7702.8	113.4	472.1	2475.6	104.8	527.9
2003	8472.2	109.0	514.6	2622.2	104.3	550.6
2004	9421.6	107.7	554.2	2936.4	106.8	588.0
2005	10493.0	109.6	607.4	3254.9	106.2	624.5
2006	11759.5	110.4	670.7	3587.0	107.4	670.7
2007	13785.8	112.2	752.5	4140.4	109.5	734.4
2008	15780.8	108.4	815.7	4760.6	108.0	793.2
2009	17174.7	109.8	895.4	5153.2	108.5	860.6
2010	19109.4	107.8	965.2	5919.0	110.9	954.4
2011	21809.8	108.4	1046.3	6977.3	111.4	1063.2
2012	24564.7	109.6	1146.7	7916.6	110.7	1176.9
平均每年增长(%)						
1979-2012年			7.4			7.5
1991-2012年			8.3			6.2
2001-2012年			9.6			7.7

注：本表绝对数按当年价格计算，指数和平均增长速度按可比价格计算。

城乡居民家庭人均消费支出和住房情况

年 份	城镇居民家庭		农村居民家庭		城镇居民人均住房建筑面积(平方米)	农村居民人均住房面积(平方米)
	人均消费支出(元)	恩格尔系数(%)	人均消费支出(元)	恩格尔系数(%)		
1978	311.2	57.5	116.1	67.7		8.1
1979			134.5	64.0		8.4
1980	412.4	56.9	162.2	61.8		9.4
1981	456.8	56.7	190.8	59.9		10.2
1982	471.0	58.6	220.2	60.7		10.7
1983	505.9	59.2	248.3	59.4		11.6
1984	559.4	58.0	273.8	59.2		13.6
1985	673.2	53.3	317.4	57.8		14.7
1986	799.0	52.4	357.0	56.4		15.3
1987	884.4	53.5	398.3	55.8		16.0
1988	1104.0	51.4	476.7	54.0		16.6
1989	1211.0	54.5	535.4	54.8		17.2
1990	1278.9	54.2	584.6	58.8		17.8
1991	1453.8	53.8	619.8	57.6		18.5
1992	1671.7	53.0	659.0	57.6		18.9
1993	2110.8	50.3	769.7	58.1		20.7
1994	2851.3	50.0	1016.8	58.9		20.2
1995	3537.6	50.1	1310.4	58.6		21.0
1996	3919.5	48.8	1572.1	56.3		21.7
1997	4185.6	46.6	1617.2	55.1		22.5
1998	4331.6	44.7	1590.3	53.4		23.3
1999	4615.9	42.1	1577.4	52.6		24.2
2000	4998.0	39.4	1670.1	49.1		24.8
2001	5309.0	38.2	1741.1	47.7		25.7
2002	6029.9	37.7	1834.3	46.2	24.5	26.5
2003	6510.9	37.1	1943.3	45.6	25.3	27.2
2004	7182.1	37.7	2184.7	47.2	26.4	27.9
2005	7942.9	36.7	2555.4	45.5	27.8	29.7
2006	8696.6	35.8	2829.0	43.0	28.5	30.7
2007	9997.5	36.3	3223.9	43.1	30.1	31.6
2008	11242.9	37.9	3660.7	43.7	30.6	32.4
2009	12264.6	36.5	3993.5	41.0	31.3	33.6
2010	13471.5	35.7	4381.8	41.1	31.6	34.1
2011	15160.9	36.3	5221.1	40.4	32.7	36.2
2012	16674.3	36.2	5908.0	39.3	32.9	37.1

注：城镇居民人均住房建筑面积为城镇住户抽样调查数据（不含集体户）。

城乡居民人民币储蓄存款

单位：亿元

年份	年底余额			年增加额		
	总计	定期	活期	总计	定期	活期
1978	210.6	128.9	81.7	29.0	17.2	11.8
1979	281.0	166.4	114.6	70.4	37.5	32.9
1980	395.8	304.9	90.9	114.8	138.5	-23.7
1981	523.4	396.4	127.0	127.6	91.5	36.1
1982	675.4	519.3	156.1	152.0	122.9	29.1
1983	892.9	682.4	210.5	217.5	163.1	54.4
1984	1214.7	900.9	313.8	321.8	218.5	103.3
1985	1622.6	1225.2	397.4	407.9	324.3	83.6
1986	2237.8	1729.2	508.6	615.2	504.0	111.2
1987	3083.4	2357.8	725.6	845.6	628.6	217.0
1988	3819.1	2845.3	973.8	735.7	487.5	248.2
1989	5184.5	4208.5	976.0	1365.4	1363.2	2.2
1990	7119.6	5909.4	1210.2	1935.1	1700.9	234.2
1991	9244.9	7634.9	1610.0	2125.3	1725.5	399.8
1992	11757.3	9445.0	2312.3	2512.4	1810.1	702.3
1993	15203.5	12108.3	3095.2	3446.2	2663.3	782.9
1994	21518.8	16838.7	4680.1	6315.3	4730.4	1584.9
1995	29662.3	23778.3	5884.1	8143.5	6939.6	1203.9
1996	38520.8	30873.2	7647.6	8858.6	7095.0	1763.6
1997	46279.8	36226.7	10053.1	7759.0	5353.5	2405.4
1998	53407.5	41791.6	11615.9	7127.7	5564.8	1562.8
1999	59621.8	44955.1	14666.7	6214.4	3163.5	3050.8
2000	64332.4	46141.7	18190.7	4710.6	1186.6	3524.0
2001	73762.4	51434.9	22327.6	9430.1	5293.2	4136.9
2002	86910.7	58788.9	28121.7	13148.2	7354.1	5794.1
2003	103617.7	68498.7	35119.0	16707.0	9709.7	6997.3
2004	119555.4	78138.9	41416.5	15937.7	9640.2	6297.6
2005	141051.0	92263.5	48787.5	21495.6	14124.7	7370.9
2006	161587.3	103011.4	58575.9	20544.0	10777.3	9766.7
2007	172534.2	104934.5	67599.7	10946.9	1923.1	9023.8
2008	217885.4	139300.2	78585.2	45351.2	34365.7	10985.5
2009	260771.7	160230.4	100541.3	42886.3	20930.2	21956.1
2010	303302.5	178413.9	124888.6	42530.8	18183.5	24347.3
2011	343635.9			40333.4		
2012	399551.0			55915.2		

注：2011年起，城乡居民人民币储蓄存款统计不再划分活期、定期存款。

城镇居民家庭基本情况

项　　目	单位	1990年	2000年	2010年	2011年	2012年
调查户数	**户**	**35660**	**42220**	**65607**	**65655**	**65981**
平均每户家庭人口数	人	3.50	3.13	2.88	2.87	2.86
平均每户就业人口数	人	1.98	1.68	1.49	1.48	1.49
平均每户就业面	%	56.57	53.67	51.74	51.57	52.10
平均每一就业者负担人数(含本人)	人	1.77	1.86	1.93	1.94	1.92
平均每人全部年收入	**元**	**1516.2**	**6295.9**	**21033.4**	**23979.2**	**26959.0**
工资性收入	元	1149.7	4480.5	13707.7	15411.9	17335.6
经营净收入	元	22.5	246.2	1713.5	2209.7	2548.3
财产性收入	元	15.6	128.4	520.3	649.0	707.0
转移性收入	元	328.4	1440.8	5091.9	5708.6	6368.1
#可支配收入	元	1510.2	6280.0	19109.4	21809.8	24564.7
平均每人每年总支出	**元**	**1413.9**	**6147.4**	**18258.4**	**20365.7**	**22341.4**
消费支出	元	1278.9	4998.0	13471.5	15160.9	16674.3
非消费支出	元	37.2	1146.1	4786.9	5204.8	5667.1
恩格尔系数	**%**	**54.2**	**39.4**	**35.7**	**36.3**	**36.2**

注：本表为城镇住户抽样调查资料。2002年起城镇住户调查对象由原来的非农业人口改为城市市区和县城关镇区常住人口。

城镇居民家庭平均每人全年消费支出和购买的主要商品数量

项　　目	单位	2006年	2007年	2008年	2009年	2010年	2011年	2012年
消费支出	**元**	**8696.6**	**9997.5**	**11242.9**	**12264.6**	**13471.5**	**15160.9**	**16674.3**
食品	元	3111.9	3628.0	4259.8	4478.5	4804.7	5506.3	6040.9
#粮油类	元	395.7	465.2	576.0	552.5	619.2	707.6	746.7
肉禽蛋水产品类	元	816.1	1030.9	1268.8	1261.7	1339.1	1576.6	1711.5
蔬菜类	元	298.5	348.6	409.3	446.6	501.7	527.3	592.0
糖烟酒饮料类	元	346.5	398.0	433.4	488.8	504.6	559.3	621.1
干鲜瓜果类	元	240.2	272.2	293.5	332.7	378.8	449.1	506.3
糕点、奶及奶制品	元	214.4	234.7	273.3	287.5	296.8	344.1	376.6
饮食服务	元	692.6	762.9	879.4	977.7	1020.9	1185.0	1316.9
衣着	元	901.8	1042.0	1165.9	1284.2	1444.3	1674.7	1823.4
居住	元	904.2	982.3	1145.4	1228.9	1332.1	1405.0	1484.3
#住房	元	285.1	302.2	345.1	397.0	421.2	451.3	463.6
水电燃料及其他	元	569.4	620.8	724.3	746.6	807.9	841.7	900.6
家庭设备及用品	元	498.5	601.8	691.8	786.9	908.0	1023.2	1116.1
医疗保健	元	620.5	699.1	786.2	856.4	871.8	969.0	1063.7
交通通信	元	1147.1	1357.4	1417.1	1682.6	1983.7	2149.7	2455.5
交通	元	606.9	759.1	804.4	1040.9	1254.8	1397.1	1628.4
通信	元	540.2	598.3	612.7	641.7	728.9	752.6	827.1
文教娱乐	元	1203.0	1329.2	1358.3	1472.8	1627.6	1851.7	2033.5
文化娱乐用品	元	310.3	343.2	354.8	381.3	407.0	449.6	451.9
文化娱乐服务	元	280.8	347.6	381.3	445.6	559.3	652.2	762.0
教育	元	612.0	638.4	622.2	645.9	661.3	750.0	819.6
其他	元	309.5	357.7	418.3	474.2	499.2	581.3	657.1
购买的主要商品数量								
粮食	千克	75.9	77.6		81.3	81.5	80.7	78.8
鲜菜	千克	117.6	117.8	123.2	120.5	116.1	114.6	112.3
食用植物油	千克	9.4	9.6	10.3	9.7	8.8	9.3	9.1
猪肉	千克	20.0	18.2	19.3	20.5	20.7	20.6	21.2
牛羊肉	千克	3.8	3.9	3.4	3.7	3.8	4.0	3.7
禽类	千克	8.3	9.7		10.5	10.2	10.6	10.8
鲜蛋	千克	10.4	10.3	10.7	10.6	10.0	10.1	10.5
水产品	千克	13.0	14.2			15.2	14.6	15.2
酒	千克	9.1	9.1			7.0	6.8	6.9
煤炭	千克	70.9	51.0	55.7	43.3	34.4	29.8	23.6

城镇居民家庭平均每百户耐用消费品年底拥有量

项　　目	单位	2006年	2007年	2008年	2009年	2010年	2011年	2012年
摩托车	辆	25.3	24.8	21.4	22.4	22.5	20.1	20.3
洗衣机	台	96.8	96.8	94.7	96.0	96.9	97.1	98.0
电冰箱	台	91.8	95.0	93.6	95.4	96.6	97.2	98.5
彩色电视机	台	137.4	137.8	132.9	135.7	137.4	135.2	136.1
组合音响	台	29.1	30.2	27.4	28.2	28.1	24.0	23.6
照相机	台	48.0	45.1	39.1	41.7	43.7	44.5	46.4
空调器	台	87.8	95.1	100.3	106.8	112.1	122.0	126.8
淋浴热水器	台	75.1	79.5	80.7	83.4	84.8	89.1	91.0
计算机	台	47.2	53.8	59.3	65.7	71.2	81.9	87.0
摄像机	台	5.1	6.2	7.1	7.8	8.2	9.4	10.0
微波炉	台	50.6	53.4	54.6	57.2	59.0	60.7	62.2
健身器材	件	5.0	4.4	4.0	4.1	4.2	4.1	4.3
家用汽车	辆	4.3	6.1	8.8	10.9	13.1	18.6	21.5
移动电话	部	152.9	165.2	172.0	181.0	188.9	205.3	212.6
固定电话	部	93.3	90.5	82.0	81.9	80.9	69.6	68.4

按五等份分组的城镇居民家庭收入与支出

单位：元

项　　目	2006年	2007年	2008年	2009年	2010年	2011年	2012年
平均每人可支配收入	**11759.5**	**13785.8**	**15780.8**	**17174.7**	**19109.4**	**21809.8**	**24564.7**
低收入户	4567.1	5364.3	6074.9	6725.2	7605.2	8788.9	10353.8
中低收入户	7554.2	8900.5	10195.6	11243.6	12702.1	14498.3	16761.4
中等收入户	10269.7	12042.2	13984.2	15399.9	17224.0	19544.9	22419.1
中高收入户	14049.2	16385.8	19254.1	21018.0	23188.9	26420.0	29813.7
高收入户	25410.8	29478.9	34667.8	37433.9	41158.0	47021.0	51456.4
平均每人消费支出	**8696.6**	**9997.5**	**11242.9**	**12264.6**	**13471.5**	**15160.9**	**16674.3**
低收入户	4102.7	4840.1	5374.6	5833.0	6409.5	7478.7	8457.0
中低收入户	6108.3	7123.7	7993.7	8738.8	9649.2	10872.8	12280.8
中等收入户	7905.4	9097.4	10344.7	11309.7	12609.4	14028.2	15719.9
中高收入户	10218.3	11570.4	13316.6	14964.4	16140.4	18160.9	19830.2
高收入户	17050.1	19300.9	22296.8	24043.1	26338.9	29453.0	31602.8

分地区城镇居民家庭人均可支配收入

单位：元

地　区	2006年	2007年	2008年	2009年	2010年	2011年	2012年
全国总计	**11759.5**	**13785.8**	**15780.8**	**17174.7**	**19109.4**	**21809.8**	**24564.7**
北　京	19977.5	21988.7	24724.9	26738.5	29072.9	32903.0	36468.8
天　津	14283.1	16357.4	19422.5	21402.0	24292.6	26920.9	29626.4
河　北	10304.6	11690.5	13441.1	14718.3	16263.4	18292.2	20543.4
山　西	10027.7	11565.0	13119.1	13996.6	15647.7	18123.9	20411.7
内蒙古	10358.0	12377.8	14432.6	15849.2	17698.2	20407.6	23150.3
辽　宁	10369.6	12300.4	14392.7	15761.4	17712.6	20466.8	23222.7
吉　林	9775.1	11285.5	12829.5	14006.3	15411.5	17796.6	20208.0
黑龙江	9182.3	10245.3	11581.3	12566.0	13856.5	15696.2	17759.8
上　海	20667.9	23622.7	26674.9	28837.8	31838.1	36230.5	40188.3
江　苏	14084.3	16378.0	18679.5	20551.7	22944.3	26340.7	29677.0
浙　江	18265.1	20573.8	22726.7	24610.8	27359.0	30970.7	34550.3
安　徽	9771.1	11473.6	12990.4	14085.7	15788.2	18606.1	21024.2
福　建	13753.3	15506.1	17961.5	19576.8	21781.3	24907.4	28055.2
江　西	9551.1	11451.7	12866.4	14021.5	15481.1	17494.9	19860.4
山　东	12192.2	14264.7	16305.4	17811.0	19945.8	22791.8	25755.2
河　南	9810.3	11477.1	13231.1	14371.6	15930.3	18194.8	20442.6
湖　北	9802.7	11485.8	13152.9	14367.5	16058.4	18373.9	20839.6
湖　南	10504.7	12293.5	13821.2	15084.3	16565.7	18844.1	21318.8
广　东	16015.6	17699.3	19732.9	21574.7	23897.8	26897.5	30226.7
广　西	9898.8	12200.4	14146.0	15451.5	17063.9	18854.1	21242.8
海　南	9395.1	10996.9	12607.8	13750.9	15581.1	18369.0	20917.7
重　庆	11569.7	12590.8	14367.6	15748.7	17532.4	20249.7	22968.1
四　川	9350.1	11098.3	12633.4	13839.4	15461.2	17899.1	20307.0
贵　州	9116.6	10678.4	11758.8	12862.5	14142.7	16495.0	18700.5
云　南	10069.9	11496.1	13250.2	14423.9	16064.5	18575.6	21074.5
西　藏	8941.1	11130.9	12481.5	13544.4	14980.5	16195.6	18028.3
陕　西	9267.7	10763.3	12857.9	14128.8	15695.2	18245.2	20733.9
甘　肃	8920.6	10012.3	10969.4	11929.8	13188.6	14988.7	17156.9
青　海	9000.4	10276.1	11640.4	12691.9	13855.0	15603.3	17566.3
宁　夏	9177.3	10859.3	12931.5	14024.7	15344.5	17578.9	19831.4
新　疆	8871.3	10313.4	11432.1	12257.5	13643.8	15513.6	17920.7

注：本表按当年价格计算。

分地区城镇居民家庭人均收支情况

(2012年)　　　　单位：元

地　区	总收入	#可支配收入	总支出	消费支出	非消费支出	恩格尔系数(%)
全国总计	**26959.0**	**24564.7**	**22341.4**	**16674.3**	**5667.1**	**36.2**
北　京	41103.1	36468.8	30828.1	24045.9	6782.2	31.3
天　津	32944.0	29626.4	29424.9	20024.2	9400.7	36.7
河　北	21899.4	20543.4	16117.2	12531.1	3586.0	33.6
山　西	22100.3	20411.7	17104.9	12211.5	4893.4	31.6
内蒙古	24790.8	23150.3	22562.5	17717.1	4845.4	30.8
辽　宁	25915.7	23222.7	23457.0	16593.6	6863.4	35.0
吉　林	21659.6	20208.0	19727.6	14613.5	5114.1	31.7
黑龙江	19367.8	17759.8	17228.8	12983.6	4245.3	36.1
上　海	44754.5	40188.3	35432.0	26253.5	9178.6	36.8
江　苏	32519.1	29677.0	26128.6	18825.3	7303.3	35.4
浙　江	37994.8	34550.3	30639.7	21545.2	9094.5	35.1
安　徽	23524.6	21024.2	21420.8	15011.7	6409.1	38.7
福　建	30877.9	28055.2	25273.9	18593.2	6680.7	39.4
江　西	21150.2	19860.4	16190.3	12775.7	3414.7	39.7
山　东	28005.6	25755.2	20657.4	15778.2	4879.1	33.0
河　南	21897.2	20442.6	17300.5	13733.0	3567.5	33.6
湖　北	22903.9	20839.6	20107.1	14496.0	5611.1	40.3
湖　南	22804.6	21318.8	20121.4	14609.0	5512.4	37.2
广　东	34044.4	30226.7	29129.0	22396.4	6732.6	36.9
广　西	23209.4	21242.8	18889.2	14244.0	4645.3	39.0
海　南	22809.9	20917.7	18290.0	14456.6	3833.5	45.4
重　庆	24811.0	22968.1	20984.1	16573.1	4411.0	41.5
四　川	22328.3	20307.0	19496.0	15049.5	4446.4	40.4
贵　州	20042.9	18700.5	17312.8	12585.7	4727.1	39.7
云　南	23000.4	21074.5	18447.5	13883.9	4563.6	39.4
西　藏	20224.2	18028.3	14204.9	11184.3	3020.6	49.3
陕　西	22606.0	20733.9	20003.0	15332.8	4670.1	36.2
甘　肃	18498.5	17156.9	16766.8	12847.1	3919.8	35.8
青　海	19746.6	17566.3	16633.4	12346.3	4287.1	37.8
宁　夏	21902.2	19831.4	19240.4	14067.2	5173.3	33.9
新　疆	20194.6	17920.7	18447.9	13891.7	4556.2	37.7

农村居民家庭基本情况

项　　目	单位	1990年	2000年	2010年	2011年	2012年
调查户数	**户**	**66960**	**68116**	**68190**	**73630**	**73750**
平均每户常住人口	人	4.80	4.20	3.95	3.90	3.88
平均每户整、半劳动力	人	2.92	2.76	2.85	2.78	2.76
平均每个劳动力负担人口(含本人)	人	1.64	1.52	1.39	1.40	1.40
平均每户生产性固定资产原值	元	1258	4673	10706	16088	16974
平均每人经营耕地面积	亩	2.10	1.98	2.28	2.30	2.34
平均每人年收入						
总收入	**元**	**990.4**	**3146.2**	**8119.5**	**9833.1**	**10990.7**
工资性收入	元	138.8	702.3	2431.1	2963.4	3447.5
家庭经营收入	元	815.8	2251.3	4937.5	5939.8	6461.0
财产性收入	元	35.8	45.0	202.2	228.6	249.1
转移性收入	元		147.6	548.7	701.4	833.2
纯收入	**元**	**686.3**	**2253.4**	**5919.0**	**6977.3**	**7916.6**
工资性收入	元	138.8	702.3	2431.1	2963.4	3447.5
家庭经营收入	元	518.6	1427.3	2832.8	3222.0	3533.4
财产性收入	元	29.0	45.0	202.2	228.6	249.1
转移性收入	元		78.8	452.9	563.3	686.7
现金收入	**元**	**676.7**	**2381.6**	**7088.8**	**8638.5**	**9787.2**
工资性收入	元	136.4	700.4	2427.9	2959.7	3443.5
家庭经营收入	元	481.2	1498.8	3955.4	4810.4	5313.1
财产性收入	元	59.1	38.9	168.3	185.8	219.3
转移性收入	元		143.5	537.2	682.6	811.2
平均每人年支出						
总支出	元	903.5	2652.4	6991.8	8641.6	9605.5
#消费支出	元	584.6	1670.1	4381.8	5221.1	5908.0
恩格尔系数	%	58.8	49.1	41.1	40.4	39.3
现金支出	元	639.1	2140.4	6307.4	7984.9	8961.9
房屋使用情况						
年内人均新建房屋面积	平方米	0.82	0.87	0.80	1.30	0.96
年末人均住房面积	平方米	17.83	24.82	34.08	36.24	37.09

农村居民家庭平均每人全年支出和主要食品消费量

项　　目	单位	2007年	2008年	2009年	2010年	2011年	2012年
平均每人总支出	**元**	**5137.7**	**5915.7**	**6333.9**	**6991.8**	**8641.6**	**9605.5**
#家庭经营费用支出	元	1432.7	1704.5	1700.1	1915.6	2431.1	2626.0
购置生产性固定资产支出	元	147.2	161.6	201.0	193.3	265.8	272.6
税费支出	元	11.9	11.6	10.1	8.6	11.7	10.0
消费支出	元	3223.9	3660.7	3993.5	4381.8	5221.1	5908.0
食品	元	1389.0	1598.7	1636.0	1800.7	2107.3	2323.9
衣着	元	193.5	211.8	232.5	264.0	341.3	396.4
居住	元	573.8	678.8	805.0	835.2	961.5	1086.4
家庭设备及用品	元	149.1	174.0	204.8	234.1	308.9	341.7
交通通信	元	328.4	360.2	402.9	461.1	547.0	652.8
文教娱乐	元	305.7	314.5	340.6	366.7	396.4	445.5
医疗保健	元	210.2	246.0	287.5	326.0	436.8	513.8
其他	元	74.2	76.7	84.1	94.0	122.0	147.6
平均每人现金支出	**元**	**4533.1**	**5257.9**	**5694.8**	**6307.4**	**7984.9**	**8961.9**
#家庭经营费用支出	元	1287.2	1551.0	1554.6	1757.6	2269.2	2483.0
消费支出	元	2767.1	3159.4	3504.8	3859.3	4733.4	5414.5
#食品	元	967.6	1135.2	1180.7	1313.2	1651.3	1863.1
衣着	元	192.6	211.1	231.9	263.4	341.1	396.1
居住	元	540.1	642.3	772.6	801.4	930.2	1054.2
主要食品消费量							
粮食(原粮)	千克	199.5	199.1	189.3	181.4	170.7	164.3
#细粮	千克	173.8	173.7	165.2	159.4	151.8	144.9
蔬菜	千克	99.0	99.7	98.4	93.3	89.4	84.7
食油	千克	6.0	6.2	6.3	6.3	7.5	7.8
猪牛羊肉	千克	14.9	13.9	15.3	15.8	16.3	16.4
家禽	千克	3.9	4.4	4.3	4.2	4.5	4.5
蛋及制品	千克	4.7	5.4	5.3	5.1	5.4	5.9
水产品	千克	5.4	5.2	5.3	5.2	5.4	5.4
食糖	千克	1.1	1.1	1.1	1.0	1.0	1.2
酒	千克	10.2	9.7	10.1	9.7	10.2	10.0

农村居民家庭平均每百户主要耐用消费品年底拥有量

项　目	单 位	2006年	2007年	2008年	2009年	2010年	2011年	2012年
电视机	台	106.9	106.5	109.1	116.6	118.2	117.1	118.3
#彩电	台	89.4	94.4	99.2	108.9	111.8	115.5	116.9
电冰箱	台	22.5	26.1	30.2	37.1	45.2	61.5	67.3
摩托车	辆	44.6	48.5	52.5	56.6	59.0	60.9	62.2
洗衣机	台	43.0	45.9	49.1	53.1	57.3	62.6	67.2
空调机	台	7.3	8.5	9.8	12.2	16.0	22.6	25.4
电话机	部	64.1	68.4	67.0	62.7	60.8	43.1	42.2
移动电话	部	62.1	77.8	96.1	115.2	136.5	179.7	197.8
计算机	台	2.7	3.7	5.4	7.5	10.4	18.0	21.4

按五等份分组的农村居民家庭纯收入与消费支出

单位：元

项　目	2006年	2007年	2008年	2009年	2010年	2011年	2012年
平均每人全年纯收入	**3587.0**	**4140.4**	**4760.6**	**5153.2**	**5919.0**	**6977.3**	**7916.6**
低收入户	1182.5	1346.9	1499.8	1549.3	1869.8	2000.5	2316.2
中低收入户	2222.0	2581.8	2935.0	3110.1	3621.2	4255.7	4807.5
中等收入户	3148.5	3658.8	4203.1	4502.1	5221.7	6207.7	7041.0
中高收入户	4446.6	5129.8	5928.6	6467.6	7440.6	8893.6	10142.1
高收入户	8474.8	9790.7	11290.2	12319.1	14049.7	16783.1	19008.9
平均每人消费支出	**2829.0**	**3223.9**	**3660.7**	**3993.5**	**4381.8**	**5221.1**	**5908.0**
低收入户	1624.7	1850.6	2144.8	2354.9	2535.4	3312.6	3742.3
中低收入户	2039.1	2357.9	2652.8	2870.9	3219.5	3962.3	4464.3
中等收入户	2567.9	2938.5	3286.4	3546.0	3963.8	4817.9	5430.3
中高收入户	3230.4	3682.7	4191.2	4591.8	5025.6	6002.9	6924.2
高收入户	5276.7	5994.4	6853.7	7485.7	8190.4	9149.6	10275.3

分地区农村居民家庭人均纯收入

单位：元

地　区	2006年	2007年	2008年	2009年	2010年	2011年	2012年
全国总计	**3587.0**	**4140.4**	**4760.6**	**5153.2**	**5919.0**	**6977.3**	**7916.6**
北　京	8275.5	9439.6	10661.9	11668.6	13262.3	14735.7	16475.7
天　津	6227.9	7010.1	7910.8	8687.6	10074.9	12321.2	14025.5
河　北	3801.8	4293.4	4795.5	5149.7	5958.0	7119.7	8081.4
山　西	3180.9	3665.7	4097.2	4244.1	4736.3	5601.4	6356.6
内蒙古	3341.9	3953.1	4656.2	4937.8	5529.6	6641.6	7611.3
辽　宁	4090.4	4773.4	5576.5	5958.0	6907.9	8296.5	9383.7
吉　林	3641.1	4191.3	4932.7	5265.9	6237.4	7510.0	8598.2
黑龙江	3552.4	4132.3	4855.6	5206.8	6210.7	7590.7	8603.8
上　海	9138.7	10144.6	11440.3	12482.9	13978.0	16053.8	17803.7
江　苏	5813.2	6561.0	7356.5	8003.5	9118.2	10805.0	12202.0
浙　江	7334.8	8265.2	9257.9	10007.3	11302.6	13070.7	14551.9
安　徽	2969.1	3556.3	4202.5	4504.3	5285.2	6232.2	7160.5
福　建	4834.8	5467.1	6196.1	6680.2	7426.9	8778.6	9967.2
江　西	3459.5	4044.7	4697.2	5075.0	5788.6	6891.6	7829.4
山　东	4368.3	4985.3	5641.4	6118.8	6990.3	8342.1	9446.5
河　南	3261.0	3851.6	4454.2	4807.0	5523.7	6604.0	7524.9
湖　北	3419.4	3997.5	4656.4	5035.3	5832.3	6897.9	7851.7
湖　南	3389.6	3904.2	4512.5	4909.0	5622.0	6567.1	7440.2
广　东	5079.8	5624.0	6399.8	6906.9	7890.3	9371.7	10542.8
广　西	2770.5	3224.1	3690.3	3980.4	4543.4	5231.3	6007.5
海　南	3255.5	3791.4	4390.0	4744.4	5275.4	6446.0	7408.0
重　庆	2873.8	3509.3	4126.2	4478.4	5276.7	6480.4	7383.3
四　川	3002.4	3546.7	4121.2	4462.1	5086.9	6128.6	7001.4
贵　州	1984.6	2374.0	2796.9	3005.4	3471.9	4145.4	4753.0
云　南	2250.5	2634.1	3102.6	3369.3	3952.0	4722.0	5416.5
西　藏	2435.0	2788.2	3175.8	3531.7	4138.7	4904.3	5719.4
陕　西	2260.2	2644.7	3136.5	3437.6	4105.0	5027.9	5762.5
甘　肃	2134.1	2328.9	2723.8	2980.1	3424.7	3909.4	4506.7
青　海	2358.4	2683.8	3061.2	3346.2	3862.7	4608.5	5364.4
宁　夏	2760.1	3180.8	3681.4	4048.3	4674.9	5410.0	6180.3
新　疆	2737.3	3183.0	3502.9	3883.1	4642.7	5442.2	6393.7

注：本表按当年价格计算。

分地区农村居民家庭人均收支情况

(2012年)　　单位：元

地　区	总收入	#纯收入	#现金收入	总支出	#消费支出	#现金支出	恩格尔系数(%)
全国总计	**10990.7**	**7916.6**	**9787.2**	**9605.5**	**5908.0**	**8961.9**	**39.3**
北　京	19132.2	16475.7	18902.1	15292.8	11878.9	15155.9	33.2
天　津	18019.1	14025.5	17609.1	12663.2	8336.5	12625.0	36.2
河　北	11189.4	8081.4	10226.3	8927.0	5364.1	8664.9	33.9
山　西	8203.7	6356.6	7066.3	7946.1	5566.2	7588.3	33.4
内蒙古	13647.2	7611.3	11064.5	13379.9	6382.0	12020.9	37.3
辽　宁	15274.6	9383.7	14171.2	13327.0	5998.4	12761.6	38.3
吉　林	15018.8	8598.2	12675.0	14480.0	6186.2	13668.5	36.7
黑龙江	16557.9	8603.8	13397.3	14225.4	5718.0	13790.6	37.9
上　海	19078.0	17803.7	18868.0	14727.2	11971.5	14490.0	40.5
江　苏	15347.5	12202.0	14523.9	13219.5	9138.2	12814.7	33.4
浙　江	18631.1	14551.9	18381.8	15794.0	10652.7	15586.0	37.1
安　徽	9630.2	7160.5	8505.1	8562.6	5556.0	8095.0	39.3
福　建	12136.8	9967.2	11374.4	10132.1	7401.9	9682.8	46.0
江　西	10040.3	7829.4	8797.2	7872.0	5129.5	7174.1	43.5
山　东	13645.3	9446.5	12758.1	11462.9	6776.0	11116.2	34.3
河　南	9829.4	7524.9	8444.6	7852.1	5032.1	7585.5	33.8
湖　北	10525.7	7851.7	9337.0	8923.7	5726.7	8149.2	37.6
湖　南	10030.3	7440.2	8726.9	9356.8	5870.1	8378.0	43.9
广　东	12521.4	10542.8	11777.2	9795.6	7458.6	9173.4	49.1
广　西	8458.9	6007.5	7380.5	7753.5	4933.6	6828.2	42.3
海　南	9843.8	7408.0	9337.1	7379.1	4776.3	7022.3	50.5
重　庆	9551.6	7383.3	8122.4	7942.2	5018.6	6974.4	44.2
四　川	9497.9	7001.4	8090.6	8366.1	5366.7	7174.3	46.8
贵　州	6443.9	4753.0	5078.3	6370.2	3901.7	5390.3	44.6
云　南	8188.1	5416.5	6693.1	7746.0	4561.3	6534.0	45.6
西　藏	6986.2	5719.4	5395.3	3968.3	2967.6	3100.8	53.6
陕　西	7999.4	5762.5	7209.0	8071.2	5114.7	7734.5	29.7
甘　肃	6705.0	4506.7	5668.4	6657.4	4146.2	6056.4	39.8
青　海	7039.8	5364.4	6154.9	7406.6	5338.9	6677.7	34.8
宁　夏	9485.8	6180.3	8247.0	9707.1	5351.4	8960.8	35.3
新　疆	13675.8	6393.7	12596.5	13536.1	5301.3	12872.4	35.7

农业基本情况

项　目	单 位	1990年	2000年	2010年	2011年	2012年
农业机械拥有量						
农用机械总动力	万千瓦	28708	52574	92781	97735	102559
大中型拖拉机	万台	81.4	97.5	392.2	440.6	485.2
小型拖拉机	万台	698	1264	1786	1811	1797
大中型拖拉机配套农具	万部	97	140	613	699	764
小型拖拉机配套农具	万部	649	1789	2993	3062	3081
农用排灌柴油机	万台	411.1	688.1	946.3	968.4	982.3
渔业机械	万台	32.1	46.0	247.6	301.6	348.8
灌溉、施肥、用电量						
有效灌溉面积	万公顷	4740.3	5382.0	6034.8	6168.2	
农用化肥施用量(折纯)	万吨	2590.3	4146.4	5561.7	5704.2	5838.8
乡村办水电站个数	个	52387	29962	44815	45151	
乡村办水电站装机容量	万千瓦	428.8	698.5	5924.0	6212.3	
农村用电量	亿千瓦小时	844.5	2421.3	6632.3	7139.6	7508.5
农作物总播种面积	**万公顷**	**14836**	**15630**	**16067**	**16228**	**16342**
粮食	万公顷	11347	10846	10988	11057	11120
谷物	万公顷		8526	8985	9102	9262
豆类	万公顷		1266	1128	1065	971
薯类	万公顷	912	1054	875	891	888
油料	万公顷	1090	1540	1389	1386	1393
棉花	万公顷	559	404	485	504	469
麻类	万公顷	50	26	13	12	10
糖料	万公顷	168	151	191	195	203
烟叶	万公顷	159	144	134	146	160
蔬菜	万公顷	634	1524	1900	1964	2035
茶园面积	**万公顷**	**106**	**109**	**197**	**211**	**228**
果园面积	**万公顷**	**518**	**893**	**1154**	**1183**	**1214**
受灾面积和成灾面积						
受灾面积	万公顷	3847	5469	3743	3247	2496
成灾面积	万公顷	1782	3437	1854	1244	1147
成灾占受灾面积的比重	%	46.3	62.9	49.5	38.3	46.0

农林牧渔业总产值

单位：亿元

年份	农林牧渔业总产值	#农业	#林业	#牧业	#渔业
1978	1397.0	1117.5	48.1	209.3	22.1
1980	1922.6	1454.1	81.4	354.2	32.9
1985	3619.5	2506.4	188.7	798.3	126.1
1990	7662.1	4954.3	330.3	1967.0	410.6
1995	20340.9	11884.6	709.9	6045.0	1701.3
1996	22353.7	13539.8	778.0	6015.5	2020.4
1997	23788.4	13852.5	817.8	6835.4	2282.7
1998	24541.9	14241.9	851.3	7025.8	2422.9
1999	24519.1	14106.2	886.3	6997.6	2529.0
2000	24915.8	13873.6	936.5	7393.1	2712.6
2001	26179.6	14462.8	938.8	7963.1	2815.0
2002	27390.8	14931.5	1033.5	8454.6	2971.1
2003	29691.8	14870.1	1239.9	9538.8	3137.6
2004	36239.0	18138.4	1327.1	12173.8	3605.6
2005	39450.9	19613.4	1425.5	13310.8	4016.1
2006	40810.8	21522.3	1610.8	12083.9	3970.5
2007	48893.0	24658.2	1861.6	16124.9	4457.5
2008	58002.2	28044.2	2152.9	20583.6	5203.4
2009	60361.0	30777.5	2193.0	19468.4	5626.4
2010	69319.8	36941.1	2595.5	20825.7	6422.4
2011	81303.9	41988.6	3120.7	25770.7	7568.0
2012	89453.0	46940.5	3447.1	27189.4	8706.0

注：本表按当年价格计算，从2003年起执行新国民经济行业分类标准，总产值包括农林牧渔服务业产值(下表同)。

农林牧渔业总产值指数

(1978年=100)

年份	农林牧渔业总产值	#农业	#林业	#牧业	#渔业
1978	100.0	100.0	100.0	100.0	100.0
1980	109.1	106.4	113.7	122.6	103.9
1985	161.6	152.2	176.2	203.4	185.1
1990	203.9	186.5	179.5	282.0	346.7
1995	291.9	230.1	257.7	495.4	730.3
1996	319.3	248.0	272.2	551.6	832.4
1997	340.8	259.1	281.2	607.3	928.2
1998	361.1	271.9	289.4	651.9	1009.9
1999	377.9	283.6	298.6	681.6	1082.5
2000	391.5	287.6	314.7	724.5	1152.9
2001	408.1	297.7	315.2	770.1	1197.8
2002	428.1	309.3	337.6	816.3	1270.9
2003	444.8	310.8	360.9	875.9	1338.3
2004	478.2	337.2	368.2	939.0	1418.6
2005	505.5	351.0	380.0	1012.2	1510.8
2006	532.8	370.0	401.3	1062.8	1601.4
2007	553.6	384.8	429.0	1087.3	1678.3
2008	585.3	403.1	463.6	1160.7	1778.4
2009	612.2	418.2	496.7	1228.2	1879.6
2010	639.3	435.2	529.1	1278.4	1983.9
2011	667.8	459.5	569.5	1300.5	2072.7
2012	700.6	479.7	607.5	1368.5	2179.4

注：本表按可比价格计算。

分地区农林牧渔业总产值及增长速度

(2012年)

地　区	农林牧渔业总产值(亿元)	#农　业	#林　业	#牧　业	#渔　业	农林牧渔业总产值比上年增长(%)
全国总计	**89453.0**	**46940.5**	**3447.1**	**27189.4**	**8706.0**	**4.9**
北　京	395.7	166.3	54.8	154.2	13.0	2.9
天　津	375.6	196.0	2.8	105.0	61.7	3.2
河　北	5340.1	3095.3	77.9	1747.7	177.7	4.0
山　西	1304.3	847.4	79.1	298.8	8.4	5.6
内蒙古	2449.3	1172.0	97.8	1118.9	26.1	5.7
辽　宁	4062.4	1539.6	128.7	1621.2	618.7	4.9
吉　林	2502.0	1166.6	98.1	1130.4	34.1	5.9
黑龙江	3952.3	2315.6	134.5	1350.7	77.9	6.7
上　海	321.7	171.5	9.5	72.6	57.5	0.5
江　苏	5808.8	2966.7	99.7	1226.2	1235.4	4.8
浙　江	2658.7	1229.4	142.1	549.0	687.0	1.8
安　徽	3728.3	1867.6	209.5	1119.7	384.4	5.6
福　建	3007.4	1263.7	256.5	481.3	903.4	4.3
江　西	2399.3	1003.2	228.9	752.7	333.1	4.6
山　东	7945.8	3960.6	107.0	2285.9	1267.1	4.5
河　南	6679.0	3958.9	140.9	2255.6	86.4	4.5
湖　北	4732.1	2488.1	100.1	1334.0	626.2	5.6
湖　南	4904.1	2651.7	260.0	1488.6	279.9	3.0
广　东	4656.8	2229.3	222.7	1134.1	914.0	3.7
广　西	3490.7	1724.0	245.3	1072.8	331.7	5.7
海　南	1082.1	460.7	137.9	214.1	236.3	6.3
重　庆	1402.0	841.8	43.5	453.9	45.0	5.1
四　川	5433.1	2764.9	151.5	2269.9	163.8	4.5
贵　州	1436.6	864.9	54.2	421.5	28.2	9.3
云　南	2680.2	1398.2	225.8	913.0	63.1	7.0
西　藏	118.3	53.4	2.6	59.0	0.2	3.6
陕　西	2303.2	1526.3	58.4	598.7	14.6	6.0
甘　肃	1358.2	984.2	20.1	231.7	1.8	6.4
青　海	263.9	117.1	4.6	137.1	0.6	5.4
宁　夏	385.1	240.5	9.8	105.7	13.4	6.0
新　疆	2275.7	1675.0	43.0	485.4	15.3	7.4

注：本表绝对数按当年价格计算，增长速度按可比价格计算。

化肥施用量、小水电站、农村用电量和灌溉面积

年份	化肥施用量（万吨）	乡村办水电站 个数（个）	乡村办水电站 装机容量（万千瓦）	农村用电量（亿千瓦小时）	有效灌溉面积（万公顷）	#机电排灌	机电排灌面积占灌溉面积比重（%）
1978	884	82387	228.4	253.1	4496.5	2489.5	55.4
1980	1269	80319	304.1	320.8	4488.8	2531.5	56.4
1985	1776	55754	380.2	508.9	4403.6	2462.9	55.9
1990	2590	52387	428.8	844.5	4740.3	2714.8	57.3
1995	3594	40699	519.5	1655.7	4928.1	3220.5	65.3
1996	3828	37743	533.7	1812.7	5038.1	3289.1	65.3
1997	3981	36117	562.5	1980.1	5123.9	3437.0	67.1
1998	4084	33185	634.8	2042.1	5229.6	3471.6	66.4
1999	4124	31678	664.1	2173.4	5315.8	3563.9	67.0
2000	4146	29962	698.5	2421.3	5382.0	3595.4	66.7
2001	4254	29183	896.6	2610.8	5424.9	3621.2	66.8
2002	4339	27633	812.2	2993.4	5435.5	3621.3	66.6
2003	4412	26696	862.3	3432.9	5401.4	3616.1	67.0
2004	4637	27115	993.8	3933.0	5447.8	3605.5	66.2
2005	4766	26726	1099.2	4375.7	5502.9	3671.5	66.7
2006	4928	27493	1243.0	4895.8	5575.1	3691.3	66.2
2007	5108	27664	1366.6	5509.9	5651.8	3776.2	66.8
2008	5239	44433	5127.4	5713.2	5847.2	4202.5	71.9
2009	5404	44430	5116.7	6104.4	5926.1	4001.6	67.5
2010	5562	44815	5924.0	6632.3	6034.8	4075.0	67.5
2011	5704	45151	6212.3	7139.6	6168.2	4146.5	67.2
2012	5839			7508.5			

注：1.化肥施用量按有效成分100%计算。

2.农村用电量包括国家电网的供电量和农村自办电站供电量，不包括在农村的国有单位的用电量。

主要农作物播种面积及比例

年份	农作物总播种面积（万公顷）	#粮食	#油料	#棉花	占总播种面积比例（%） 粮食	油料	棉花
1978	15010.4	12058.7	622.2	486.6	80.3	4.1	3.2
1980	14638.0	11723.4	792.8	492.0	80.1	5.4	3.4
1985	14362.6	10884.5	1180.0	514.0	75.8	8.2	3.6
1990	14836.2	11346.6	1090.0	558.8	76.5	7.3	3.8
1995	14987.9	11006.0	1310.2	542.2	73.4	8.7	3.6
1996	15238.1	11254.8	1255.5	472.2	73.9	8.2	3.1
1997	15396.9	11291.2	1238.1	449.1	73.3	8.0	2.9
1998	15570.6	11378.7	1291.9	445.9	73.1	8.3	2.9
1999	15637.3	11316.1	1390.6	372.6	72.4	8.9	2.4
2000	15630.0	10846.3	1540.0	404.1	69.4	9.9	2.6
2001	15570.8	10608.0	1463.1	481.0	68.1	9.4	3.1
2002	15463.6	10389.1	1476.6	418.4	67.2	9.5	2.7
2003	15241.5	9941.0	1499.0	511.1	65.2	9.8	3.4
2004	15355.3	10160.6	1443.1	569.3	66.2	9.4	3.7
2005	15548.8	10427.8	1431.8	506.2	67.1	9.2	3.3
2006	15214.9	10495.8	1173.8	581.6	68.7	7.7	3.8
2007	15346.4	10563.8	1131.6	592.6	68.8	7.4	3.9
2008	15626.6	10679.3	1282.5	575.4	68.3	8.2	3.7
2009	15861.4	10898.6	1365.4	494.9	68.7	8.6	3.1
2010	16067.5	10987.6	1389.0	484.9	68.4	8.6	3.0
2011	16228.3	11057.3	1385.5	503.8	68.1	8.5	3.1
2012	16341.6	11120.5	1393.0	468.8	68.1	8.5	2.9

主要农产品产量（一）

单位：万吨

年 份	粮 食	谷 物	#稻 谷	#小 麦	#玉 米	豆 类	薯 类
1978	30477		13693	5384	5595		3174
1980	32056		13991	5521	6260		2873
1985	37911		16857	8581	6383		2604
1990	44624		18933	9823	9682		2743
1995	46662	41612	18523	10221	11199	1788	3263
1996	50454	45127	19510	11057	12747	1790	3536
1997	49417	44349	20073	12329	10431	1876	3192
1998	51230	45625	19871	10973	13295	2001	3604
1999	50839	45304	19849	11388	12809	1894	3641
2000	46218	40522	18791	9964	10600	2010	3685
2001	45264	39648	17758	9387	11409	2053	3563
2002	45706	39799	17454	9029	12131	2241	3666
2003	43070	37429	16066	8649	11583	2128	3513
2004	46947	41157	17909	9195	13029	2232	3558
2005	48402	42776	18059	9745	13937	2158	3469
2006	49804	45099	18172	10847	15160	2004	2701
2007	50160	45632	18603	10930	15230	1720	2808
2008	52871	47847	19190	11246	16591	2043	2980
2009	53082	48156	19510	11512	16397	1930	2995
2010	54648	49637	19576	11518	17725	1897	3114
2011	57121	51939	20100	11740	19278	1908	3273
2012	58958	53947	20424	12102	20561	1732	3279

主要农产品产量（二）

单位：万吨

年 份	油 料	#花 生	#油菜籽	#芝 麻	棉 花	麻 类	#黄红麻
1978	521.8	237.7	186.8	32.2	216.7	135.1	108.8
1980	769.1	360.0	238.4	25.9	270.7	143.6	109.8
1985	1578.4	666.4	560.7	69.1	414.7	444.8	411.9
1990	1613.2	636.8	695.8	46.9	450.8	109.7	72.6
1995	2250.3	1023.5	977.7	58.3	476.8	89.7	37.1
1996	2210.6	1013.8	920.1	57.5	420.3	79.5	36.5
1997	2157.4	964.8	957.8	56.6	460.3	74.9	43.0
1998	2313.9	1188.6	830.1	65.6	450.1	49.5	24.8
1999	2601.2	1263.9	1013.2	74.3	382.9	47.2	16.4
2000	2954.8	1443.7	1138.1	81.1	441.7	52.9	12.6
2001	2864.9	1441.6	1133.1	80.4	532.4	68.1	10.6
2002	2897.2	1481.8	1055.2	89.5	491.6	96.4	15.9
2003	2811.0	1342.0	1142.0	59.3	486.0	85.3	10.0
2004	3065.9	1434.2	1318.2	70.4	632.4	107.4	8.7
2005	3077.1	1434.2	1305.2	62.5	571.4	110.5	8.3
2006	2640.3	1288.7	1096.6	66.2	753.3	89.1	8.7
2007	2568.7	1302.7	1057.3	55.7	762.4	72.8	9.9
2008	2952.8	1428.6	1210.2	58.6	749.2	62.5	8.4
2009	3154.3	1470.8	1365.7	62.2	637.7	38.8	7.5
2010	3230.1	1564.4	1308.2	58.7	596.1	31.7	6.9
2011	3306.8	1604.6	1342.6	60.5	658.9	29.6	7.5
2012	3436.8	1669.2	1400.7	63.9	683.6	26.1	6.8

主要农产品产量（三）

单位：万吨

年份	糖料	甘蔗	甜菜	茶叶	烟叶	#烤烟
1978	2381.9	2111.6	270.2	26.8	124.2	105.2
1980	2911.3	2280.7	630.5	30.4	84.5	71.7
1985	6046.8	5154.9	891.9	43.2	242.5	207.5
1990	7214.5	5762.0	1452.5	54.0	262.7	225.9
1995	7940.1	6541.7	1398.4	58.9	231.4	207.2
1996	8360.2	6818.7	1541.5	59.3	323.4	294.6
1997	9386.5	7889.7	1496.8	61.3	425.1	390.8
1998	9790.4	8343.8	1446.6	66.5	236.4	208.8
1999	8334.1	7470.3	863.9	67.6	246.9	218.5
2000	7635.3	6828.0	807.3	68.3	255.2	223.8
2001	8655.1	7566.3	1088.9	70.2	235.0	204.5
2002	10292.7	9010.7	1282.0	74.5	244.7	213.5
2003	9641.6	9023.5	618.2	76.8	225.7	201.5
2004	9570.7	8984.9	585.7	83.5	240.6	216.3
2005	9451.9	8663.8	788.1	93.5	268.3	243.5
2006	10460.0	9709.2	750.8	102.8	245.6	225.5
2007	12188.2	11295.1	893.1	116.5	239.5	217.8
2008	13419.6	12415.2	1004.4	125.8	283.8	262.3
2009	12276.6	11558.7	717.9	135.9	306.6	281.4
2010	12008.5	11078.9	929.6	147.5	300.4	273.1
2011	12516.5	11443.4	1073.1	162.3	313.2	287.0
2012	13485.4	12311.4	1174.0	179.0	340.7	312.6

主要农产品产量（四）

单位：万吨

年份	水果	#苹果	#柑橘	#梨	#香蕉	蔬菜
1978	657.0	227.5	38.3	151.7	8.5	
1980	679.3	236.3	71.3	146.6	6.1	
1985	1163.9	361.4	180.8	213.7	63.1	
1990	1874.4	431.9	485.5	235.3	145.6	
1995	4214.6	1400.8	822.5	494.2	312.5	25726.7
1996	4652.8	1704.7	845.7	580.7	253.6	30123.1
1997	5089.3	1721.9	1010.2	641.5	289.2	35962.4
1998	5452.9	1948.1	859.0	727.5	351.8	38491.9
1999	6237.6	2080.2	1078.7	774.2	419.4	40513.5
2000	6225.1	2043.1	878.3	841.2	494.1	44467.9
2001	6658.0	2001.5	1160.7	879.6	527.2	48422.4
2002	6952.0	1924.1	1199.0	930.9	555.7	52860.6
2003	14517.4	2110.2	1345.4	979.8	590.3	54032.3
2004	15340.9	2367.5	1495.8	1064.2	605.6	55064.7
2005	16120.1	2401.1	1591.9	1132.4	651.8	56451.5
2006	17102.0	2605.9	1789.8	1198.6	690.1	53953.1
2007	18136.3	2786.0	2058.3	1289.5	779.7	56452.0
2008	19220.2	2984.7	2331.3	1353.8	783.5	59240.3
2009	20395.5	3168.1	2521.1	1426.3	883.4	61823.8
2010	21401.4	3326.3	2645.2	1505.7	956.1	65099.4
2011	22768.2	3598.5	2944.0	1579.5	1040.0	67929.7
2012	24056.8	3849.1	3167.8	1707.3	1155.8	70883.1

注：2003年起水果产量含果用瓜。

主要林产品产量

年 份	木 材 (万立方米)	橡 胶 (万吨)	松 脂 (万吨)	生 漆 (万吨)	油桐籽 (万吨)	油茶籽 (万吨)
1978	5162	10.2	33.8	0.2	39.1	47.9
1980	5359	11.3	42.1	0.3	30.3	49.0
1985	6323	18.8	34.4	0.2	37.9	61.9
1990	5571	26.4	43.5	0.3	35.1	52.3
1995	6767	42.4	54.8	0.3	40.5	62.3
1996	6710	40.2	58.1	0.4	40.8	69.7
1997	6395	45.2	70.1	0.4	45.4	85.7
1998	5966	46.2	54.3	0.5	43.9	72.3
1999	5237	49.0	57.1	0.5	44.8	79.3
2000	4724	48.0	55.1	0.5	45.3	82.3
2001	4552	47.7	56.4	0.5	40.7	82.5
2002	4436	52.7	56.4	0.6	38.9	85.5
2003	4759	56.5	62.6	0.9	37.3	77.9
2004	5197	57.5	67.3	1.0	38.1	87.5
2005	5560	51.4	76.7	1.4	36.9	87.5
2006	6612	53.8	90.9	2.1	38.3	92.0
2007	6977	58.8	96.6	1.3	36.1	93.9
2008	8108	54.8	84.9	1.6	37.1	99.0
2009	7068	61.9	104.7	2.0	36.5	116.9
2010	8090	69.1	111.6	2.0	43.4	109.2
2011	8146	75.1	115.7	1.9	43.8	148.0
2012	8175	80.2	121.5	2.6	42.7	172.8

水产品产量

单位：万吨

年 份	水产品总产量	海水产品	捕捞	养殖	淡水产品	捕捞	养殖
1978	465.4	359.5	314.5	45.0	105.9	29.6	76.2
1980	449.7	325.7	281.3	44.4	124.0	33.9	90.2
1985	705.2	419.7	348.5	71.2	285.4	47.6	237.8
1990	1237.0	713.3	550.9	162.4	523.7	78.3	445.4
1995	2517.2	1439.1	1026.8	412.3	1078.1	137.3	940.8
1996	3288.1	2012.9	1249.0	763.9	1275.2	176.3	1099.0
1997	3118.6	1888.1	1196.4	691.7	1230.5	163.5	1067.0
1998	3382.7	2044.5	1292.6	752.0	1338.1	197.5	1140.6
1999	3570.1	2145.3	1293.4	851.9	1424.9	198.0	1226.9
2000	3706.2	2203.9	1275.9	928.0	1502.3	193.4	1308.9
2001	3795.9	2233.5	1244.1	989.4	1562.4	186.2	1376.2
2002	3954.9	2298.5	1238.0	1060.5	1656.4	194.7	1461.7
2003	4077.0	2332.8	1237.0	1095.9	1744.2	213.3	1530.9
2004	4246.6	2404.5	1253.2	1151.3	1842.1	209.6	1632.5
2005	4419.9	2465.9	1255.1	1210.8	1954.0	221.0	1733.0
2006	4583.6	2509.6	1245.4	1264.2	2074.0	220.4	1853.6
2007	4747.5	2550.9	1243.6	1307.3	2196.6	225.6	1971.0
2008	4895.6	2598.3	1258.0	1340.3	2297.3	224.8	2072.5
2009	5116.4	2681.5	1276.3	1405.2	2434.9	218.4	2216.5
2010	5373.0	2797.5	1315.2	1482.3	2575.5	228.9	2346.4
2011	5603.2	2908.1	1356.7	1551.3	2695.2	223.2	2471.9
2012	5907.7	3033.3	1389.5	1643.8	2874.3	229.8	2644.5

牲畜饲养情况

单位：万头(只)

年　份	大牲畜年底头数	牛	马	驴	骡	骆　驼
1996	13360.2	11031.8	871.5	944.4	478.0	34.5
1997	14541.8	12182.2	891.2	952.8	480.6	35.0
1998	14803.2	12441.9	898.1	955.8	473.9	33.5
1999	15024.8	12698.3	891.4	934.8	467.3	33.0
2000	14638.1	12353.2	876.6	922.7	453.0	32.6
2001	13980.9	11809.2	826.0	881.5	436.2	27.9
2002	13672.3	11567.8	808.8	849.9	419.4	26.4
2003	13467.3	11434.4	790.0	820.7	395.7	26.5
2004	13191.4	11235.4	763.9	791.9	374.0	26.2
2005	12894.8	10990.8	740.0	777.2	360.4	26.6
2006	12287.1	10465.1	719.5	730.6	345.1	26.9
2007	12309.3	10594.8	702.8	689.1	298.5	24.2
2008	12250.7	10576.0	682.1	673.1	295.5	24.0
2009	12357.6	10726.5	678.5	648.4	279.3	24.8
2010	12238.5	10626.4	677.1	639.7	269.7	25.6
2011	11966.2	10360.5	670.9	647.8	259.8	27.3
2012	11891.8	10343.4	633.5	636.1	249.2	29.5

年　份	肉猪出栏头　数	猪年底头　数	牛出栏头　数	羊年底只　数	山　羊	绵　羊
1996	41225.2	36283.6	2685.9	23728.3	12315.8	11412.5
1997	46483.7	40034.8	3283.9	25575.7	13480.1	12095.6
1998	50215.1	42256.3	3587.1	26903.5	14168.3	12735.2
1999	51977.2	43144.2	3766.2	27925.8	14816.3	13109.5
2000	51862.3	41633.6	3806.9	27948.2	14945.6	13002.6
2001	53281.1	41950.5	3794.8	27625.0	14562.3	13062.8
2002	54143.9	41776.2	3896.2	28240.9	14841.2	13399.7
2003	55701.8	41381.8	4000.1	29307.4	14967.9	14339.5
2004	57278.5	42123.4	4101.0	30426.0	15195.5	15230.5
2005	60367.4	43319.1	4148.7	29792.7	14659.0	15133.7
2006	61207.3	41850.4	4222.0	28369.8	13768.0	14601.8
2007	56508.3	43989.5	4359.5	28564.7	14336.5	14228.2
2008	61016.6	46291.3	4446.1	28084.9	15229.2	12855.7
2009	64538.6	46996.0	4602.2	28452.2	15050.1	13402.1
2010	66686.4	46460.0	4716.8	28087.9	14203.9	13884.0
2011	66326.1	46862.7	4670.7	28235.8	14274.2	13961.5
2012	69789.5	47592.2	4760.9	28504.1	14136.1	14368.0

畜产品产量

年　份	肉类产量 (万吨)	#猪牛羊肉	猪　肉	牛　肉	羊　肉	奶　类 (万吨)	#牛　奶
1996	4584.0	3694.7	3158.0	355.7	181.0	735.8	629.4
1997	5268.8	4249.9	3596.3	440.9	212.8	681.1	601.1
1998	5723.8	4598.2	3883.7	479.9	234.6	745.4	662.9
1999	5949.0	4762.3	4005.6	505.4	251.3	806.9	717.6
2000	6013.9	4743.2	3966.0	513.1	264.1	919.1	827.4
2001	6105.8	4832.1	4051.7	508.6	271.8	1122.9	1025.5
2002	6234.3	4928.4	4123.1	521.9	283.5	1400.4	1299.8
2003	6443.3	5089.8	4238.6	542.5	308.7	1848.6	1746.3
2004	6608.7	5234.3	4341.0	560.4	332.9	2368.4	2260.6
2005	6938.9	5473.5	4555.3	568.1	350.1	2864.8	2753.4
2006	7089.0	5591.0	4650.5	576.7	363.8	3302.5	3193.4
2007	6865.7	5283.8	4287.8	613.4	382.6	3633.4	3525.2
2008	7278.7	5614.0	4620.5	613.2	380.3	3731.5	3555.8
2009	7649.7	5915.7	4890.8	635.5	389.4	3677.7	3518.8
2010	7925.8	6123.1	5071.2	653.1	398.9	3748.0	3575.6
2011	7965.1	6101.0	5060.4	647.5	393.1	3810.7	3657.8
2012	8387.2	6405.9	5342.7	662.3	401.0	3868.6	3743.6

年　份	绵羊毛 (吨)	#细羊毛	#半细羊毛	山羊毛 (吨)	羊　绒 (吨)	禽　蛋 (万吨)	蜂　蜜 (万吨)
1996	298102	121020	74099	35284	9585	1965.2	18.3
1997	255059	116054	55683	25865	8626	1897.1	21.1
1998	277545	115752	68775	31417	9799	2021.3	20.7
1999	283152	114103	73700	31849	10180	2134.7	23.0
2000	292502	117386	84921	33266	11057	2182.0	24.6
2001	298254	114651	88075	34241	10968	2210.1	25.2
2002	307588	112193	102419	35459	11765	2265.7	26.5
2003	338058	120263	110249	36692	13528	2333.1	28.9
2004	373902	130413	119514	37727	14515	2370.6	29.3
2005	393172	127862	123068	36904	15435	2438.1	29.3
2006	388777	131808	116098	40512	16395	2424.0	33.3
2007	363470	123920	106760	38382	18483	2529.0	35.4
2008	367687	123838	104838	44406	17184	2702.2	40.0
2009	364002	127352	113018	49453	16964	2742.5	40.2
2010	386768	123173	114944	42714	18518	2762.7	40.1
2011	393072	132836	120119	44047	17989	2811.4	43.1
2012	400057	125709	131983	43924	18021	2861.2	44.8

分地区主要农产品产量（一）

(2012年)　　　　单位：万吨

地　区	粮　食	油　料	棉　花	糖　料	蔬　菜	水　果
全国总计	**58958.0**	**3436.8**	**683.6**	**13485.4**	**70883.1**	**24056.8**
北　京	113.8	1.3			279.9	113.6
天　津	161.8	0.6	5.8		447.7	58.2
河　北	3246.6	142.8	56.4	59.4	7695.1	1814.9
山　西	1274.1	19.6	4.7	40.8	1073.3	677.3
内蒙古	2528.5	145.1	0.2	167.9	1476.3	283.5
辽　宁	2070.5	120.9	0.1	9.7	2977.6	894.3
吉　林	3343.0	80.7	0.8	20.9	957.5	217.5
黑龙江	5761.5	22.5		273.1	866.4	268.6
上　海	122.4	1.7	0.4	1.0	406.9	87.2
江　苏	3372.5	146.9	22.0	9.8	4984.6	796.0
浙　江	769.8	38.3	3.0	70.1	1819.8	703.8
安　徽	3289.1	227.7	29.4	20.6	2327.5	885.4
福　建	659.3	28.1	0.0	56.5	1673.9	708.8
江　西	2084.8	117.1	15.2	61.6	1213.1	571.3
山　东	4511.4	351.0	69.8		9386.0	2924.5
河　南	5638.6	569.5	25.7	26.9	7011.7	2535.0
湖　北	2441.8	319.7	54.5	31.1	3506.4	885.7
湖　南	3006.5	207.8	25.1	73.8	3480.9	909.2
广　东	1396.3	96.6		1469.2	2982.7	1390.1
广　西	1484.9	54.5	0.2	7829.7	2356.7	1325.0
海　南	199.5	10.4		415.9	499.0	428.7
重　庆	1138.5	50.1		11.9	1509.3	291.2
四　川	3315.0	287.8	1.3	61.5	3764.7	821.6
贵　州	1079.5	87.4	0.1	128.1	1375.6	147.7
云　南	1749.1	62.8		2043.8	1472.7	581.1
西　藏	94.9	6.3			65.6	1.4
陕　西	1245.1	60.3	6.7	0.2	1525.6	1693.8
甘　肃	1109.7	67.0	8.1	24.7	1460.4	565.0
青　海	101.5	35.2			158.7	3.7
宁　夏	375.0	18.0			471.1	250.5
新　疆	1273.0	59.0	353.9	577.2	1656.0	1222.1

注：水果产量含果用瓜。

分地区主要农产品产量（二）

(2012年)　　　　　　　　　　　　　　　　单位：万吨

地　区	肉　类	#猪　肉	#牛　肉	#羊　肉	奶　类
全国总计	**8387.2**	**5342.7**	**662.3**	**401.0**	**3868.6**
北　京	43.2	23.9	2.2	1.2	65.1
天　津	45.8	29.2	3.3	1.5	68.2
河　北	442.9	259.0	55.3	28.7	479.0
山　西	77.4	56.3	4.9	5.9	81.0
内蒙古	245.8	73.9	51.2	88.6	930.7
辽　宁	418.7	230.2	43.2	7.9	130.2
吉　林	260.0	132.7	45.0	4.1	49.1
黑龙江	216.2	128.4	39.7	12.1	565.0
上　海	25.8	18.7	0.01	0.6	30.2
江　苏	396.5	228.8	3.5	7.6	61.3
浙　江	180.8	139.7	1.2	1.7	19.3
安　徽	397.7	249.7	18.1	14.6	24.1
福　建	200.8	155.6	2.5	2.0	15.4
江　西	311.1	237.3	12.1	1.1	12.6
山　东	764.2	376.7	67.0	33.1	294.1
河　南	677.4	432.5	80.4	24.8	330.4
湖　北	412.3	317.3	18.9	8.2	15.7
湖　南	515.3	427.6	16.8	10.3	8.5
广　东	443.2	276.4	6.7	0.9	13.9
广　西	411.0	252.5	13.9	3.2	9.4
海　南	79.5	48.1	2.5	1.0	0.2
重　庆	201.2	150.7	7.1	2.8	7.7
四　川	670.2	496.4	29.3	24.0	72.2
贵　州	190.3	156.1	13.0	3.5	5.1
云　南	348.7	264.1	31.9	13.6	58.0
西　藏	25.2	1.5	15.1	8.5	25.6
陕　西	107.1	83.5	7.5	6.9	189.1
甘　肃	87.8	48.6	16.7	15.9	38.6
青　海	30.5	9.4	9.6	10.4	29.4
宁　夏	26.5	7.7	7.9	8.5	103.5
新　疆	134.2	30.2	36.2	48.0	136.3

农作物受灾和成灾面积

年份	受灾面积（万公顷）	#水灾	#旱灾	成灾面积（万公顷）	#水灾	#旱灾	成灾面积占受灾面积（%）
1978	5081	311	3264	2446	201	356	48.1
1980	5003	969	2190	2978	607	388	59.5
1985	4437	1420	2299	2271	895	335	51.2
1990	3847	1180	1817	1782	560	342	46.3
1991	5547	2460	2491	2781	1461	202	50.1
1992	5133	942	3298	2590	446	232	50.4
1993	4883	1639	2110	2313	861	364	47.4
1994	5504	1733	3043	3138	1074	214	57.0
1995	4582	1273	2346	2227	760	208	48.6
1996	4699	1815	2015	2123	1086	212	45.2
1997	5343	1142	3352	3031	584	295	56.7
1998	5015	2229	1424	2518	1379	313	50.2
1999	4998	902	3016	2673	507	204	53.5
2000	5469	732	4054	3437	432	116	62.9
2001	5221	604	3847	3179	361	206	60.9
2002	4695	1229	2212	2716	739	383	57.9
2003	5451	1921	2485	3252	1229	293	59.7
2004	3711	731	1725	1630	375	219	43.9
2005	3882	1093	1603	1997	605	848	51.4
2006	4109	800	2074	2463	457	1341	59.9
2007	4899	1046	2939	2506	510	1617	51.2
2008	3999	648	1214	2228	366	680	55.7
2009	4721	761	2926	2123	316	1320	45.0
2010	3743	1752	1326	1854	702	899	49.5
2011	3247	686	1630	1244	284	660	38.3
2012	2496	773	934	1147	414	351	46.0

规模以上工业企业工业增加值增长速度

单位：%

分类	2006年	2007年	2008年	2009年	2010年	2011年	2012年
工业增加值	**16.6**	**18.5**	**12.9**	**11.0**	**15.7**	**13.9**	**10.0**
在总计中：							
#国有及国有控股企业	12.6	13.8	9.1	6.9	13.7	9.9	6.4
在总计中：							
#集体企业	11.6	11.5	8.1	10.2	9.4	9.3	7.1
股份合作企业	15.5	17.5	11.4	10.3	14.0	14.7	6.5
股份制企业	17.8	20.6	15.0	13.3	16.8	15.8	11.8
外商及港澳台投资企业	16.9	17.5	9.9	6.2	14.5	10.4	6.3
在总计中：							
#私营企业	24.4	26.7	20.4	18.7	20.0	19.5	14.6
在总计中：							
轻工业	13.8	16.3	12.3	9.7	13.6	13.0	10.1
重工业	17.9	19.6	13.2	11.5	16.5	14.3	9.9

注：1.本表按可比价格计算。

2.从2011年起，规模以上工业的统计范围为年主营业务收入2000万元以上的工业企业。之前为年主营业务收入500万元以上的工业企业。

规模以上工业企业主要经济指标

年份	企业单位数（万个）	资产总计（亿元）	主营业务收入（亿元）	利润总额（亿元）	税金总额（亿元）	全部从业人员年平均人数（万人）
1978	34.8	4525				
1980	37.7	4233	4459	692	367	5600
1985	46.3	6972	7899	929	727	6605
1990	50.4	15953	16793	560	1386	7663
1995	59.2	79234	52936	1635	3415	8360
1996	57.9	90016	57970	1490	3657	8187
1997	53.4	103400	63451	1703	4037	7873
1998	16.5	108822	64149	1458	4064	6196
1999	16.2	116969	69852	2288	4414	5805
2000	16.3	126211	84152	4393	5119	5559
2001	17.1	135403	93733	4733	5572	5441
2002	18.2	146218	109486	5784	6238	5521
2003	19.6	168808	143172	8337	7537	5749
2004	27.6	215358	198909	11929	9529	6622
2005	27.2	244784	248544	14803	11518	6896
2006	30.2	291215	313592	19504	14454	7358
2007	33.7	353037	399717	27155	18422	7875
2008	42.6	431306	500020	30562	23968	8838
2009	43.4	493693	542522	34542	26486	8831
2010	45.3	592882	697744	53049	33656	9545
2011	32.6	675797	841830	61396	38972	9167
2012	33.3	744920	915915	55578	40939	9273

注：1.1997年及以前为乡及乡以上独立核算工业企业数据；1998-2006年为全部国有及年主营业务收入在500万元以上非国有工业企业数据；2007-2010为年主营业务收入在500万元以上工业企业；2011年及以后年份为主营业务收入在2000万元及以上工业企业数据。

2.2012年为快报数据，之前年份为年报数据。

按经济类型分规模以上工业企业主要经济指标(一)

(2012年)

指　　标	单位	合　计	#大型企业	#中型企业	#国有及国有控股企业
企业单位数	个	333470	8799	50485	17341
#亏损企业数	个	40081	1233	7823	4250
流动资产合计	亿元	362373.4	168453.2	86390.2	115195.5
应收账款	亿元	82189.9	33310.4	20599.9	19136.1
存货	亿元	86475.8	40740.3	20507.0	28912.4
#产成品	亿元	30183.2	12193.4	7806.7	7852.3
资产总计	亿元	744919.7	361298.1	168591.6	305976.7
负债合计	亿元	430830.7	214883.4	97298.7	186947.0
主营业务收入	亿元	915914.8	369618.8	197087.6	242518.9
主营业务成本	亿元	776396.3	311927.5	166351.3	201010.2
主营业务税金及附加	亿元	14435.1	9928.7	1938.2	10073.3
销售费用	亿元	22150.9	9620.7	5078.4	4612.5
管理费用	亿元	32405.1	13632.1	7829.5	10159.1
财务费用	亿元	10975.6	4563.6	2679.1	4300.1
#利息支出	亿元	10567.1	4931.3	2502.3	4592.6
利润总额	亿元	55577.7	21637.4	12618.7	14163.1
亏损企业亏损总额	亿元	5922.1	2773.1	1552.4	3094.6
税金总额	亿元	40939.0	21347.6	7738.9	19293.9
应交增值税	亿元	26503.9	11419.0	5800.8	9220.6
全部从业人员平均人数	万人	9272.9	3143.7	2726.8	1849.0

注：本表为2012年快报数据(下表同)。

按经济类型分规模以上工业企业主要经济指标(二)

(2012年)

指　　标	单位	#集体企业	#股份制企业	#外商及港澳台投资企业	#私营企业
企业单位数	个	5350	212010	57724	184755
#亏损企业数	个	589	22887	12151	14905
流动资产合计	亿元	3270.3	212704.4	100217.9	79897.0
应收账款	亿元	618.1	43924.5	29706.5	19245.0
存货	亿元	664.9	51672.8	23281.8	18775.6
#产成品	亿元	288.8	19001.1	7668.2	8148.6
资产总计	亿元	5890.4	435673.5	169952.4	146703.4
负债合计	亿元	3077.5	254012.5	95899.5	79340.4
主营业务收入	亿元	11581.1	531097.0	220677.4	282635.5
主营业务成本	亿元	9819.4	448554.4	189292.6	241492.8
主营业务税金及附加	亿元	84.4	8442.2	1921.3	1916.6
销售费用	亿元	279.8	12220.6	7033.7	5768.3
管理费用	亿元	375.9	18818.6	8457.2	8017.0
财务费用	亿元	79.9	7090.0	1666.7	2854.3
#利息支出	亿元	64.4	6761.4	1713.6	2358.2
利润总额	亿元	819.4	32866.7	12688.0	18171.9
亏损企业亏损总额	亿元	25.5	3239.2	1580.1	637.2
税金总额	亿元	392.0	24101.5	7122.3	9580.4
应交增值税	亿元	307.7	15659.4	5201.0	7663.8
全部从业人员平均人数	万人	137.9	5234.1	2515.2	3040.5

分地区规模以上工业企业主要经济指标(一)

(2012年)　　单位：亿元

地　　区	主营业务收　入	主营业务成　本	主营业务税金及附加	销售费用	利润总额	税金总额
全国总计	**915914.8**	**776396.3**	**14435.1**	**22150.9**	**55577.7**	**40939.0**
北　京	16851.2	14307.4	262.8	753.6	1216.6	725.4
天　津	23570.4	20020.9	291.5	529.7	1940.0	1022.3
河　北	43466.9	38061.1	416.7	653.8	2296.9	1498.2
山　西	17788.4	14919.6	158.2	473.6	806.5	964.2
内蒙古	17898.7	14163.0	234.6	452.4	1754.2	903.3
辽　宁	47965.1	41293.7	856.0	944.1	1906.3	1965.1
吉　林	19727.3	16236.9	489.9	660.7	1161.7	983.0
黑龙江	12295.6	9425.8	696.9	268.2	1201.0	1296.0
上　海	33738.3	28342.1	803.5	1186.5	2131.3	1637.3
江　苏	117774.3	102325.3	972.4	2573.4	6881.8	4332.4
浙　江	56729.9	48930.5	619.6	1331.9	2899.8	2089.0
安　徽	27911.2	23978.9	351.2	673.8	1470.2	1072.8
福　建	28892.9	24688.8	350.5	749.2	1779.2	1110.4
江　西	22267.6	19320.2	228.6	343.6	1285.1	844.7
山　东	116222.0	99445.4	1420.7	2142.7	7443.3	4647.4
河　南	51558.3	43975.0	631.3	972.1	3889.1	1966.8
湖　北	31372.8	26798.5	632.4	877.5	1602.9	1402.2
湖　南	27575.5	22097.8	738.6	714.5	1322.7	1726.6
广　东	92089.6	78823.6	1034.0	3045.8	4635.9	3134.6
广　西	14324.4	12260.1	292.7	316.8	749.0	713.3
海　南	1686.1	1364.6	102.3	48.2	123.7	164.2
重　庆	12715.7	10871.4	172.7	340.4	608.3	579.5
四　川	31065.7	25541.0	528.7	884.3	2142.7	1749.4
贵　州	5686.2	4338.0	247.2	186.6	466.0	531.7
云　南	8662.8	6666.6	705.5	240.8	507.7	1131.5
西　藏	89.6	73.4	1.6	4.2	13.1	8.5
陕　西	16101.3	12101.6	508.9	384.3	1982.6	1341.8
甘　肃	7587.8	6371.5	260.6	113.6	259.2	471.4
青　海	1951.4	1520.4	43.9	61.9	152.4	131.6
宁　夏	2972.6	2531.1	62.0	61.8	107.0	153.3
新　疆	7375.3	5602.0	319.6	161.1	841.7	641.2

注：本表为2012年快报数据(下表同)。

分地区规模以上工业企业主要经济指标(二)

(2012年) 单位：亿元

地区	亏损企业 亏损总额	应收账款	产成品	资产总计	负债合计	全部从业人员平均人数(万人)
全国总计	**5922.1**	**82189.9**	**30183.2**	**744919.7**	**430830.7**	**9272.9**
北京	137.2	2961.3	627.7	28541.7	14795.5	118.9
天津	132.1	2697.6	791.3	19390.1	12375.5	153.8
河北	302.9	2441.5	1152.1	32201.8	19187.6	376.6
山西	321.2	1811.5	706.3	24723.1	16838.2	214.9
内蒙古	165.9	1369.0	563.6	20791.1	12371.9	127.1
辽宁	569.6	3140.9	1232.3	33620.8	19497.7	383.0
吉林	159.5	982.2	443.6	13589.6	7254.3	151.6
黑龙江	173.7	1067.7	470.2	12906.5	7320.7	138.9
上海	307.0	4978.0	1296.9	30729.5	15430.6	258.1
江苏	524.2	13263.7	3768.4	81868.0	46951.6	1092.6
浙江	253.7	7808.8	2828.4	54853.5	33013.9	700.0
安徽	126.5	2290.3	903.1	21929.1	13161.2	281.7
福建	119.3	2904.1	1078.7	20700.6	10992.1	396.6
江西	75.6	885.3	520.8	11474.1	6403.2	209.0
山东	328.8	5496.0	2917.2	68201.1	37903.5	909.3
河南	274.5	2902.2	1094.1	34182.8	17696.3	580.4
湖北	154.3	2288.7	1079.8	25720.5	14957.8	294.2
湖南	133.3	1772.8	661.4	16700.7	9301.3	295.7
广东	491.9	11836.5	3279.3	68928.9	39790.3	1370.6
广西	121.2	956.3	608.5	11326.3	7113.2	151.9
海南	9.0	157.8	80.9	1934.3	981.4	12.0
重庆	83.9	1283.8	408.3	10880.8	6854.8	151.8
四川	230.3	2769.9	1053.0	29935.3	18387.1	386.3
贵州	84.7	474.6	220.7	8032.1	5191.7	84.4
云南	128.9	733.0	482.7	12440.0	7950.4	95.6
西藏	10.2	12.0	3.5	495.6	154.1	1.6
陕西	165.2	1450.9	717.0	19841.8	11109.8	164.0
甘肃	113.1	482.4	502.7	8859.3	5591.5	60.9
青海	40.6	148.8	87.7	3999.8	2638.2	18.9
宁夏	64.0	282.1	222.6	4913.2	3244.1	30.6
新疆	120.3	540.2	380.5	11207.6	6371.3	62.1

分地区规模以上工业企业主要经济效益指标

(2012年)

地　区	总资产贡献率(%)	资本保值增值率(%)	资产负债率(%)	流动资产周转次数(次)	成本费用利润率(%)	产品销售率(%)
全国总计	**15.3**	**113.0**	**57.8**	**2.7**	**6.6**	**98.0**
北　京	8.0	107.6	51.8	1.6	7.6	99.1
天　津	17.1	111.3	63.8	2.4	9.1	98.9
河　北	14.3	115.0	59.6	3.4	5.7	97.8
山　西	9.3	112.5	68.1	1.7	4.8	95.2
内蒙古	15.4	116.2	59.5	2.4	11.3	97.2
辽　宁	13.6	109.0	58.0	3.3	4.3	97.9
吉　林	18.1	118.3	53.4	3.6	6.5	98.4
黑龙江	21.3	108.9	56.7	2.3	11.5	97.7
上　海	13.2	110.6	50.2	1.9	6.8	99.3
江　苏	15.9	110.8	57.4	2.7	6.3	98.3
浙　江	11.6	110.3	60.2	1.8	5.4	97.4
安　徽	14.2	116.7	60.0	3.1	5.7	97.8
福　建	16.7	114.4	53.1	2.8	6.7	97.8
江　西	21.4	113.3	55.8	4.5	6.3	99.3
山　东	21.0	113.5	55.6	3.9	7.0	98.8
河　南	21.0	125.9	51.8	3.8	8.3	98.4
湖　北	14.0	116.5	58.2	2.9	5.5	97.3
湖　南	21.5	120.6	55.7	4.2	5.5	98.7
广　东	12.7	107.1	57.7	2.4	5.4	98.2
广　西	15.7	109.1	62.8	3.0	5.6	95.4
海　南	16.8	115.1	50.7	2.3	8.3	99.2
重　庆	13.4	114.1	63.0	2.6	5.1	97.5
四　川	14.3	118.3	61.4	2.5	7.6	98.2
贵　州	15.5	122.3	64.6	2.0	9.4	95.0
云　南	15.8	107.7	63.9	1.8	6.8	95.0
西　藏	5.6	137.1	31.1	0.7	15.0	102.2
陕　西	19.5	120.4	56.0	2.0	14.6	95.9
甘　肃	10.4	116.3	63.1	2.3	3.7	93.4
青　海	10.1	110.4	66.0	1.8	8.8	93.1
宁　夏	8.2	121.6	66.0	1.8	3.8	97.5
新　疆	15.7	110.5	56.9	2.2	13.6	97.5

主要工业产品产量(一)

年 份	原 煤 (亿吨)	原 油 (万吨)	天然气 (亿立方米)	原 盐 (万吨)	成品糖 (万吨)	卷 烟 (亿支)
1978	6.18	10405.0	137.3	1953.0	227.0	1182.0
1980	6.20	10595.0	142.7	1728.0	257.0	1520.0
1985	8.72	12490.0	129.3	1479.0	451.0	2370.0
1990	10.80	13831.0	153.0	2023.0	582.0	3298.0
1995	13.61	15005.0	179.5	2977.7	558.6	3485.0
1996	13.97	15733.4	201.1	2903.6	640.2	3401.9
1997	13.88	16074.1	227.0	3082.7	702.6	3377.4
1998	13.32	16100.0	232.8	2242.5	826.0	3374.0
1999	13.64	16000.0	252.0	2812.4	861.0	3340.0
2000	13.84	16300.0	272.0	3128.0	700.0	3397.0
2001	14.72	16395.9	303.3	3410.5	653.1	3402.1
2002	15.50	16700.0	326.6	3602.4	926.0	3467.1
2003	18.35	16960.0	350.2	3437.7	1083.9	3580.9
2004	21.23	17587.3	414.6	4043.4	1033.7	18736.4
2005	23.50	18135.3	493.2	4661.1	912.4	19389.1
2006	25.29	18476.6	585.5	5663.1	949.1	20218.1
2007	26.92	18631.8	692.4	6167.0	1271.4	21438.8
2008	28.02	19043.1	803.0	6664.4	1432.6	22199.2
2009	29.73	18949.0	852.7	6662.8	1338.4	22901.5
2010	32.35	20241.4	948.5	7037.8	1117.6	23752.6
2011	35.20	20287.6	1026.9	6742.2	1187.4	24474.0
2012	36.50	20747.8	1072.2	6215.8	1406.8	25160.9

注：1.原煤包括无烟煤、褐煤、烟煤，不包括石煤。原煤1997-2007年产量为第二次全国经济普查后修订数据。
2.成品糖指标名称1997年及以前为糖，1998-2004年为机制糖，产量包括土糖。
3.卷烟2003年及以前计量单位为万箱。

主要工业产品产量(二)

年 份	纱 (万吨)	布 (亿米)	焦 炭 (万吨)	硫 酸 (万吨)	烧 碱 (万吨)	纯 碱 (万吨)
1978	238.2	110.3	4690.0	661.0	164.0	132.9
1980	292.6	134.7	4343.0	764.3	192.3	161.3
1985	353.5	146.7	4802.0	676.4	235.3	201.1
1990	462.6	188.8	7328.0	1196.9	335.4	379.5
1995	542.2	260.2	13510.0	1811.0	531.8	597.7
1996	512.2	209.1	13643.0	1883.6	573.8	669.3
1997	559.8	248.8	13731.0	2036.9	574.4	725.8
1998	542.0	241.0	12806.0	2171.0	539.4	744.0
1999	567.0	250.0	12073.7	2356.0	580.1	766.0
2000	657.0	277.0	12184.0	2427.0	667.9	834.0
2001	760.7	290.0	13130.7	2696.3	788.0	914.4
2002	850.0	322.4	14279.8	3050.4	878.0	1033.2
2003	983.6	353.5	17775.7	3371.2	945.3	1133.6
2004	1291.3	482.1	20619.0	3928.9	1041.1	1334.7
2005	1450.5	484.4	25411.7	4544.7	1240.0	1421.1
2006	1743.0	598.6	29768.3	5033.2	1511.8	1560.0
2007	1958.4	675.3	33553.4	5412.6	1759.3	1765.0
2008	2055.7	723.1	32031.5	5098.0	1926.0	1854.6
2009	2266.4	753.4	35510.1	5960.9	1832.4	1944.8
2010	2572.8	800.0	38864.0	7090.5	2228.4	2034.8
2011	2717.9	814.1	43270.8	7482.7	2473.5	2294.0
2012	2984.0	840.8	44323.2	7686.3	2696.1	2408.8

注：根据2012年纱专项调查，对2007-2011年纱产量进行了修订。

主要工业产品产量(三)

年 份	乙 烯 (万吨)	农用化肥 (万吨)	化学纤维 (万吨)	水 泥 (万吨)	平板玻璃 (万重量箱)	生 铁 (万吨)
1978	38.0	869.3	28.5	6524.0	1784.0	3479.0
1980	49.0	1232.1	45.0	7986.0	2466.0	3802.0
1985	65.2	1322.2	94.8	14595.0	4942.0	4384.0
1990	157.2	1879.7	165.4	20971.0	8067.0	6238.0
1995	240.1	2548.1	341.2	47560.6	15731.7	10529.3
1996	304.0	2809.0	375.5	49118.9	16069.4	10722.5
1997	358.6	2821.0	471.6	51173.8	16630.7	11511.4
1998	377.3	3010.0	510.0	53600.0	17194.0	11863.7
1999	435.0	3251.0	600.0	57300.0	17419.8	12539.2
2000	470.0	3186.0	694.0	59700.0	18352.2	13101.5
2001	480.6	3383.0	841.4	66104.0	20964.1	15554.3
2002	543.0	3791.0	991.2	72500.0	23445.6	17084.6
2003	611.8	3881.3	1181.2	86208.1	27702.6	21366.7
2004	629.9	4804.8	1699.8	96682.0	37026.2	26831.0
2005	755.5	5177.9	1664.8	106884.8	40210.2	34375.2
2006	940.5	5345.1	2073.2	123676.5	46574.7	41245.2
2007	1027.8	5825.0	2413.8	136117.3	53918.1	47651.6
2008	987.6	6028.1	2453.3	142355.7	59890.4	47824.4
2009	1072.6	6385.0	2747.3	164397.8	58574.1	55283.5
2010	1421.3	6337.9	3090.0	188191.2	66330.8	59733.3
2011	1527.5	6625.6	3390.1	209925.9	79107.6	64050.9
2012	1486.8	7296.0	3800.0	221000.0	71416.6	65790.5

注：农用化肥按有效成分100%计算。

主要工业产品产量(四)

年 份	粗 钢 (万吨)	钢 材 (万吨)	原 铝 (万吨)	大中型拖拉机 (万台)	汽 车 (万辆)	#轿 车
1978	3178.0	2208.0	29.6	11.4	14.9	
1980	3712.0	2716.0	39.6	9.8	22.2	0.5
1985	4679.0	3693.0	52.3	4.5	43.7	0.9
1990	6635.0	5153.0	84.7	3.9	51.4	3.5
1995	9536.0	8979.8	167.6	6.3	145.3	33.7
1996	10124.1	9338.0	177.1	8.4	147.5	38.3
1997	10894.2	9978.9	203.5	8.2	158.3	48.6
1998	11559.0	10737.8	233.6	6.8	163.0	50.7
1999	12426.0	12109.8	259.9	6.5	183.2	57.1
2000	12850.0	13146.0	279.4	4.1	207.0	60.7
2001	15163.4	16067.6	337.1	3.8	234.2	70.4
2002	18236.6	19251.6	432.1	4.5	325.1	109.2
2003	22233.6	24108.0	554.7	4.9	444.4	207.1
2004	28291.1	31975.7	669.0	11.4	509.1	227.6
2005	35324.0	37771.1	778.7	16.3	570.5	277.0
2006	41914.9	46893.4	926.6	19.9	727.9	386.9
2007	48928.8	56560.9	1234.0	20.3	888.9	479.8
2008	50305.8	60460.3	1316.5	28.4	930.6	503.8
2009	57218.2	69405.4	1288.6	37.1	1379.5	748.5
2010	63723.0	80276.6	1577.1	33.7	1826.5	957.6
2011	68528.3	88619.6	1767.9	40.2	1841.6	1012.7
2012	71716.0	95317.6	1985.8	46.3	1927.7	1077.1

注：2009年起电解铝指标名称改为原铝。

主要工业产品产量(五)

年 份	家 用 电冰箱 (万台)	房间空气 调节器 (万台)	程 控 交换机 (万线)	传真机 (万台)	移动通信 手持机 (万台)	微型计算机 设备 (万台)
1978	2.8	0.02				
1980	4.9	1.3				
1985	144.8	12.4				
1990	463.1	24.1				8.2
1995	918.5	682.6	2091.6	136.1		83.6
1996	979.7	786.2	2274.8	137.9		138.8
1997	1044.4	974.0	2787.3	162.5		206.6
1998	1060.0	1156.9	4219.9	128.7		291.4
1999	1210.0	1337.6	4726.0	160.0		405.0
2000	1279.0	1826.7	7136.0	196.3	5247.9	672.0
2001	1351.3	2333.6	7223.5	318.2	8031.7	877.7
2002	1598.9	3135.1	5860.7	297.3	12146.4	1463.5
2003	2242.6	4820.9	7379.9	746.6	18231.4	3216.7
2004	3007.6	6390.3	7625.2	851.2	23751.6	5974.9
2005	2987.1	6764.6	7720.9	1068.2	30354.2	8084.9
2006	3530.9	6849.4	7404.6	1188.6	48013.8	9336.4
2007	4397.1	8014.3	5387.1	888.5	54857.9	12073.4
2008	4800.0	8147.4	4584.0	749.4	55945.1	15853.7
2009	5930.5	8078.3	4152.5	683.5	68193.4	18215.1
2010	7295.7	10887.5	3138.0	181.1	99827.4	24584.5
2011	8699.2	13912.5	3034.0	268.1	113257.7	32036.9
2012	8427.0	13281.1	2826.3	249.7	118154.3	35411.0

注：2009年起微型电子计算机指标名称改为微型计算机设备。

主要工业产品产量(六)

年 份	集成电路 (亿块)	彩 色 电视机 (万台)	复印和胶版 印刷设备 (万台)	发 电 量 (亿千瓦小时)	#火 电	#水 电
1978	0.3	0.4		2566.0	2120.0	446.0
1980	0.2	3.2		3006.0	2424.0	582.0
1985	0.6	435.3		4107.0	3183.0	924.0
1990	1.1	1033.0	2.4	6212.0	4945.0	1267.0
1995	55.2	2057.7	21.8	10070.3	8024.0	1905.8
1996	38.9	2537.6	63.9	10813.1	8777.0	1879.7
1997	25.5	2711.3	107.8	11355.5	9241.0	1959.8
1998	26.3	3497.0	117.9	11670.0	9267.0	1988.9
1999	41.5	4262.0	210.3	12393.0	9868.0	1965.8
2000	58.8	3936.0	156.6	13556.0	10885.0	2224.1
2001	63.6	4093.7	144.1	14808.0	11768.0	2774.3
2002	96.3	5155.0	207.4	16540.0	13274.0	2879.7
2003	148.3	6541.4	264.2	19105.8	15804.0	2836.8
2004	235.5	7431.8	324.6	22033.1	17956.0	3535.4
2005	270.0	8283.2	403.6	25002.6	20473.4	3970.2
2006	335.7	8375.4	467.8	28657.3	23696.0	4357.9
2007	411.6	8478.0	452.4	32815.5	27229.3	4852.6
2008	438.8	9187.1	517.7	34957.6	27072.3	6369.6
2009	414.4	9898.8	421.0	37146.5	29827.8	6156.4
2010	652.5	11830.0	534.8	42071.6	33319.3	7221.7
2011	719.5	12231.3	655.1	47130.2	38337.0	6989.5
2012	823.1	12823.3	687.0	49377.7	38554.5	8608.5

注：2009年起复印机械指标名称改为复印和胶版印刷设备。

分地区主要工业产品产量（一）

(2012年)

地　区	原　油 (万吨)	天然气 (亿立方米)	布 (亿米)	农　用 化　肥 (万吨)	水　泥 (万吨)	生　铁 (万吨)	粗　钢 (万吨)
全国总计	**20747.8**	**1072.2**	**840.8**	**7296.0**	**221000.0**	**65790.5**	**71716.0**
北　京					874.5		2.6
天　津	3098.3	18.7	2.0	11.8	784.3	1974.6	2124.2
河　北	584.0	13.4	65.7	184.3	12809.8	16350.2	18048.4
山　西			0.5	389.1	4720.4	3996.5	3950.1
内蒙古			0.4	123.0	5872.1	1326.4	1734.1
辽　宁	1000.0	7.2	4.0	82.2	5557.7	5311.2	5177.0
吉　林	810.4	22.2	0.4	49.5	3242.0	1000.8	1174.2
黑龙江	4001.5	33.7	0.1	71.6	3872.9	674.7	697.6
上　海	5.3	2.9	1.7	2.6	794.7	1800.4	1970.9
江　苏	194.5	0.6	80.3	270.6	16775.5	5871.9	7419.7
浙　江			143.2	27.8	11539.6	1006.1	1305.2
安　徽			9.7	309.8	10869.8	1926.6	2147.0
福　建			48.2	45.9	7197.6	725.3	1318.6
江　西			9.3	93.7	7420.9	2027.0	2140.9
山　东	2774.7	6.0	132.5	1265.9	15386.0	6013.1	5957.0
河　南	476.6	5.0	27.8	403.8	14805.1	2116.0	2215.8
湖　北	78.9	1.7	69.2	1142.9	10255.5	2407.1	2806.7
湖　南			3.5	209.7	10445.4	1706.4	1679.7
广　东	1209.3	83.5	23.5	41.6	11384.3	842.0	1228.5
广　西	2.3		0.2	116.4	9864.1	1298.1	1338.1
海　南	19.0	1.8		60.0	1672.4		
重　庆		0.4	4.6	206.4	5499.6	517.3	545.6
四　川	17.5	242.1	14.2	425.3	13342.1	1670.2	1674.3
贵　州			0.1	499.5	6100.5	552.9	531.3
云　南				345.4	7793.7	1582.8	1526.7
西　藏					286.7		
陕　西	3527.6	311.3	6.5	97.9	7552.7	803.1	828.7
甘　肃	69.9	0.2		78.9	3615.1	746.6	810.2
青　海	205.0	63.5		357.0	1371.0	150.8	141.2
宁　夏	2.3	1.5		88.0	1605.3	80.7	21.7
新　疆	2670.7	251.3	0.3	295.6	4025.8	1311.7	1138.2

分地区主要工业产品产量（二）

(2012年)

地 区	钢 材 (万吨)	汽 车 (万辆)	家 用 电冰箱 (万台)	程 控 交换机 (万线)	移动通信 手持机 (万台)	微型计算机 设备 (万台)	发电量 (亿千瓦 小时)
全国总计	**95317.6**	**1927.7**	**8427.0**	**2826.3**	**118154.3**	**35411.0**	**49377.7**
北 京	253.8	166.2	80.4	839.6	19949.3	1074.5	290.9
天 津	5708.6	63.8	51.4	4.3	9193.9	0.2	589.7
河 北	20995.2	82.5		8.7			2372.9
山 西	3797.6	0.7			1517.0		2534.9
内蒙古	1661.8	2.1					3116.9
辽 宁	5916.1	83.6	101.5	216.4	1650.0	0.2	1420.0
吉 林	1229.5	156.5					691.6
黑龙江	610.2	9.8				3.6	846.8
上 海	2340.8	202.4	151.6	121.9	4086.6	9804.8	886.2
江 苏	10989.2	88.7	1103.2	4.6	2525.8	8862.1	3928.5
浙 江	3361.3	32.7	887.2	132.9	651.8	161.8	2773.9
安 徽	2765.4	104.2	2589.1		3.9	339.4	1767.5
福 建	2034.4	18.3			2968.0	929.0	1622.6
江 西	2368.9	34.4	107.0	1.5	4440.0	20.8	728.2
山 东	7817.9	90.3	575.0	137.2	4111.5	20.4	3195.2
河 南	3481.4	37.6	455.9		6853.6		2643.0
湖 北	3558.4	118.9	202.4	45.7	419.0	213.3	2204.1
湖 南	1847.5	17.3	17.2		71.4	61.0	1318.7
广 东	2993.0	138.5	1655.0	1313.4	57599.3	5374.5	3753.7
广 西	2142.4	167.3					1187.8
海 南	20.9	12.9					198.5
重 庆	1150.2	191.0	191.2		1095.8	4160.9	597.7
四 川	2281.6	39.7	68.8		970.8	4384.5	2152.4
贵 州	560.2	0.5	159.0		46.9		1607.8
云 南	1600.0	10.9					1745.5
西 藏							26.2
陕 西	1283.6	54.5	31.1				1341.3
甘 肃	883.0	2.4					1103.0
青 海	139.5						589.2
宁 夏	109.1						1007.6
新 疆	1284.6	0.2					1135.5

能源生产总量和构成

年　份	能源生产总量(万吨标准煤)	构成(能源生产总量=100)			
		原　煤	原　油	天然气	水电、核电、风电
1978	62770	70.3	23.7	2.9	3.1
1980	63735	69.4	23.8	3.0	3.8
1985	85546	72.8	20.9	2.0	4.3
1990	103922	74.2	19.0	2.0	4.8
1995	129034	75.3	16.6	1.9	6.2
1996	133032	75.0	16.9	2.0	6.1
1997	133460	74.2	17.2	2.1	6.5
1998	129834	73.3	17.7	2.2	6.8
1999	131935	73.9	17.3	2.5	6.3
2000	135048	73.2	17.2	2.7	6.9
2001	143875	73.0	16.3	2.8	7.9
2002	150656	73.5	15.8	2.9	7.8
2003	171906	76.2	14.1	2.7	7.0
2004	196648	77.1	12.8	2.8	7.3
2005	216219	77.6	12.0	3.0	7.4
2006	232167	77.8	11.3	3.4	7.5
2007	247279	77.7	10.8	3.7	7.8
2008	260552	76.8	10.5	4.1	8.6
2009	274619	77.3	9.9	4.1	8.7
2010	296916	76.6	9.8	4.2	9.4
2011	317987	77.8	9.1	4.3	8.8
2012	333300	76.6	8.9	4.4	10.1

能源消费总量和构成

年　份	能源消费总量(万吨标准煤)	构成(能源消费总量=100)			
		煤　炭	石　油	天然气	水电、核电、风电
1978	57144	70.7	22.7	3.2	3.4
1980	60275	72.2	20.7	3.1	4.0
1985	76682	75.8	17.1	2.2	4.9
1990	98703	76.2	16.6	2.1	5.1
1995	131176	74.6	17.5	1.8	6.1
1996	135192	73.5	18.7	1.8	6.0
1997	135909	71.4	20.4	1.8	6.4
1998	136184	70.9	20.8	1.8	6.5
1999	140569	70.6	21.5	2.0	5.9
2000	145531	69.2	22.2	2.2	6.4
2001	150406	68.3	21.8	2.4	7.5
2002	159431	68.0	22.3	2.4	7.3
2003	183792	69.8	21.2	2.5	6.5
2004	213456	69.5	21.3	2.5	6.7
2005	235997	70.8	19.8	2.6	6.8
2006	258676	71.1	19.3	2.9	6.7
2007	280508	71.1	18.8	3.3	6.8
2008	291448	70.3	18.3	3.7	7.7
2009	306647	70.4	17.9	3.9	7.8
2010	324939	68.0	19.0	4.4	8.6
2011	348002	68.4	18.6	5.0	8.0
2012	361700	67.1	18.4	5.3	9.2

综合能源平衡表

单位：万吨标准煤

项　　目	1990年	2000年	2010年	2011年
可供消费的能源总量	**96138**	**142605**	**339687**	**362842**
一次能源生产量	103922	135048	296916	317986
回收能		1760	5143	
进口量	1310	14334	55737	62262
出口量(-)	5875	9633	8846	8447
年初年末库存差额	-3219	1097	-9262	-8959
能源消费总量	**98703**	**145531**	**324939**	**348002**
在总量中:				
1.农、林、牧、渔、水利业	4852	3914	6477	6759
2.工　业	67578	103774	232019	246441
3.建筑业	1213	2179	5309	5872
4.交通运输、仓储和邮政业	4541	11242	26068	28536
5.批发、零售业和住宿、餐饮业	1247	3048	6827	7795
6.其　他	3473	5762	13681	15189
7.生活消费	15799	15614	34558	37410
在总量中:				
(一) 终端消费	94289	139008	305098	333127
#工　业	63239	97597	212631	231963
(二) 加工转换损失量	2264	2461	10985	5691
#炼　焦	905	525	1480	1679
炼　油	326	781	2054	2064
(三) 损失量	2150	4062	8857	9183
平衡差额	**-2565**	**-2926**	**14748**	**14840**

注：1.电力、热力按等价热值折算，因此加工转换损失量中不包括发电、供热损失量。

2.进口量包括我国飞机、轮船在国外加油量；出口量包括外国飞机、轮船在我国加油量。

能源生产弹性系数

年　份	能源生产比上年增长（%）	电力生产比上年增长（%）	国内生产总值比上年增长（%）	能源生产弹性系数	电力生产弹性系数
1985	9.9	8.9	13.5	0.73	0.66
1989	6.1	7.3	4.1	1.49	1.77
1990	2.2	6.2	3.8	0.58	1.63
1995	8.7	8.6	10.9	0.80	0.79
1996	3.1	7.2	10.0	0.31	0.72
1997	0.3	5.1	9.3	0.03	0.55
1998	-2.7	2.7	7.8		0.35
1999	1.6	6.3	7.6	0.21	0.83
2000	2.4	9.4	8.4	0.28	1.12
2001	6.5	9.2	8.3	0.79	1.11
2002	4.7	11.7	9.1	0.52	1.29
2003	14.1	15.5	10.0	1.41	1.55
2004	14.4	15.3	10.1	1.43	1.51
2005	10.0	13.5	11.3	0.88	1.19
2006	7.4	14.6	12.7	0.58	1.15
2007	6.5	14.5	14.2	0.46	1.02
2008	5.4	5.6	9.6	0.56	0.58
2009	5.4	7.1	9.2	0.59	0.77
2010	8.1	13.3	10.4	0.78	1.28
2011	7.1	12.0	9.3	0.76	1.29
2012	4.8	4.8	7.8	0.62	0.62

注：国内生产总值增长速度按可比价格计算（下表同）。

能源消费弹性系数

年　份	能源消费比上年增长（%）	电力消费比上年增长（%）	国内生产总值比上年增长（%）	能源消费弹性系数	电力消费弹性系数
1985	8.1	9.0	13.5	0.60	0.67
1989	4.2	7.3	4.1	1.03	1.78
1990	1.8	6.2	3.8	0.47	1.63
1995	6.9	8.2	10.9	0.63	0.75
1996	3.1	7.4	10.0	0.31	0.74
1997	0.5	4.8	9.3	0.06	0.52
1998	0.2	2.8	7.8	0.03	0.36
1999	3.2	6.1	7.6	0.42	0.80
2000	3.5	9.5	8.4	0.42	1.13
2001	3.3	9.3	8.3	0.40	1.12
2002	6.0	11.8	9.1	0.66	1.30
2003	15.3	15.6	10.0	1.53	1.56
2004	16.1	15.4	10.1	1.60	1.52
2005	10.6	13.5	11.3	0.93	1.19
2006	9.6	14.6	12.7	0.76	1.15
2007	8.4	14.4	14.2	0.59	1.01
2008	3.9	5.6	9.6	0.41	0.58
2009	5.2	7.2	9.2	0.57	0.78
2010	6.0	13.2	10.4	0.58	1.27
2011	7.1	12.1	9.3	0.76	1.30
2012	3.9	5.5	7.8	0.50	0.71

分地区电力消费量

单位：亿千瓦小时

地　区	2006年	2007年	2008年	2009年	2010年	2011年
北　京	611.6	667.0	689.7	739.1	809.9	821.7
天　津	433.7	494.9	515.9	550.2	645.7	695.2
河　北	1734.8	2013.7	2095.0	2343.8	2691.5	2984.9
山　西	1097.7	1348.8	1314.3	1267.5	1460.0	1650.4
内蒙古	884.9	1160.2	1220.6	1287.9	1536.8	1864.1
辽　宁	1228.3	1359.5	1412.0	1488.2	1715.3	1861.5
吉　林	412.5	462.6	496.5	515.3	577.0	630.2
黑龙江	597.0	628.9	669.9	688.7	747.8	801.9
上　海	990.1	1072.4	1138.2	1153.4	1295.9	1339.6
江　苏	2569.8	2952.0	3118.3	3314.0	3864.4	4281.6
浙　江	1909.2	2189.4	2322.9	2471.4	2820.9	3116.9
安　徽	662.2	769.1	858.9	952.3	1077.9	1221.2
福　建	866.8	1000.3	1073.5	1134.9	1315.1	1515.9
江　西	446.2	511.1	545.9	609.2	700.5	835.1
山　东	2272.1	2596.1	2727.0	2941.1	3298.5	3635.3
河　南	1523.5	1808.0	1970.8	2081.4	2354.0	2659.1
湖　北	876.8	989.2	1058.5	1135.1	1330.4	1450.8
湖　南	768.8	890.6	905.0	1010.6	1171.9	1293.4
广　东	3004.0	3394.0	3504.8	3609.6	4060.1	4399.0
广　西	579.5	681.1	753.4	856.4	993.2	1112.2
海　南	97.7	113.3	121.7	133.8	159.0	185.3
重　庆	405.2	449.2	484.4	533.8	626.4	717.0
四　川	1059.4	1177.5	1210.1	1324.6	1549.0	1751.4
贵　州	582.0	669.1	679.2	750.3	835.4	944.1
云　南	645.6	745.5	829.4	891.2	1004.1	1204.1
西　藏	13.1	15.0	16.0	17.7	20.4	23.8
陕　西	580.7	653.7	708.0	740.1	859.2	982.5
甘　肃	536.3	614.7	677.8	705.5	804.4	923.4
青　海	244.4	285.4	313.2	337.2	465.2	560.7
宁　夏	377.9	439.8	439.6	463.0	546.8	724.5
新　疆	356.2	413.3	479.4	547.9	662.0	839.1

注：本表数据由中国电力企业联合会提供。

分地区能源消耗指标

(2011年)

地　区	万元地区生产总值能耗(等价值)		万元工业增加值能耗上升或下降(规模以上，当量值)(±%)	万元地区生产总值电耗上升或下降(±%)
	指标值(吨标准煤/万元)	上升或下降(±%)		
北　京	0.459	-6.94	-18.50	-6.10
天　津	0.708	-4.28	-7.48	-7.48
河　北	1.300	-3.69	-6.68	-0.36
山　西	1.762	-3.55	-5.82	0.03
内蒙古	1.405	-2.51	-4.39	4.38
辽　宁	1.096	-3.40	-5.02	-3.15
吉　林	0.923	-3.59	-4.19	-3.90
黑龙江	1.042	-3.50	-5.17	-4.43
上　海	0.618	-5.32	-7.33	-4.42
江　苏	0.600	-3.52	-5.41	-0.14
浙　江	0.590	-3.07	-2.40	1.41
安　徽	0.754	-4.06	-9.54	-0.15
福　建	0.644	-3.29	-1.16	2.73
江　西	0.651	-3.08	-6.87	2.30
山　东	0.855	-3.77	-7.67	-0.58
河　南	0.895	-3.57	-8.60	1.27
湖　北	0.912	-3.79	-6.88	-4.20
湖　南	0.894	-3.68	-8.61	-2.10
广　东	0.563	-3.78	-5.13	-1.46
广　西	0.800	-3.36	-6.13	-0.28
海　南	0.692	5.23	12.53	3.94
重　庆	0.953	-3.81	-5.31	-1.63
四　川	0.997	-4.23	-7.78	-1.87
贵　州	1.714	-3.51	-8.02	-1.70
云　南	1.162	-3.22	-9.92	5.47
西　藏				
陕　西	0.846	-3.56	-5.60	0.38
甘　肃	1.402	-2.51	-1.96	2.07
青　海	2.081	9.44	9.62	6.24
宁　夏	2.279	4.60	14.72	18.36
新　疆	1.631	6.96	9.28	14.69

注：地区生产总值和工业增加值按2010年价格计算。

建筑业企业概况

年份	企业单位数(个)	从业人员(万人)	总产值 绝对数(亿元)	总产值 指数(上年=100)	增加值 绝对数(亿元)	增加值 指数(上年=100)
1980	6604	648.0	286.9			
1985	11150	911.5	675.1	130.5		
1990	13327	1010.7	1345.0	104.8		
1995	24133	1497.9	5793.8	124.5	1668.6	126.2
1996	41364	2121.9	8282.2	142.9	2405.6	144.2
1997	44017	2101.5	9126.5	110.2	2540.5	105.6
1998	45634	2030.0	10062.0	110.3	2783.8	109.6
1999	47234	2020.1	11152.9	110.8	3022.3	108.6
2000	47518	1994.3	12497.6	112.1	3341.1	110.5
2001	45893	2110.7	15361.6	122.9	4023.6	120.4
2002	47820	2245.2	18527.2	120.6	3822.4	116.8
2003	48688	2414.3	23083.9	124.6	4654.7	121.8
2004	59018	2500.3	29021.5	125.7	5615.8	120.6
2005	58750	2699.9	34552.1	119.1	6899.7	122.9
2006	60166	2878.2	41557.2	120.3	8116.4	117.6
2007	62074	3133.7	51043.7	122.8	9944.4	122.5
2008	71095	3315.0	62036.8	121.5	12488.9	121.5
2009	70817	3672.6	76807.7	123.8	15619.8	125.1
2010	71863	4160.4	96031.1	125.0	18983.5	121.5
2011	72280	3852.5	116463.3	121.3	22071.0	116.3
2012	74042	3689.4	135303.3	116.2	25510.7	115.6

注：1.本表1980-1992年为全民和集体所有制建筑业企业数据；1993-1995年为各种经济成分的建制镇以上企业数据；1996-2001年为资质等级(旧资质)四级及四级以上建筑业企业数据；2002年起为具有资质等级的施工总承包、专业承包建筑业企业(不含劳务分包建筑业企业)数据(下表同)。

2.2002、2008年建筑业增加值统计口径调整，绝对数与上年度不可比，指数按可比口径计算。

建筑业企业生产完成情况

项目	单位	2007年	2008年	2009年	2010年	2011年	2012年
签订合同额	亿元	83412	104241	133529	172604	210117	245688
上年结转合同额	亿元	29918	37872	48281	62245	81323	100657
本年新签合同额	亿元	53495	66369	85248	110359	128794	145030
竣工产值	亿元	33604	39342	47266	57108	66349	75504
房屋建筑施工面积	万平方米	482006	530519	588594	708024	851828	981490
#本年新开工面积	万平方米	268401	271378	300824	381552	430753	445882
#投标承包面积	万平方米	401821	438752	492144	589076	694077	795692
房屋建筑竣工面积	万平方米	203993	223592	245402	277450	316429	345854
#住宅	万平方米	119325	133881	151881	172493	200749	226075
房屋建筑竣工价值	亿元	18433	21723	26054	31573	38591	46868
#住宅	亿元	10291	12521	15547	19015	23596	29604

分地区建筑业总产值和房屋建筑面积

地 区	总产值（亿元）		施工面积（万平方米）		竣工面积（万平方米）	
	2011年	2012年	2011年	2012年	2011年	2012年
全国总计	**116463.3**	**135303.3**	**851828.1**	**981489.8**	**316429.3**	**345853.7**
北 京	6046.2	6564.8	36506.9	42558.4	6455.5	7694.9
天 津	2986.5	3257.0	10058.8	11732.1	2637.6	2726.0
河 北	3972.7	4784.4	30832.7	33742.8	10641.8	11816.9
山 西	2324.9	2622.2	8798.4	10473.6	2537.8	2872.6
内蒙古	1394.7	1433.9	9323.1	10754.1	4064.8	3574.2
辽 宁	6217.5	7508.0	34890.4	39367.1	16692.1	16428.7
吉 林	1626.6	1958.6	7446.7	11206.3	4194.6	5907.2
黑龙江	2029.2	2367.4	8904.8	8755.9	4438.4	4133.8
上 海	4298.3	4564.1	24885.8	27059.5	5984.7	5196.1
江 苏	15122.8	17927.2	145451.5	161904.2	54650.2	58446.8
浙 江	14907.4	17144.7	147121.8	169186.0	51151.8	54566.5
安 徽	3597.3	4185.1	28226.9	33678.9	11897.8	12743.3
福 建	3692.6	4399.9	35674.4	41603.6	10943.8	12119.8
江 西	2095.5	2729.9	15514.3	19109.1	7813.2	9880.1
山 东	6482.9	7203.8	50504.5	58299.2	19277.4	20819.6
河 南	5279.4	6081.9	33282.0	37557.5	15146.8	15700.6
湖 北	5586.4	6865.7	31023.8	39741.9	16468.1	19812.6
湖 南	3915.0	4375.7	32768.8	36344.1	11750.0	12721.0
广 东	5774.0	6343.4	37876.8	42038.4	12420.8	13496.3
广 西	1553.1	1866.0	12906.3	15545.7	4670.2	4892.4
海 南	255.5	280.0	2735.9	2252.4	583.5	801.1
重 庆	3328.8	3934.1	21976.2	26345.0	8989.3	11126.6
四 川	5256.6	6255.8	34738.3	38916.1	13660.3	15189.9
贵 州	824.7	1028.7	6779.4	8189.3	1530.4	1811.5
云 南	1868.4	2386.4	10452.7	13488.2	4444.2	5683.1
西 藏	124.5	84.9	198.0	190.0	120.4	122.3
陕 西	2908.3	3533.5	13969.9	16881.5	5678.9	5203.6
甘 肃	925.8	1227.1	5925.1	8972.6	2409.8	4152.2
青 海	319.4	312.4	739.0	841.4	323.8	319.8
宁 夏	427.9	461.9	3367.4	3753.1	1385.8	1491.8
新 疆	1320.4	1614.7	8947.7	11001.8	3465.5	4402.5

分地区建筑业主要效益指标

(2012年)

地　区	企　业 个　数 (个)	计算劳动 生产率的 平均人数 (万人)	按建筑业总 产值计算的 劳动生产率 (元/人)	人　均 竣工产值 (元/人)	人　均 施工面积 (平方米/人)	人　均 竣工面积 (平方米/人)
全国总计	**74042**	**5051.3**	**267860**	**149475**	**194.3**	**68.5**
北　京	3169	194.6	337320	157877	218.7	39.5
天　津	1414	57.0	571511	229312	205.9	47.8
河　北	2304	142.9	334747	173354	236.1	82.7
山　西	1965	95.1	275854	97588	110.2	30.2
内蒙古	825	60.4	237249	142590	177.9	59.1
辽　宁	5506	286.4	262114	151135	137.8	57.4
吉　林	1569	79.4	246566	155173	141.1	74.4
黑龙江	2005	108.8	217515	104754	80.4	38.0
上　海	2842	114.2	399708	190322	237.0	45.5
江　苏	8457	706.1	253892	186453	229.3	82.8
浙　江	5479	618.2	277332	169597	273.7	88.3
安　徽	2511	164.6	254201	135494	204.6	77.4
福　建	2375	261.9	167989	97124	158.8	46.3
江　西	1492	99.6	274032	163089	191.8	99.2
山　东	5632	354.7	203105	108453	164.4	58.7
河　南	4295	228.1	266691	143645	164.7	68.8
湖　北	2774	218.7	313891	158236	181.7	90.6
湖　南	1892	168.1	260254	159358	216.2	75.7
广　东	4097	186.4	340363	174027	225.6	72.4
广　西	1056	65.8	283625	147118	236.3	74.4
海　南	119	6.1	456397	291699	367.1	130.7
重　庆	2285	206.5	190502	99715	127.6	53.9
四　川	3200	245.1	255257	128610	158.8	62.0
贵　州	533	34.7	296894	104537	236.4	52.3
云　南	2018	86.5	276053	149009	156.0	65.7
西　藏	172	3.8	224354	94886	50.2	32.3
陕　西	1232	89.7	393860	137638	188.2	58.0
甘　肃	1086	68.0	180368	107909	131.9	61.0
青　海	370	13.6	230317	82266	62.0	23.6
宁　夏	508	18.6	248576	194430	202.0	80.3
新　疆	860	67.6	238826	139097	162.7	65.1

交通运输业基本情况

指　　标	单 位	1990年	2000年	2010年	2011年	2012年
运输线路长度						
铁路营业里程	万公里	5.8	6.9	9.1	9.3	9.8
公路里程	万公里	102.8	168.0	400.8	410.6	423.8
内河航道里程	万公里	10.9	11.9	12.4	12.5	12.5
民航航线里程	万公里	50.7	150.3	276.5	349.1	328.0
客运量	**万人**	**772682**	**1478573**	**3269508**	**3526319**	**3804035**
#铁路	万人	95712	105073	167609	186226	189337
公路	万人	648085	1347392	3052738	3286220	3557010
旅客周转量	**亿人公里**	**5628**	**12261**	**27894**	**30984**	**33383**
#铁路	亿人公里	2613	4533	8762	9612	9812
公路	亿人公里	2620	6657	15021	16760	18468
货运量	**万吨**	**970602**	**1358682**	**3241807**	**3696961**	**4099400**
#铁路	万吨	150681	178581	364271	393263	390438
公路	万吨	724040	1038813	2448052	2820100	3188475
水运	万吨	80094	122391	378949	425968	458705
货物周转量	**亿吨公里**	**26208**	**44321**	**141837**	**159324**	**173771**
#铁路	亿吨公里	10622	13770	27644	29466	29187
公路	亿吨公里	3358	6129	43390	51375	59535
水运	亿吨公里	11592	23734	68428	75424	81708
铁路机车数量	**台**	**13981**	**15253**	**19431**	**20721**	**20797**
国家铁路	台	13592	14472	18349	19590	19625
地方铁路	台	389	327	279	295	297
合资铁路	台		454	803	836	875
铁路客车数量	**辆**	**27538**	**37249**	**52275**	**54731**	**57721**
铁路货车数量	**辆**	**368561**	**443902**	**625110**	**651175**	
民用汽车拥有量	**万辆**	**551.4**	**1608.9**	**7801.8**	**9356.3**	**10933.1**
#载客汽车	万辆	162.2	853.7	6124.1	7478.4	8943.0
载货汽车	万辆	368.5	716.3	1597.6	1788.0	1894.7
#私人汽车	万辆	81.6	625.3	5938.7	7326.8	8838.6
民用运输船舶拥有量	**艘**	**425934**	**229676**	**178407**	**179242**	**178591**
#机动船	艘	325888	185018	155624	157950	158309
驳船	艘	82482	44658	22783	21292	20282
#私人运输船舶	艘	231168	142117	45786	45889	45518
沿海规模以上港口货物吞吐量	**万吨**	**48321**	**125603**	**548358**	**616292**	**665245**

注：1.1993年起铁路货物运输增加行包运量(以下相关表同)。
2.2005年起公路里程含村道(以下相关表同)。
3.2008年起全国公路水路运输统计口径有调整(以下相关表同)。
4.2009年起沿海规模以上港口统计范围有调整(以下相关表同)。

各种运输线路长度

(年底数)　　单位：万公里

年　份	铁路营业里　程	公路里程	#高速公路	内河航道里　程	民用航空航线里程	输油(气)管道里程
1978	5.17	89.02		13.60	14.89	0.83
1980	5.33	88.83		10.85	19.53	0.87
1985	5.52	94.24		10.91	27.72	1.17
1990	5.79	102.83	0.05	10.92	50.68	1.59
1995	6.24	115.70	0.21	11.06	112.90	1.72
1996	6.49	118.58	0.34	11.08	116.65	1.93
1997	6.60	122.64	0.48	10.98	142.50	2.04
1998	6.64	127.85	0.87	11.03	150.58	2.31
1999	6.74	135.17	1.16	11.65	152.22	2.49
2000	6.87	167.98	1.63	11.93	150.29	2.47
2001	7.01	169.80	1.94	12.15	155.36	2.76
2002	7.19	176.52	2.51	12.16	163.77	2.98
2003	7.30	180.98	2.97	12.40	174.95	3.26
2004	7.44	187.07	3.43	12.33	204.94	3.82
2005	7.54	334.52	4.10	12.33	199.85	4.40
2006	7.71	345.70	4.53	12.34	211.35	4.81
2007	7.80	358.37	5.39	12.35	234.30	5.45
2008	7.97	373.02	6.03	12.28	246.18	5.83
2009	8.55	386.08	6.51	12.37	234.51	6.91
2010	9.12	400.82	7.41	12.42	276.51	7.85
2011	9.32	410.64	8.49	12.46	349.06	8.33
2012	9.76	423.75	9.62	12.50	328.01	9.01

民用汽车拥有量

单位：万辆

年　份	民用汽车总　计	#载客汽车	#载货汽车	#私人汽车总　计	#载客汽车	#载货汽车
1978	135.8	25.9	100.2			
1980	178.3	35.1	129.9			
1985	321.1	79.5	223.2	28.5	1.9	26.5
1990	551.4	162.2	368.5	81.6	24.1	57.5
1995	1040.0	417.9	585.4	250.0	114.2	131.8
1996	1100.1	488.0	575.0	289.7	143.0	142.8
1997	1219.1	580.6	601.2	358.4	191.3	163.2
1998	1319.3	654.8	627.9	423.7	230.7	192.0
1999	1452.9	740.2	677.0	533.9	304.1	228.7
2000	1608.9	853.7	716.3	625.3	365.1	259.1
2001	1802.0	994.0	765.2	770.8	469.9	299.0
2002	2053.2	1202.4	812.2	969.0	623.8	341.3
2003	2382.9	1478.8	853.5	1219.2	845.9	367.4
2004	2693.7	1735.9	893.0	1481.7	1069.7	402.8
2005	3159.7	2132.5	955.6	1848.1	1383.9	452.1
2006	3697.4	2619.6	986.3	2333.3	1823.6	494.9
2007	4358.4	3196.0	1054.1	2876.2	2316.9	539.5
2008	5099.6	3838.9	1126.1	3501.4	2880.5	596.4
2009	6280.6	4845.1	1368.6	4574.9	3808.3	753.4
2010	7801.8	6124.1	1597.6	5938.7	4989.5	931.5
2011	9356.3	7478.4	1788.0	7326.8	6237.5	1067.4
2012	10933.1	8943.0	1894.7	8838.6	7637.9	1175.6

客　运　量

单位：万人

年　份	客 运 量	铁　路	公　路	水　运	民　航
1978	253993	81491	149229	23042	231
1980	341785	92204	222799	26439	343
1985	620206	112110	476486	30863	747
1990	772682	95712	648085	27225	1660
1995	1172596	102745	1040810	23924	5117
1996	1245357	94797	1122110	22895	5555
1997	1326094	93308	1204583	22573	5630
1998	1378717	95085	1257332	20545	5755
1999	1394413	100164	1269004	19151	6094
2000	1478573	105073	1347392	19386	6722
2001	1534122	105155	1402798	18645	7524
2002	1608150	105606	1475257	18693	8594
2003	1587497	97260	1464335	17142	8759
2004	1767453	111764	1624526	19040	12123
2005	1847018	115583	1697381	20227	13827
2006	2024158	125656	1860487	22047	15968
2007	2227761	135670	2050680	22835	18576
2008	2867892	146193	2682114	20334	19251
2009	2976898	152451	2779081	22314	23052
2010	3269508	167609	3052738	22392	26769
2011	3526319	186226	3286220	24556	29317
2012	3804035	189337	3557010	25752	31936

旅客周转量

单位：亿人公里

年　份	旅客周转量	铁　路	公　路	水　运	民　航
1978	1743	1093	521	101	28
1980	2281	1383	730	129	40
1985	4436	2416	1725	179	117
1990	5628	2613	2620	165	230
1995	9002	3546	4603	172	681
1996	9165	3348	4909	161	748
1997	10055	3585	5541	156	774
1998	10637	3773	5943	120	800
1999	11300	4136	6199	107	857
2000	12261	4533	6657	101	971
2001	13155	4767	7207	90	1091
2002	14126	4969	7806	82	1269
2003	13811	4789	7696	63	1263
2004	16309	5712	8748	66	1782
2005	17467	6062	9292	68	2045
2006	19197	6622	10131	74	2371
2007	21593	7216	11507	78	2792
2008	23197	7779	12476	59	2883
2009	24835	7879	13511	69	3375
2010	27894	8762	15021	72	4039
2011	30984	9612	16760	75	4537
2012	33383	9812	18468	77	5026

分地区客运量和旅客周转量

(2012年)

地　区	客 运 量 (万人)	#铁 路	#公 路	#水 运	旅客周转量 (亿人公里)	#铁 路	#公 路	#水 运
全国总计	**3804035**	**189337**	**3557010**	**25752**	**33383.1**	**9812.3**	**18467.5**	**77.5**
北　京	142731	10398	132333		421.2	116.4	304.8	
天　津	27529	2970	24483	76	314.7	164.0	150.4	0.3
河　北	105064	7846	97218		1369.2	791.0	578.2	
山　西	39987	6208	33662	117	423.1	192.4	230.6	0.1
内蒙古	27630	4320	23310		436.4	172.4	264.0	
辽　宁	103283	12045	90650	588	977.0	542.3	427.2	7.5
吉　林	72679	6263	66175	241	536.2	229.1	306.8	0.3
黑龙江	52404	10524	41551	329	559.6	262.4	296.8	0.4
上　海	10859	6758	3748	353	182.1	68.4	112.7	1.0
江　苏	267710	11758	255358	594	1872.4	452.6	1418.4	1.4
浙　江	233115	9144	220517	3454	1317.6	390.3	921.2	6.2
安　徽	213432	6385	206888	159	1824.6	496.6	1327.7	0.3
福　建	82041	5295	75044	1702	556.0	184.8	368.5	2.7
江　西	84240	6335	77650	255	956.3	584.1	371.9	0.3
山　东	265632	8347	254711	2574	1836.1	513.7	1310.0	12.5
河　南	207247	9213	197785	249	2084.0	773.8	1309.6	0.6
湖　北	127079	8266	118369	444	1361.5	554.4	804.1	3.0
湖　南	184336	8601	174386	1349	1636.8	780.3	854.0	2.6
广　东	574266	15031	556510	2725	2998.2	518.1	2470.1	10.0
广　西	90229	3310	86449	470	1048.0	187.7	858.0	2.3
海　南	47117	1162	44374	1581	173.1	22.3	147.6	3.2
重　庆	156545	3040	152249	1256	597.9	115.9	470.6	11.3
四　川	277611	7997	266338	3276	1310.2	302.8	1004.7	2.7
贵　州	83527	3902	77172	2453	631.9	199.2	426.8	5.9
云　南	48456	2762	44839	855	568.7	96.5	470.2	2.0
西　藏	3849	110	3739		33.5	10.3	23.2	
陕　西	111773	5757	105647	369	898.0	408.8	488.6	0.6
甘　肃	64361	2383	61884	94	666.4	379.8	286.4	0.2
青　海	12692	544	12100	48	110.1	50.5	59.5	0.1
宁　夏	16343	535	15666	142	121.0	41.1	79.7	0.1
新　疆	38331	2125	36206		535.8	210.4	325.4	
不分地区	31936				5025.7			

注：不分地区合计为民航完成数。

货 运 量

单位：万吨

年 份	货运量	铁 路	公 路	水 运	#远 洋	民 航	管 道
1978	248946	110119	85182	43292	3659	6.4	10347
1980	546537	111279	382048	42676	4292	8.9	10525
1985	745763	130709	538062	63322	6627	19.5	13650
1990	970602	150681	724040	80094	9408	37.0	15750
1995	1234938	165982	940387	113194	15251	101.1	15274
1996	1298421	171024	983860	127430	14213	115.0	15992
1997	1278218	172149	976536	113406	20287	124.7	16002
1998	1267427	164309	976004	109555	18892	140.1	17419
1999	1293008	167554	990444	114608	22621	170.4	20232
2000	1358682	178581	1038813	122391	22949	196.7	18700
2001	1401786	193189	1056312	132675	27573	171.0	19439
2002	1483447	204956	1116324	141832	29896	202.1	20133
2003	1564492	224248	1159957	158070	34002	219.0	21998
2004	1706412	249017	1244990	187394	39469	276.7	24734
2005	1862066	269296	1341778	219648	48549	306.7	31037
2006	2037060	288224	1466347	248703	54413	349.4	33436
2007	2275822	314237	1639432	281199	58903	401.8	40552
2008	2585937	330354	1916759	294510	42352	407.6	43906
2009	2825222	333348	2127834	318996	51733	445.5	44598
2010	3241807	364271	2448052	378949	58054	563.0	49972
2011	3696961	393263	2820100	425968	63542	557.5	57073
2012	4099400	390438	3188475	458705	65815	545.0	61238

货物周转量

单位：亿吨公里

年 份	货物周转量	铁 路	公 路	水 运	#远 洋	民 航	管 道
1978	9829	5345	274	3779	2487	1.0	430
1980	12027	5718	764	5053	3532	1.4	491
1985	18365	8126	1903	7729	5329	4.2	603
1990	26208	10622	3358	11592	8141	8.2	627
1995	35909	13049	4695	17552	11938	22.3	590
1996	36590	13106	5011	17863	11254	24.9	585
1997	38385	13270	5272	19235	14875	29.1	579
1998	38089	12560	5483	19406	14920	33.5	606
1999	40568	12910	5724	21263	17014	42.3	628
2000	44321	13770	6129	23734	17073	50.3	636
2001	47710	14694	6330	25989	20873	43.7	653
2002	50686	15658	6783	27511	21733	51.6	683
2003	53859	17247	7099	28716	22305	57.9	739
2004	69445	19289	7841	41429	32255	71.8	815
2005	80258	20726	8693	49672	38552	78.9	1088
2006	88840	21954	9754	55486	42577	94.3	1551
2007	101419	23797	11355	64285	48686	116.4	1866
2008	110300	25106	32868	50263	32851	119.6	1944
2009	122133	25239	37189	57557	39524	126.2	2022
2010	141837	27644	43390	68428	45999	178.9	2197
2011	159324	29466	51375	75424	49355	173.9	2885
2012	173771	29187	59535	81708	53412	163.9	3177

分地区货运量和货物周转量

(2012年)

地　区	货运量（万吨）	#铁路	#公路	#水运	货物周转量（亿吨公里）	#铁路	#公路	#水运
全国总计	**4099400**	**390438**	**3188475**	**458705**	**173770.7**	**29187.1**	**59534.9**	**81707.6**
北　京	26162	1237	24925		1001.1	861.4	139.8	
天　津	46015	7909	27735	10371	7844.1	513.2	318.2	7012.7
河　北	219130	21010	195530	2590	10605.0	3961.9	6133.5	509.6
山　西	144608	71428	73150	30	3341.1	2138.8	1202.2	0.1
内蒙古	189942	64682	125260		5870.3	2570.5	3299.8	
辽　宁	206789	19803	174355	12631	11563.7	1404.9	2675.4	7483.3
吉　林	54808	7347	47130	331	1596.1	621.0	974.1	1.1
黑龙江	65231	16591	47465	1175	2002.3	1065.7	929.0	7.6
上　海	94038	825	42911	50302	20373.4	18.0	288.2	20067.2
江　苏	220007	7670	153698	58639	7904.1	398.7	1452.4	6053.0
浙　江	191817	4607	113393	73817	9183.4	291.4	1525.6	7366.4
安　徽	312437	12260	259461	40716	9817.8	937.4	7266.8	1613.7
福　建	84345	3814	59431	21100	3871.4	177.4	771.1	2923.0
江　西	127196	5562	113703	7931	3433.5	666.5	2559.8	207.3
山　东	333603	23145	296754	13704	11077.8	1580.4	7059.2	2438.1
河　南	272115	12638	251772	7705	9490.3	2143.1	6863.0	484.1
湖　北	122945	5882	97136	19927	4439.8	917.2	1565.4	1957.2
湖　南	191052	5677	166670	18705	3976.9	1022.1	2392.5	562.3
广　东	256077	9306	189034	57737	9566.2	311.0	2434.9	6820.3
广　西	161356	6846	135112	19398	4110.6	860.0	1878.3	1372.3
海　南	26880	752	16600	9528	1548.1	9.6	109.4	1429.1
重　庆	86474	2328	71272	12874	2653.3	181.5	731.9	1739.9
四　川	174349	8793	158396	7160	2238.3	809.4	1325.2	103.7
贵　州	52655	6665	44892	1098	1174.7	693.7	464.6	16.5
云　南	68735	5031	63239	465	1123.4	412.1	702.5	8.7
西　藏	1127	85	1042		46.2	18.3	27.9	
陕　西	136727	31942	104593	192	3192.1	1446.8	1744.6	0.7
甘　肃	45832	6290	39517	25	2351.7	1457.1	894.6	
青　海	13484	3784	9700		527.6	246.6	281.0	
宁　夏	41113	8467	32646		1065.7	365.6	700.1	
新　疆	58794	6840	51954		1614.5	790.7	823.8	
不分地区	73558	1222		10553	15166.1	295.2		11529.7

注：不分地区合计中包括铁路行包运输、管道运输企业、民航运输企业及中远集团海外公司完成数。

沿海规模以上主要港口货物吞吐量

单位：万吨

港口	1990年	2000年	2010年	2011年	2012年
总计	**48321**	**125603**	**548358**	**616292**	**665245**
大连	4952	9084	31399	33691	37426
营口	237	2268	22579	26085	30107
秦皇岛	6945	9743	26297	28770	27099
天津	2063	9566	41325	45338	47697
烟台	668	1774	15033	18029	20298
青岛	3034	8636	35012	37230	40690
日照	925	2674	22597	25260	28098
上海	13959	20440	56320	62432	63740
连云港	1137	2708	12739	15627	17367
宁波-舟山	2554	11547	63300	69393	74401
福州	561	2426	7125	8218	11410
厦门	529	1965	12728	15654	17227
深圳	1258	5697	22098	22325	22807
广州	4163	11128	41095	43149	43517
湛江	1557	2038	13638	15539	17092
海口	288	808	5700	6549	7217
八所	431	378	893	997	1095
其他港口	3060	22723	118480	142007	157956

注：1.2006年起，宁波-舟山港统计范围包括原宁波港和舟山港，以往年度数据为原宁波港数据。
2.2007年起，烟台港统计范围包括原烟台港和龙口港，以往年度数据为原烟台港数据。
3.2009年起，湛江港和海口港港区范围有调整。
4.2011年起，厦门港统计范围包括原厦门港和漳州港，以往年度数据为原厦门港数据。

民用航空航线及飞机架数

指标	单位	1990年	2000年	2010年	2011年	2012年
定期航班航线条数	**条**	**437**	**1165**	**1880**	**2290**	**2457**
国际航线	条	44	133	302	443	381
国内航线	条	385	1032	1578	1847	2076
#港澳地区航线	条	8	42	85	91	99
定期航班航线里程	**万公里**	**50.7**	**150.3**	**276.5**	**349.1**	**328.0**
国际航线	万公里	16.6	50.8	107.0	149.4	128.5
国内航线	万公里	32.9	99.5	169.5	199.6	199.5
#港澳地区航线	万公里	1.1	5.6	12.1	13.5	13.3
定期航班通航机场	**个**	**94**	**139**	**175**	**178**	**180**
民用飞机架数	**架**	**503**	**982**	**2405**	**3191**	**3589**
运输飞机	架	204	527	1597	1764	1941
大中型飞机	架		462	1453	1601	1769
小型飞机	架		65	144	163	172
通用航空飞机	架	217	301	606	1124	1320
教学校验飞机	架	82	154	202	303	328

注：1.1992年以前，民航机场和飞机架数为民航总局直属企业数，1992年起为民航全行业数据。
2.1997年以前，港澳地区航线与国内航线、国际航线并列统计。1997年起，民航所属至香港航线统计在国内航线中，航线里程及运输量统计口径也做同样调整。1999年起，港澳地区航线为国内航线的其中项，包含民航至香港、澳门航线及运输量。
3.民航国内通航机场不包含香港、澳门特别行政区。
4.2011年起民用航空航线条数改为定期航班航线条数，民用航空航线里程改为定期航班航线里程，民航国内通航机场改为定期航班通航机场，统计口径不变。

邮电业务基本情况

指　　标	单 位	1990年	2000年	2010年	2011年	2012年
邮电业务量						
邮电业务总量	亿元	155.5	4792.7	31978.5	13333.5	15021.5
邮政业务总量	亿元	46.0	232.8	1985.3	1607.7	2036.8
电信业务总量	亿元	109.6	4559.9	29993.2	11725.8	12984.6
函件	亿件	54.9	77.7	74.0	73.8	70.7
快递	万件	343	11031	233892	367311	568548
报刊期发数	万份	20078	20090	17158	15008	15402
固定长途电话通话时长	亿分钟			1068.9	856.9	700.7
移动电话用户	万户	1.8	8453.3	85900.3	98625.3	111215.5
移动短信业务量	亿条			8277.5	8787.6	8973.1
固定电话用户	万户	685.0	14482.9	29434.2	28511.5	27815.3
城市电话	万户	538.4	9311.6	19658.1	19110.0	18893.4
#住宅	万户	152.7	7219.4	11973.4	11409.5	11013.2
农村电话	万户	146.6	5171.3	9776.1	9401.5	8921.9
#住宅	万户	30.7	4597.8	8325.0	7877.5	7308.8
#公用电话	万部	4.6	352.0	2595.9	2468.3	2347.1
邮政局所及邮电通信电路						
营业网点	处	53629	58437	75739	78667	95889
邮路总长度	万公里	161.8	307.3	463.6	514.0	585.5
农村投递路线长度	万公里	336.5	336.4	369.1	363.3	373.2
长途光缆线路长度	公里	3334	286642	818133	856616	868443
邮电通信设备拥有量						
固定长途自动交换机容量	万路端	16.1	563.5	1641.5	1615.5	1608.6
局用交换机容量	万门	1232	17826	46537	43467	43906
移动电话交换机容量	万户	5	13986	150285	170691	182870
邮电通信服务水平						
电话普及率(含移动)	部/百人	1.11	19.10	86.41	94.90	103.23
移动电话普及率	部/百人	0.002	6.72	64.36	73.62	82.58

注：1.邮电业务总量2000年及以前按1990年不变价格计算，2001年起按2000年不变价格计算，2011年起按2010年不变价格计算。

2.1997年及以前城市电话用户为市内电话用户数。

3.1998年及以前邮政局所为邮电局所。

4.2006年及以前邮政业务总量、特快专递和邮政局所统计口径为中国邮政集团，2007年起包括规模以上(年业务收入200万元以上)邮政业法人企业数据(下表同)。

邮电业务量（一）

年　份	邮电业务总量(亿元)	邮政业务总量	电信业务总量	邮电业务总量指数(上年=100)	函　件(亿件)	快递(万件)	报刊期发数(万份)
1978	34.1	14.9	19.2	104.6	28.4		11250
1980	39.0	17.0	22.0	106.3	33.1		16431
1985	62.2	25.7	36.5	118.3	46.8		30172
1990	155.5	46.0	109.6	126.0	54.9	343	20078
1995	988.9	113.3	875.5	143.7	79.6	5563	21689
1996	1342.0	133.3	1208.8	135.7	78.7	7097	21157
1997	1773.3	144.3	1629.0	132.1	68.6	6879	21875
1998	2431.2	166.3	2264.9	137.1	65.5	7668	22989
1999	3330.8	198.4	3132.4	137.0	60.5	9091	25035
2000	4792.7	232.8	4559.9	143.9	77.7	11031	20090
2001	4556.3	457.4	4098.8	127.6	86.9	12653	21811
2002	5695.8	494.7	5201.1	125.0	106.0	14036	17620
2003	7019.8	541.0	6478.8	123.2	103.8	17238	16594
2004	9712.3	564.3	9148.0	138.4	82.8	19772	14789
2005	12028.5	625.5	11403.0	123.8	73.5	22880	14601
2006	15325.9	730.5	14595.4	127.4	71.3	26988	14373
2007	19805.0	1213.7	18591.3	129.2	69.5	120190	13031
2008	23649.5	1401.8	22247.7	119.4	73.6	151329	15658
2009	27193.5	1639.9	25553.6	115.0	75.3	185785	13910
2010	31978.5	1985.3	29993.2	117.6	74.0	233892	17158
2011	13333.5	1607.7	11725.8	116.3	73.8	367311	15008
2012	15021.5	2036.8	12984.6	112.7	70.7	568548	15402

注：邮电业务总量2000年及以前按1990年不变价格计算，2001-2010年按2000年不变价格计算，2011年起按2010年不变价格计算；2001年数据按1990年不变价格计算为6115.1亿元，2011年数据按2000年不变价格计算为37180.1亿元。

邮电业务量（二）

年　份	集邮业务(万枚)	固定长途电话通话时长(亿分钟)	移动电话通话时长(亿分钟)	IP电话通话时长(亿分钟)	移动电话用　户(万户)	移动短信业务量(亿条)	互联网上网人数(万人)
1978							
1980							
1985							
1990	71233				1.8		
1995	239250		113.4		362.9		
1996	303436		252.4		685.3		
1997	451729		420.2		1323.3		62
1998	502850		635.7		2386.3		210
1999	522475		1188.1	1.0	4329.6		890
2000	453500		1845.3	31.5	8453.3		2250
2001	344114		2904.5	201.9	14522.2		3370
2002	244159		4184.0	591.6	20600.5	583.3	5910
2003	183421		6308.9	834.2	26995.3	1386.3	7950
2004	149178		9454.7	1149.0	33482.4	2170.5	9400
2005	121214		12507.4	1340.2	39340.6	3046.3	11100
2006	104581	1742.6	16870.7	1492.2	46105.8	4295.4	13700
2007	113657	1756.7	23061.3	1494.9	54730.6	5945.8	21000
2008	131873	1655.8	29355.6	1399.3	64124.5	6996.9	29800
2009	110089	1314.6	35351.0	1164.8	74721.4	7726.5	38400
2010	114623	1068.9	43261.2	988.8	85900.3	8277.5	45730
2011	124868	856.9	49964.4	856.0	98625.3	8787.6	51310
2012	118276	700.7	55444.9	644.1	111215.5	8973.1	56400

邮电业务量（三）

年 份	固定电话用户（万户）	城市电话	#住 宅	农村电话	#住 宅	#公用电话（万部）
1978	192.5	119.2		73.4		1.2
1980	214.1	134.2		79.9		1.4
1985	312.0	219.0	4.1	93.1	2.0	2.7
1990	685.0	538.4	152.7	146.6	30.7	4.6
1995	4070.6	3263.6	2358.4	807.0	551.4	85.0
1996	5494.7	4277.8	3224.6	1216.9	907.3	138.0
1997	7031.0	5244.4	4057.2	1786.6	1406.6	193.9
1998	8742.1	6259.8	4911.1	2482.3	2070.7	259.5
1999	10871.6	7463.3	5894.4	3408.4	2949.2	297.4
2000	14482.9	9311.6	7219.4	5171.3	4597.8	352.0
2001	18036.8	11193.7	8535.3	6843.1	6197.7	346.2
2002	21422.2	13579.1	10196.7	7843.1	7183.8	985.5
2003	26274.7	17109.7	12533.9	9165.0	8389.7	1561.4
2004	31175.6	21025.1	15246.5	10150.5	9240.5	2215.0
2005	35044.5	23975.3	17201.2	11069.2	10023.9	2681.2
2006	36778.6	25132.9	17697.6	11645.6	10561.5	2960.7
2007	36563.7	24859.8	16988.2	11704.0	10533.1	2991.9
2008	34035.9	23155.9	15588.3	10880.0	9612.2	2771.5
2009	31373.2	21190.0	12969.5	10183.2	8813.3	2708.8
2010	29434.2	19658.1	11973.4	9776.1	8325.0	2595.9
2011	28511.5	19110.0	11409.5	9401.5	7877.5	2468.3
2012	27815.3	18893.4	11013.2	8921.9	7308.8	2347.1

营业网点数及邮电通信电路

年 份	营业网点（万处）	邮路总长度（万公里）	#汽车邮路	农村投递路线长度（万公里）	长途光缆线路长度（万公里）	互联网宽带接入端口（万个）
1978	4.96	486.33	57.22	426.63		
1980	4.95	473.71	58.21	413.89		
1985	5.31	141.63	65.81	356.58		
1990	5.36	161.82	67.67	336.49	0.33	
1995	6.19	188.61	81.94	334.58	10.69	
1996	7.25	211.89	91.72	335.81	13.02	
1997	7.93	236.31	87.37	340.29	15.08	
1998	10.22	285.39	93.06	336.15	19.41	
1999	6.66	297.90	98.91	334.81	23.97	
2000	5.84	307.33	107.03	336.45	28.66	
2001	5.71	310.26	107.41	349.28	39.91	
2002	7.64	308.10	111.28	351.12	48.77	
2003	6.36	327.02	113.75	353.18	59.43	1802.3
2004	6.64	333.64	119.46	353.05	69.53	3578.1
2005	6.59	340.62	122.98	356.52	72.30	4874.7
2006	6.28	336.94	123.06	356.70	72.24	6486.4
2007	7.07	353.30	130.29	363.76	79.22	8539.3
2008	6.91	369.35	138.51	365.69	79.80	10890.4
2009	6.57	402.78	145.08	367.60	83.10	13835.7
2010	7.57	463.56	175.30	369.06	81.81	18781.1
2011	7.87	514.03	201.75	363.26	85.66	23165.5
2012	9.59	585.51	228.91	373.17	86.84	26835.5

注：邮路总长度1980年及以前含农村投递路线。

邮电通信设备拥有量

年　份	固定长途自动交换机容量(万路端)	局　　用交换机容量(万门)	移动电话交换机容量(万户)
1978	0.2	405.9	
1980	0.2	443.2	
1985	1.2	613.4	
1990	16.1	1231.8	5.1
1995	351.9	7203.6	796.7
1996	416.2	9291.2	1536.2
1997	436.8	11269.2	2585.7
1998	449.2	13823.7	4706.7
1999	503.2	15346.1	8136.0
2000	563.5	17825.6	13985.6
2001	703.6	25566.3	21926.3
2002	773.0	28656.8	27400.3
2003	1061.1	35082.5	33698.4
2004	1263.0	42346.9	39684.3
2005	1371.6	47196.1	48241.7
2006	1442.3	50279.9	61032.0
2007	1709.2	51034.6	85496.1
2008	1690.7	50863.2	114531.4
2009	1684.9	49265.6	144084.7
2010	1641.5	46537.3	150284.9
2011	1615.5	43467.4	170691.4
2012	1608.6	43906.4	182869.8

邮电通信服务水平

指　　标	单　位	2007年	2008年	2009年	2010年	2011年	2012年
平均每一营业网点服务面积	平方公里	135.9	138.8	146.2	126.8	122.0	100.1
平均每一营业网点服务人口	万人	1.9	1.9	2.0	1.8	1.7	1.4
平均每人每年发函件数	件	5.3	5.6	5.7	5.5	5.5	5.3
平均每百人订有报刊数	份	9.9	11.9	10.4	12.8	11.1	11.4
每千人拥有公用电话数	部	22.76	20.98	20.40	19.45	18.42	17.43
电话普及率(含移动)	部/百人	69.45	74.29	79.89	86.41	94.90	103.23
移动电话普及率	部/百人	41.64	48.53	56.27	64.36	73.62	82.58
通邮的行政村比重	%	98.4	98.5	98.8	99.0	98.4	99.1
已通电话的行政村比重	%	99.5	99.7	99.9	100.0	100.0	100.0

社会消费品零售总额

年　份	社会消费品零售总额 (亿元)	比上年增长 (%)
1978	1558.6	8.8
1979	1800.0	15.5
1980	2140.0	18.9
“六五”时期	**15450.8**	**15.0**
1981	2350.0	9.8
1982	2570.0	9.4
1983	2849.4	10.9
1984	3376.4	18.5
1985	4305.0	27.5
“七五”时期	**34611.5**	**14.0**
1986	4950.0	15.0
1987	5820.0	17.6
1988	7440.0	27.8
1989	8101.4	8.9
1990	8300.1	2.5
“八五”时期	**76916.4**	**23.3**
1991	9415.6	13.4
1992	10993.7	16.8
1993	14270.4	29.8
1994	18622.9	30.5
1995	23613.8	26.8
“九五”时期	**167744.8**	**10.6**
1996	28360.2	20.1
1997	31252.9	10.2
1998	33378.1	6.8
1999	35647.9	6.8
2000	39105.7	9.7
“十五”时期	**271561.2**	**11.8**
2001	43055.4	10.1
2002	48135.9	11.8
2003	52516.3	9.1
2004	59501.0	13.3
2005	68352.6	14.9
“十一五”时期	**577223.7**	**18.1**
2006	79145.2	15.8
2007	93571.6	18.2
2008	114830.1	22.7
2009	132678.4	15.5
2010	156998.4	18.3
“十二五”时期		
2011	183918.6	17.1
2012	210307.0	14.3
平均每年增长(%)		
1979-2012年		15.5
1991-2012年		15.8
2001-2012年		15.0

注：1.本表按当年价格计算(下表同)。

2.1992年及以前为社会商品零售总额；1997年起社会消费品零售总额不含居民购买住房。

分地区社会消费品零售总额

单位：亿元

地　区	2006年	2007年	2008年	2009年	2010年	2011年	2012年
全国总计	**79145.2**	**93571.6**	**114830.1**	**132678.4**	**156998.4**	**183918.6**	**210307.0**
北　京	3295.3	3835.2	4645.5	5309.9	6229.3	6900.3	7702.8
天　津	1383.1	1650.6	2078.7	2430.8	2860.2	3395.1	3921.4
河　北	3435.7	4053.8	4991.1	5764.9	6821.8	8035.5	9254.0
山　西	1635.4	1953.3	2421.1	2809.0	3318.2	3903.4	4506.8
内蒙古	1628.6	1964.0	2463.0	2855.3	3384.0	3991.7	4572.5
辽　宁	3471.6	4097.8	5032.4	5812.6	6887.6	8095.3	9346.6
吉　林	1697.6	2038.3	2549.2	2957.3	3504.9	4119.8	4772.9
黑龙江	2029.0	2386.2	2928.3	3401.8	4039.2	4750.1	5491.0
上　海	3375.2	3873.3	4577.2	5173.2	6070.5	6814.8	7412.3
江　苏	6706.2	7985.9	9905.1	11484.1	13606.8	15988.4	18331.3
浙　江	5358.0	6271.3	7533.3	8622.3	10245.4	12028.0	13588.3
安　徽	2056.5	2451.9	3045.2	3527.8	4197.7	4955.1	5736.6
福　建	2717.6	3212.3	3866.7	4481.0	5310.0	6276.2	7256.5
江　西	1448.2	1718.9	2142.0	2484.4	2956.2	3485.1	4027.2
山　东	7217.1	8607.5	10658.8	12363.0	14620.3	17155.5	19651.9
河　南	3932.6	4690.3	5815.4	6746.4	8004.2	9453.6	10915.6
湖　北	3461.1	4115.8	5109.7	5928.4	7013.9	8275.2	9562.5
湖　南	2869.4	3419.2	4222.6	4913.7	5839.5	6884.7	7921.9
广　东	9194.3	10731.3	12986.6	14891.8	17458.4	20297.5	22677.1
广　西	1620.3	1932.7	2395.8	2790.7	3312.0	3908.2	4516.6
海　南	313.4	370.9	463.2	537.5	639.3	759.5	870.8
重　庆	1431.5	1711.1	2147.1	2479.0	2938.6	3487.8	4033.7
四　川	3472.5	4105.6	4944.8	5758.7	6810.1	8044.6	9268.6
贵　州	710.0	858.2	1075.2	1247.3	1482.7	1751.6	2027.6
云　南	1204.8	1422.5	1764.7	2051.1	2542.4	3000.1	3511.6
西　藏	90.0	112.6	130.0	156.6	185.3	219.0	254.6
陕　西	1542.4	1837.3	2317.1	2699.7	3195.7	3790.0	4383.8
甘　肃	729.5	854.4	1023.6	1183.0	1394.5	1648.0	1906.5
青　海	182.6	212.6	259.7	300.5	350.8	410.5	476.0
宁　夏	202.5	239.5	295.4	339.3	403.6	477.6	548.8
新　疆	733.2	857.5	1041.5	1177.5	1375.1	1616.3	1858.6

旅游人数和收入

指　　标	单 位	2007年	2008年	2009年	2010年	2011年	2012年
旅游人数							
入境游客	**万人次**	**13187.3**	**13002.7**	**12647.6**	**13376.2**	**13542.4**	**13240.5**
外国人	万人次	2611.0	2432.5	2193.8	2612.7	2711.2	2719.2
#日本	万人次	397.8	344.6	331.8	373.1	365.8	351.8
韩国	万人次	477.7	396.0	319.8	407.6	418.5	407.0
菲律宾	万人次	83.3	79.5	74.9	82.8	89.4	96.2
新加坡	万人次	92.2	87.6	89.0	100.4	106.3	102.8
英国	万人次	60.5	55.2	52.9	57.5	59.6	61.8
德国	万人次	55.7	52.9	51.9	60.9	63.7	66.0
俄罗斯	万人次	300.4	312.3	174.3	237.0	253.6	242.6
加拿大	万人次	57.7	53.5	55.0	68.5	74.8	70.8
美国	万人次	190.1	178.6	171.0	201.0	211.6	211.8
澳大利亚	万人次	60.7	57.2	56.2	66.1	72.6	77.4
港澳同胞	万人次	10113.6	10131.7	10005.4	10249.5	10304.9	9987.4
台湾同胞	万人次	462.8	438.6	448.4	514.1	526.3	534.0
#入境过夜游客	万人次	5472.0	5304.9	5087.5	5566.5	5758.1	5772.5
国内居民出境人数	**万人次**	**4095.4**	**4584.4**	**4765.6**	**5738.6**	**7025.0**	**8318.2**
#因私出境	万人次	3492.4	4013.1	4221.0	5150.8	6412.0	7705.5
国内旅游人数	**亿人次**	**16.1**	**17.1**	**19.0**	**21.0**	**26.4**	**29.6**
旅游收入							
国际国内旅游总收入	亿元	10956.5	11585.8	12893.9	15681.1	22435.3	25866.6
国际旅游外汇收入	亿美元	419.2	408.4	396.8	458.1	484.6	500.3
国内旅游收入	亿元	7770.6	8749.3	10183.7	12579.8	19305.4	22706.2

注：本表数据由国家旅游局提供(下三表同)。

入境过夜游客和国际旅游外汇收入

年份	入境过夜游客(万人次)	入境过夜游客居世界位次	国际旅游外汇收入(亿美元)	国际旅游外汇收入居世界位次	年份	入境过夜游客(万人次)	入境过夜游客居世界位次	国际旅游外汇收入(亿美元)	国际旅游外汇收入居世界位次
1978	71.6		2.6		1996	2276.5	6	102.0	9
1979	152.9		4.5		1997	2377.0	6	120.7	8
1980	350.0	18	6.2	34	1998	2507.3	6	126.0	7
1981	376.7	17	7.9	34	1999	2704.7	5	141.0	7
1982	392.4	16	8.4	29	2000	3122.9	5	162.2	7
1983	379.1	16	9.4	26	2001	3316.7	5	177.9	5
1984	514.1	14	11.3	21	2002	3680.3	5	203.9	5
1985	713.3	13	12.5	21	2003	3297.1	5	174.1	7
1986	900.1	12	15.3	22	2004	4176.1	4	257.4	7
1987	1076.0	12	18.6	26	2005	4680.9	4	293.0	6
1988	1236.1	10	22.5	26	2006	4991.3	4	339.5	5
1989	936.1	12	18.6	27	2007	5472.0	4	419.2	5
1990	1048.4	11	22.2	25	2008	5304.9	4	408.4	5
1991	1246.4	12	28.5	21	2009	5087.5	4	396.8	5
1992	1651.2	9	39.5	17	2010	5566.5	3	458.1	4
1993	1898.2	7	46.8	15	2011	5758.1	3	484.6	4
1994	2107.0	6	73.2	10	2012	5772.5	*	500.3	*
1995	2003.4	8	87.3	10					

注：*世界旅游组织尚未公布。

国内旅游情况

年份	旅游人数(亿人次)	城镇居民	农村居民	旅游总花费(亿元)	城镇居民	农村居民	人均花费(元)	城镇居民	农村居民
1994	5.24	2.05	3.19	1023.5	848.2	175.3	195.3	414.7	54.9
1995	6.29	2.46	3.83	1375.7	1140.1	235.6	218.7	464.0	61.5
1996	6.40	2.56	3.83	1638.4	1368.4	270.0	256.2	534.1	70.5
1997	6.44	2.59	3.85	2112.7	1551.8	560.9	328.1	599.8	145.7
1998	6.95	2.50	4.45	2391.2	1515.1	876.1	345.0	607.0	197.0
1999	7.19	2.84	4.35	2831.9	1748.2	1083.7	394.0	614.8	249.5
2000	7.44	3.29	4.15	3175.5	2235.3	940.3	426.6	678.6	226.6
2001	7.84	3.75	4.09	3522.4	2651.7	870.7	449.5	708.3	212.7
2002	8.78	3.85	4.93	3878.4	2848.1	1030.3	441.8	739.7	209.1
2003	8.70	3.51	5.19	3442.3	2404.1	1038.2	395.7	684.9	200.0
2004	11.02	4.59	6.43	4710.7	3359.0	1351.7	427.5	731.8	210.2
2005	12.12	4.96	7.16	5285.9	3656.1	1629.7	436.1	737.1	227.6
2006	13.94	5.76	8.18	6229.7	4414.7	1815.0	446.9	766.4	221.9
2007	16.10	6.12	9.98	7770.6	5550.4	2220.2	482.6	906.9	222.5
2008	17.12	7.03	10.09	8749.3	5971.8	2777.6	511.0	849.4	275.3
2009	19.02	9.03	9.99	10183.7	7233.8	2949.9	535.4	801.1	295.3
2010	21.03	10.65	10.38	12579.8	9403.8	3176.0	598.2	883.0	306.0
2011	26.41	16.87	9.54	19305.4	14808.6	4496.8	731.0	877.8	471.4
2012	29.57	19.33	10.24	22706.2	17678.0	5028.2	767.9	914.5	491.0

分地区国际旅游接待情况

地　区	2011年			2012年		
	旅　游 人　数 (万人次)	#外国人	旅　游 外汇收入 (亿美元)	旅　游 人　数 (万人次)	#外国人	旅　游 外汇收入 (亿美元)
北　京	520.4	447.4	54.16	500.9	434.4	51.49
天　津	73.1	63.6	17.56	73.7	63.7	22.26
河　北	114.1	98.3	4.48	129.3	106.7	5.45
山　西	155.3	98.3	5.67	189.2	120.4	7.20
内蒙古	151.5	147.6	6.71	159.2	151.5	7.72
辽　宁	405.3	339.4	27.13	473.1	388.6	32.64
吉　林	99.3	85.5	3.85	118.3	100.9	4.95
黑龙江	206.5	197.8	9.18	207.6	194.7	8.35
上　海	668.6	555.0	57.51	651.2	539.6	54.93
江　苏	737.3	537.9	56.53	791.5	575.2	63.00
浙　江	773.7	515.0	45.42	865.9	570.5	51.52
安　徽	262.9	151.7	11.79	331.5	190.4	15.63
福　建	427.4	140.0	36.34	493.7	167.0	42.26
江　西	135.8	44.0	4.15	156.2	50.4	4.85
山　东	424.2	312.3	25.51	469.9	342.2	29.24
河　南	168.3	104.3	5.49	190.8	118.7	6.11
湖　北	213.5	160.1	9.40	264.7	193.0	12.03
湖　南	227.6	119.8	10.14	224.6	90.6	9.28
广　东	3331.6	749.3	139.06	3489.4	773.0	156.11
广　西	302.8	171.5	10.52	350.3	192.7	12.79
海　南	81.4	56.2	3.76	81.6	52.0	3.48
重　庆	186.4	132.6	9.68	224.3	152.6	11.68
四　川	164.0	113.7	5.94	227.3	151.3	7.98
贵　州	58.5	23.6	1.35	70.5	30.4	1.69
云　南	395.4	281.0	16.09	457.8	329.8	19.47
西　藏	27.1	24.9	1.30	19.5	17.5	1.06
陕　西	270.4	189.9	12.95	335.2	233.7	15.97
甘　肃	9.1	5.5	0.17	10.2	6.7	0.22
青　海	5.2	4.1	0.27	4.7	3.8	0.24
宁　夏	1.9	1.4	0.06	1.9	1.4	0.05
新　疆	56.4	48.8	4.65	62.5	49.0	5.51

各级各类学校、教职工、专任教师情况

(2012年)

项　　目	学校数(所)	教职工数(人)	专任教师(人)
高等教育			
研究生培养机构	(811)		
普通高校	(534)		
科研机构	(277)		
普通高等学校	2442	2254372	1440292
本科院校	1145	1627642	1013957
#独立学院	303	189194	139657
高职(专科)院校	1297	622425	423381
其他机构(教学点)	(36)	4305	2954
成人高等学校	348	65612	39393
民办的其他高等教育机构	(823)	31941	14868
中等教育	**81685**	**7605953**	**5989473**
高中阶段教育	26891	3657366	2477482
高中	14205	2469918	1600836
普通高中	13509	2462575	1595035
完全中学	6108	1089877	525142
高级中学	6547	1214827	1030190
十二年一贯制学校	854	157871	39703
成人高中	696	7343	5801
中等职业教育	12686	1187448	876646
普通中专	3681	430636	305564
成人中专	1564	77482	54207
职业高中	4517	394292	311743
技工学校	2924	266116	192575
其他机构(教学点)	(509)	18922	12557
初中阶段教育	54794	3948587	3511991
初中	53216	3939088	3504363
初级中学	39592	2943720	2618519
九年一贯制学校	13575	993711	431814
十二年一贯制学校			39938
完全中学			412566
职业初中	49	1657	1526
成人初中	1578	9499	7628
初等教育	**255400**	**5595781**	**5615781**
普通小学	228585	5538481	5585476
小学	228585	5538481	5121626
九年一贯制学校			427841
十二年一贯制学校			36009
成人小学	26815	57300	30305
#扫盲班	18092	38265	17801
工读学校	**79**	**2706**	**1756**
特殊教育	**1853**	**53615**	**43697**
学前教育	**181251**	**2489972**	**1479237**

注：1.“()”内数据为不计校数。

2.技工学校数据为2011年数据。

3.完全中学的学校数和教职工数计入高中阶段。九年一贯制学校的校数和教职工数计入初中阶段教育。十二年一贯制学校的校数和教职工数计入高中阶段教育。

4.专任教师按照教育层次划分归类。

各级各类学历教育学生情况

（2012年）　　　　单位：人

项　　目	招生数	在校生数	毕业生数
高等教育			
研究生	589673	1719818	486455
博士	68370	283810	51713
硕士	521303	1436008	434742
普通本专科	6888336	23913155	6247338
本科	3740574	14270888	3038473
专科	3147762	9642267	3208865
成人本专科	2439551	5831123	1954357
本科	984817	2475495	801015
专科	1454734	3355628	1153342
其他各类高等学历教育			
在职人员攻读硕士学位	140629	489857	
网络本专科	1964468	5704112	1360870
本科	696698	2002698	477949
专科	1267770	3701414	882921
中等教育	**31763594**	**94280377**	**32007681**
高中阶段教育	16055894	46018963	14767358
高中	8446071	24815911	8031310
普通高中	8446071	24671712	7915046
完全中学	2878240	8278864	2613879
高级中学	5348540	15788100	5119686
十二年一贯制学校	219291	604748	181481
成人高中		144199	116264
中等职业教育	7609823	21203052	6736048
普通中专	2773643	8125608	2653135
成人中专	1058110	2542747	716307
职业高中	2139032	6230465	2174398
技工学校	1639038	4304232	1192208
初中阶段教育	15707700	48261414	17240323
初中	15707700	47630607	16607751
初级中学	11484894	35032212	12382897
九年一贯制学校	1822554	5402756	1801127
十二年一贯制学校	218920	633749	197499
完全中学	2176027	6543086	2216885
职业初中	5305	18804	9343
成人初中		630807	632572
初等教育	**17146640**	**98602286**	**18007271**
普通小学	17146640	96958985	16415565
小学	15697392	88527616	14902844
九年一贯制学校	1342630	7778434	1398080
十二年一贯制学校	106618	652935	114641
成人小学		1643301	1591706
#扫盲班		689067	585749
工读学校	**4547**	**10640**	**3653**
特殊教育	**65699**	**378751**	**48590**
学前教育	**19119154**	**36857624**	**14335717**

注：1.技工学校数据为2011年数据。

2.特殊教育学生数中包括中小学随班就读的学生和附设特种班的学生。

各级各类学校数

单位：所

年 份	普通高等学校	普通中学	职业高中	普通小学	特殊教育学校	学前教育
1978	598	162345		949323	292	163952
1980	675	118377	3314	917316	292	170419
1985	1016	94847	6444	832309	375	172262
1990	1075	89140	7655	766072	746	172322
1995	1054	82555	8612	668685	1379	180438
1996	1032	81501	8515	645983	1428	187324
1997	1020	80111	8578	628840	1440	182485
1998	1022	79360	8602	609626	1535	181368
1999	1071	78532	8317	582291	1520	181136
2000	1041	78462	7655	553622	1539	175836
2001	1225	81497	6737	491273	1531	111706
2002	1396	81051	6418	456903	1540	111752
2003	1552	80509	5824	425846	1551	116390
2004	1731	79755	5781	394183	1560	117899
2005	1792	78578	5822	366213	1593	124402
2006	1867	77038	5765	341639	1605	130495
2007	1908	75065	5916	320061	1618	129086
2008	2263	73120	5915	300854	1640	133722
2009	2305	70927	5652	280184	1672	138209
2010	2358	68948	5206	257410	1706	150420
2011	2409	68662	4802	241249	1767	166750
2012	2442	66725	4517	228585	1853	181251

注：普通高等学校包括本科院校、高职院校。1980年及以前普通中学不包括职业初中数据(以下相关表同)。

各级各类学校专任教师数

单位：万人

年 份	普通高等学校	普通中学	职业高中	普通小学	特殊教育学校	学前教育
1978	20.6	318.2		522.6	0.4	27.7
1980	24.7	302.0		549.9	0.5	41.1
1985	34.4	267.7	11.6	537.7	0.7	55.0
1990	39.5	306.1	19.5	558.2	1.4	75.0
1995	40.1	337.1	25.5	566.4	2.5	87.5
1996	40.3	350.4	26.9	573.6	2.7	88.9
1997	40.5	362.7	28.2	579.4	2.9	88.4
1998	40.7	373.7	29.6	581.9	3.0	87.5
1999	42.6	388.0	29.6	586.1	3.1	87.2
2000	46.3	404.4	28.2	586.0	3.2	85.6
2001	53.2	422.6	26.9	579.8	2.9	63.0
2002	61.8	441.4	27.3	577.9	3.0	57.1
2003	72.5	456.8	25.8	570.3	3.0	61.3
2004	85.8	469.1	27.1	562.9	3.1	65.6
2005	96.6	479.2	28.2	559.2	3.2	72.2
2006	107.6	486.2	29.6	558.8	3.3	77.6
2007	116.8	491.6	30.9	561.3	3.5	82.7
2008	123.7	495.1	32.0	562.2	3.6	89.9
2009	129.5	501.1	32.2	563.3	3.8	98.6
2010	134.3	504.4	30.7	561.7	4.0	114.4
2011	139.3	508.1	31.5	560.5	4.1	131.6
2012	144.0	509.9	31.2	558.5	4.4	147.9

各级各类学历教育招生数

单位：万人

年 份	普 通 本专科	普通中学	职业高中	普通小学	特殊教育 学 校	学前教育
1978	40.2	2298.9		3315.4	0.6	
1980	28.1	1934.3		2942.3	0.6	
1985	61.9	1624.5	98.5	2298.2	0.9	
1990	60.9	1639.0	103.8	2064.0	1.6	
1995	92.6	2054.8	161.2	2531.8	5.6	1972.4
1996	96.6	2073.6	158.2	2524.7	4.8	1951.7
1997	100.0	2159.1	180.3	2462.0	4.6	1824.4
1998	108.4	2355.8	182.7	2201.4	4.9	1720.0
1999	159.7	2579.8	160.4	2029.5	5.0	1617.5
2000	220.6	2768.3	150.4	1946.5	5.3	1531.1
2001	268.3	2845.8	155.1	1944.2	5.6	1398.2
2002	320.5	2958.5	187.4	1952.8	5.3	1373.6
2003	382.2	2972.3	197.3	1829.4	4.9	1316.8
2004	447.3	2916.2	212.7	1747.0	5.1	1350.3
2005	504.5	2865.3	248.2	1671.7	4.9	1356.2
2006	546.1	2800.8	288.0	1729.4	5.0	1391.2
2007	565.9	2708.7	302.2	1736.1	6.3	1433.6
2008	607.7	2696.6	290.7	1695.7	6.2	1482.7
2009	639.5	2618.8	313.2	1637.8	6.4	1546.9
2010	661.8	2552.8	278.7	1691.7	6.5	1700.4
2011	681.5	2485.5	246.4	1736.8	6.4	1827.3
2012	688.8	2415.4	213.9	1714.7	6.6	1911.9

各级各类学历教育在校学生数

单位：万人

年 份	普 通 本专科	普通中学	职业高中	普通小学	特殊教育 学 校	学前教育
1978	85.6	6548.3		14624.0	3.1	787.7
1980	114.4	5508.1		14627.0	3.3	1150.8
1985	170.3	4751.2	184.3	13370.2	4.2	1479.7
1990	206.3	4633.8	247.1	12241.4	7.2	1972.2
1995	290.6	5440.7	378.6	13195.2	29.6	2711.2
1996	302.1	5817.2	395.8	13615.0	32.1	2666.3
1997	317.4	6098.8	431.0	13995.4	34.1	2519.0
1998	340.9	6387.7	454.9	13953.8	35.8	2403.0
1999	413.4	6861.4	443.8	13548.0	37.2	2326.3
2000	556.1	7457.6	414.6	13013.3	37.8	2244.2
2001	719.1	7919.4	383.1	12543.5	38.6	2021.8
2002	903.4	8371.2	428.1	12156.7	37.5	2036.0
2003	1108.6	8655.7	455.8	11689.7	36.5	2003.9
2004	1333.5	8747.9	516.9	11246.2	37.2	2089.4
2005	1561.8	8624.0	582.4	10864.1	36.4	2179.0
2006	1738.8	8472.4	655.6	10711.5	36.3	2263.9
2007	1884.9	8258.6	725.2	10564.0	41.9	2348.8
2008	2021.0	8061.3	750.3	10331.5	41.7	2475.0
2009	2144.7	7875.2	778.4	10071.5	42.8	2657.8
2010	2231.8	7706.7	726.3	9940.7	42.6	2976.7
2011	2308.5	7521.6	681.0	9926.4	39.9	3424.4
2012	2391.3	7230.2	623.0	9695.9	37.9	3685.8

各级各类学历教育毕业生数

单位：万人

年 份	普 通 本专科	普通中学	职业高中	普通小学	特殊教育 学 校	学前教育
1978	16.5	2375.3		2287.9	0.3	
1980	14.7	1581.0		2053.3	0.4	
1985	31.6	1203.8	32.5	1999.9	0.4	
1990	61.4	1356.0	75.3	1863.1	0.5	
1995	80.5	1446.0	107.0	1961.5	1.9	
1996	83.9	1502.7	120.8	1934.1	2.4	
1997	82.9	1685.0	129.2	1960.1	2.8	
1998	83.0	1854.9	139.9	2117.4	3.5	
1999	84.8	1876.9	143.7	2313.7	3.8	
2000	95.0	1935.0	149.9	2419.2	4.3	
2001	103.6	2072.0	142.0	2396.9	4.6	1160.2
2002	133.7	2287.5	121.6	2351.9	4.4	1152.7
2003	187.7	2476.6	112.7	2267.9	4.5	1072.0
2004	239.1	2634.2	125.6	2135.2	4.7	1059.7
2005	306.8	2785.0	153.1	2019.5	4.3	1025.4
2006	377.5	2798.6	170.3	1928.5	4.5	1045.1
2007	447.8	2752.0	190.9	1870.2	5.0	1049.1
2008	511.9	2704.0	211.6	1865.0	5.2	1040.5
2009	531.1	2621.4	229.2	1805.2	5.7	1040.6
2010	575.4	2544.8	230.2	1739.6	5.9	1057.6
2011	608.2	2524.4	217.8	1662.8	4.4	1184.7
2012	624.7	2452.3	217.4	1641.6	4.9	1433.6

研究生和留学生数

单位：人

年 份	研究生数			出 国 留学人员	学成回国 留学人员
	招生数	在校生数	毕业生数		
1978	10708	10934	9	860	248
1980	3616	21604	476	2124	162
1985	46871	87331	17004	4888	1424
1990	29649	93018	35440	2950	1593
1995	51053	145443	31877	20381	5750
1996	59398	163322	39652	20905	6570
1997	63749	176353	46539	22410	7130
1998	72508	198885	47077	17622	7379
1999	92225	233513	54670	23749	7748
2000	128484	301239	58767	38989	9121
2001	165197	393256	67809	83973	12243
2002	202611	500980	80841	125179	17945
2003	268925	651260	111091	117307	20152
2004	326286	819896	150777	114682	24726
2005	364831	978610	189728	118515	34987
2006	397925	1104653	255902	134000	42000
2007	418612	1195047	311839	144000	44000
2008	446422	1283046	344825	179800	69300
2009	510953	1404942	371273	229300	108300
2010	538177	1538416	383600	284700	134800
2011	560168	1645845	429994	339700	186200
2012	589673	1719818	486455	399600	272900

各级各类民办教育基本情况

(2012年)

项　　目	学校数（所）	招生数（万人）	在校生数（万人）	毕业生数（万人）	教职工数（万人）	专任教师（万人）	另有其他学生数（万人）
民办高等教育							
民办高校	707	160.28	533.18	130.57	38.75	26.72	22.04
#本科学生		94.52	341.23	66.26			
专科学生		65.75	191.94	64.31			
其中:独立学院	303	75.69	278.40	58.53	18.92	13.97	3.41
本科学生		70.30	262.15	52.69			
专科学生		5.40	16.25	5.84			
民办其他高等教育机构(不计校数)	(823)				3.19	1.49	82.82
民办中等教育							
高中阶段教育	5020	165.88	475.84	162.00	45.63	32.22	
民办普通高中	2371	82.13	234.96	73.41	32.18	23.40	
民办中等职业教育	2649	83.75	240.88	88.59	13.45	8.81	34.82
初中阶段教育	4333	157.81	451.41	134.20	31.46	23.79	
民办普通初中	4333	157.81	451.41	134.20	31.46	23.79	
民办普通小学	**5213**	**104.44**	**597.85**	**96.87**	**19.69**	**14.31**	
民办幼儿园	**124638**	**865.62**	**1852.74**	**590.06**	**163.38**	**91.34**	
民办培训机构	**(20155)**				**24.63**	**14.15**	**860.64**

注：1.“另有其他学生数”包括：自考助学班学生、预科生、进修及培训学生数。

2.民办普通高中的教职工数和专业教师数包含民办普通初中的教职工数和专业教师数。

3.民办中等职业教育数据中未含技工学校数据。

4.“()”内数据为不计校数。

各级教育入学率和升学率

单位：%

年份	小学学龄儿童净入学率	毛入学率				升学率		
		小学(按各地相应学龄计算)	初中阶段(12−14周岁)	高中阶段(15−17周岁)	高等教育(18−22周岁)	小学	初中	高中
1978	95.5					87.7	40.9	
1980	93.0					75.9	45.9	
1985	95.9					68.4	41.7	
1990	97.8	111.0	66.7		3.4	74.6	40.6	27.3
1995	98.5	106.6	78.4	33.6	7.2	90.8	50.3	49.9
1996	98.8	105.7	82.4	38.0	8.3	92.6	49.8	51.0
1997	98.9	104.9	87.1	40.6	9.1	93.7	51.5	48.6
1998	98.9	104.3	87.3	40.7	9.8	94.3	50.7	46.1
1999	99.1	104.3	88.6	41.0	10.5	94.4	50.0	63.8
2000	99.1	104.6	88.6	42.8	12.5	94.9	51.2	73.2
2001	99.1	104.5	88.7	42.8	13.3	95.5	52.9	78.8
2002	98.6	107.5	90.0	42.8	15.0	97.0	58.3	83.5
2003	98.7	107.2	92.7	43.8	17.0	97.9	59.6	83.4
2004	98.9	106.6	94.1	48.1	19.0	98.1	63.8	82.5
2005	99.2	106.4	95.0	52.7	21.0	98.4	69.7	76.3
2006	99.3	106.3	97.0	59.8	22.0	100.0	75.7	75.1
2007	99.5	106.2	98.0	66.0	23.0	99.9	80.5	70.3
2008	99.5	105.7	98.5	74.0	23.3	99.7	82.1	72.7
2009	99.4	104.8	99.0	79.2	24.2	99.1	85.6	77.6
2010	99.7	104.6	100.1	82.5	26.5	98.7	87.5	83.3
2011	99.8	104.2	100.1	84.0	26.9	98.3	88.9	86.5
2012	99.9	104.3	102.1	85.0	30.0	98.3	88.4	87.0

注：毛入学率为该级教育在校学生总数与政府规定的该级学龄人口总数之比。

教育经费来源情况

单位：亿元

年 份	合 计	国家财政性教育经费	#公共财政预算教育经费	民办学校中举办者投入	社会捐赠经费	事业收入	#学杂费	其他教育经费
1992	867.0	728.8	538.7		69.6		43.9	
1993	1059.9	867.8	644.4	3.3	70.2		87.1	
1994	1488.8	1174.7	884.0	10.8	97.4		146.9	
1995	1878.0	1411.5	1028.4	20.4	162.8		201.2	
1996	2262.3	1671.7	1211.9	26.2	188.4		261.0	
1997	2531.7	1862.5	1357.7	30.2	170.7		326.1	
1998	2949.1	2032.5	1565.6	48.0	141.9	609.2	369.7	117.6
1999	3349.0	2287.2	1815.8	62.9	125.9	749.7	463.6	123.4
2000	3849.1	2562.6	2085.7	85.9	114.0	938.3	594.8	148.4
2001	4637.7	3057.0	2582.4	128.1	112.9	1157.5	745.6	182.2
2002	5480.0	3491.4	3114.2	172.6	127.3	1460.9	922.8	227.9
2003	6208.3	3850.6	3453.9	259.0	104.6	1721.8	1121.5	272.2
2004	7242.6	4465.9	4027.8	347.9	93.4	2011.4	1346.6	324.0
2005	8418.8	5161.1	4665.7	452.2	93.2	2340.0	1553.1	372.4
2006	9815.3	6348.4	5795.6	549.1	89.9	2407.3	1552.3	420.7
2007	12148.1	8280.2	7654.9	80.9	93.1	3177.2	2130.9	516.6
2008	14500.7	10449.6	9685.6	69.8	102.7	3367.1	2349.3	511.5
2009	16502.7	12231.1	11419.3	75.0	125.5	3527.6	2515.6	543.5
2010	19561.9	14670.1	13489.6	105.4	107.9	4106.1	3015.6	572.4
2011	23869.3	18586.7	16804.6	111.9	111.9	4424.7	3317.0	634.1

注：1.2007年对部分教育经费统计指标进行了修订，“民办学校中举办者投入”数据1995-2006年为社会团体和公民个人办学总经费，2007年起为民办学校中举办者投入。

2.按照政府预算体系改革要求，2011年起将原“预算内教育经费”表述为“公共财政预算教育经费”。

各级学校生师比

教师人数=1

年份	小学	初中	普通高中	中等职业学校	普通高校	本科院校	专科院校
1992	20.07	15.85	12.24		6.83	6.63	7.30
1993	22.37	15.65	14.96	13.42	8.00	7.82	8.61
1994	22.85	16.07	12.16	14.26	9.25	9.00	10.10
1995	23.30	16.73	12.95	15.98	9.83	9.71	10.16
1996	23.73	17.18	13.45	16.42	10.36	10.32	10.20
1997	24.16	17.33	14.05	16.92	10.87	10.80	10.85
1998	23.98	17.56	14.60	16.36	11.62	11.63	11.09
1999	23.12	18.17	15.16	15.68	13.37	13.67	12.23
2000	22.21	19.03	15.87	15.24	16.30	16.04	17.65
2001	21.64	19.24	16.73	15.04	18.22	18.47	17.15
2002	21.04	19.25	17.80	16.58	19.00	20.60	14.20
2003	20.50	19.13	18.35	17.63	17.00	21.07	14.75
2004	19.98	18.65	18.65	19.15	16.22	17.44	13.15
2005	19.43	17.80	18.54	21.34	16.85	17.75	14.78
2006	19.17	17.15	18.13	22.65	17.93	17.77	18.26
2007	18.82	16.52	17.48	23.13	17.28	17.31	17.20
2008	18.38	16.07	16.78	23.32	17.23	17.21	17.27
2009	17.88	15.47	16.30	25.27	17.27	17.23	17.35
2010	17.70	14.98	15.99	25.69	17.33	17.38	17.21
2011	17.71	14.38	15.77	25.01	17.42	17.48	17.27
2012	17.36	13.59	15.47	24.19	17.83	17.98	17.33

每十万人口各级学校在校生数

单位：人

年份	高等教育	高中阶段	初中阶段	小学	幼儿园
1990	326	1337	3426	10707	1725
1991	304	1355	3465	10502	1907
1992	313	1365	3518	10413	2072
1993	376	1448	3599	10656	2190
1994	433	1293	3681	10819	2219
1995	457	1610	3945	11010	2262
1996	470	1780	4180	11273	2208
1997	482	1905	4289	11435	2058
1998	519	1978	4408	11287	1944
1999	594	2032	4656	10855	1864
2000	723	2000	4969	10335	1782
2001	931	2021	5161	9937	1602
2002	1146	2283	5240	9525	1595
2003	1298	2523	5209	9100	1560
2004	1420	2824	5058	8725	1617
2005	1613	3070	4781	8358	1676
2006	1816	3321	4557	8192	1731
2007	1924	3409	4364	8037	1787
2008	2042	3463	4227	7819	1873
2009	2128	3495	4097	7584	2001
2010	2189	3504	3955	7448	2230
2011	2253	3495	3779	7403	2554
2012	2335	3416	3535	7196	2736

注：1.高等教育包括普通本专科、成人本专科和研究生。

2.初中阶段：包括初级中学，九年一贯制学校，十二年一贯制学校，完全中学，职业初中。

科技事业发展情况

指　　标	单位	1991年	2000年	2010年	2011年	2012年
研究与试验发展(R&D)活动						
R&D人员全时当量	万人年	67.1	92.2	255.4	288.3	327.3
R&D经费支出	亿元		896	7063	8687	10240
R&D经费支出占						
国内生产总值比重	%		0.90	1.76	1.84	1.97
技术成果和国家奖励						
科技成果登记数	项	32653	32858	42108	44208	51723
#应用技术成果	项	28258	28843	37029	39218	43234
国家奖励						
#国家自然科学奖	项	53	15	30	36	41
国家技术发明奖	项	209	23	46	55	77
国家科技进步奖	项	502	250	273	283	212
国际科学技术合作奖	项		2	5	8	5
技术市场成交额	亿元	95	651	3907	4764	6437
成功发射卫星	次		6	15	19	19
科技服务						
出版地图	种		1150	2009	1808	1662
气象观测站点	个	3903	5117	37992	41440	54969
气象科学数据共享服务数据量	GB			358220	398134	440988
地震台站	个	1125	1234	1477	1617	1687
海洋观测站	个			71	74	79
质量监督						
产品检测实验室	个		5500	25171	25669	28128
#国家检测中心	个		230	443	476	509
抽查产品	种	138	235	132	156	149
抽查产品	批	3907	9705	16357	20965	20355
专利						
专利申请受理量	万件	5.00	17.07	122.23	163.33	205.06
境内	万件	4.40	12.82	108.40	147.88	188.56
境外	万件	0.60	4.25	13.83	15.46	16.51
专利申请授权量	万件	2.46	10.53	81.48	96.05	125.51
境内	万件	2.05	8.55	71.94	86.39	114.36
境外	万件	0.41	1.99	9.54	9.66	11.15

公有经济企事业单位专业技术人员

（年底数）

项　　目	单位	1990年	1995年	2000年	2005年	2010年	2011年
公有企事业单位职工人数	**万人**	**9459**	**9975**	**6820**	**5161**	**4973**	**5150**
专业技术人员总计	**万人**	**2285**	**2705**	**2887**	**2757**	**2816**	**2919**
#工程技术人员	万人	480	563	555	479	542	572
农业技术人员	万人	45	54	67	71	69	71
科学研究人员	万人	34	30	27	31	34	40
卫生技术人员	万人	266	304	337	358	384	411
教学人员	万人	824	963	1178	1259	1241	1263
平均每万名职工有专业技术人员	**人**	**2416**	**2712**	**4234**	**5341**	**5662**	**5667**
#工程技术人员	人	507	564	814	928	1089	1110
农业技术人员	人	48	54	98	137	138	139
科学研究人员	人	35	30	40	60	68	78
卫生技术人员	人	281	304	494	694	772	798
教学人员	人	871	966	1728	2439	2496	2452

注：1.2008年及以前年份统计口径为“国有企事业单位”，不包括集体企事业单位情况。

2.1990年数据包括行政机关专业技术人员，但不包括社会科技领域专业技术人员及小学教师人数。

按行业分公有经济企事业单位专业技术人员

（2011年底）　　　　单位：万人

行业分类	合计	企业	事业
全国总计	**2918.7**	**880.4**	**2038.2**
农、林、牧、渔业	107.2	19.3	87.9
工业	344.0	341.4	2.6
建筑业	116.0	107.9	8.1
交通运输、仓储和邮政业	77.4	52.0	25.4
信息传输、计算机服务和软件业	52.0	49.0	3.0
批发和零售业	34.0	33.7	0.3
住宿和餐饮业	3.2	2.6	0.6
金融业	200.4	195.3	5.1
房地产业	13.1	9.9	3.2
租赁和商务服务业	6.0	4.6	1.5
科学研究、技术服务和地质勘查业	97.2	27.9	69.3
水利、环境和公共设施管理业	46.4	4.5	41.9
居民服务和其他服务业	14.9	9.3	5.7
教育	1290.7	2.1	1288.6
卫生、社会保障和社会福利业	404.7	5.0	399.7
文化、体育和娱乐业	63.8	9.5	54.3
公共管理和社会组织	47.5	6.5	41.1

卫生、文化和体育基本情况

项　　目	单　位	1990年	2000年	2010年	2011年	2012年
卫生						
医疗卫生机构	万个	101.3	103.4	93.7	95.4	95.0
#医院	万个	1.4	1.6	2.1	2.2	2.3
医疗卫生机构床位	万张	292.5	317.7	478.7	516.0	572.4
卫生人员	万人	613.8	691.0	820.8	861.6	911.9
#卫生技术人员	万人	389.8	449.1	587.6	620.3	667.9
#执业(助理)医师	万人	176.3	207.6	241.3	246.6	261.6
注册护士	万人	97.5	126.7	204.8	224.4	249.7
开展新农合县(市、区)	个			2678	2637	2566
参加新农合人数	亿人			8.36	8.32	8.05
新农合参合率	%			96.0	97.5	98.3
卫生总费用	亿元	747.4	4586.6	19980.4	24345.9	
文化						
公共图书馆	个	2527	2675	2884	2952	3075
省、地市级群众艺术馆	个	366	390	374	379	382
博物馆	个	1013	1384	2435	2650	3069
艺术表演团体	个	2805	2619	6864	7055	7340
艺术表演场馆	个	1955	1900	2112	1956	2344
广播节目综合人口覆盖率	%	74.7	92.5	96.8	97.1	97.5
电视节目综合人口覆盖率	%	79.4	93.7	97.6	97.8	98.2
有线广播电视用户	万户		8476	18872	20264	21509
国有电影制片厂	个			38	38	38
电影院线	条			37	39	40
图书总印数	亿册(张)	56.4	62.7	71.7	77.1	81.0
期刊总印数	亿册	17.9	29.4	32.2	32.9	34.0
报纸总印数	亿份	211.3	329.3	452.1	467.4	476.0
体育						
创造世界纪录	次	16	30	15	8	14
获得世界冠军	个	54	110	108	138	107

医疗卫生机构数和床位数

年 份	医疗卫生机构(万个)	#医 院	医疗卫生机构床位(万张)	#医 院
1978	17.0	0.9	204.2	110.0
1979	17.7	1.0	212.8	116.1
1980	18.1	1.0	218.4	119.6
1981	80.0	1.0	223.4	124.1
1982	80.2	1.0	228.0	128.5
1983	87.1	1.1	234.2	134.5
1984	90.5	1.1	241.2	141.2
1985	97.9	1.2	248.7	150.9
1986	99.9	1.2	256.3	156.0
1987	101.3	1.3	268.5	165.3
1988	101.2	1.4	279.5	174.7
1989	102.8	1.4	286.7	181.5
1990	101.3	1.4	292.5	186.9
1991	100.4	1.5	299.2	192.6
1992	100.1	1.5	304.9	197.7
1993	100.1	1.5	309.9	203.6
1994	100.5	1.6	313.4	207.0
1995	99.4	1.6	314.1	206.3
1996	107.8	1.6	310.0	209.7
1997	104.9	1.6	313.5	211.9
1998	104.3	1.6	314.3	213.4
1999	101.8	1.7	315.9	215.1
2000	103.4	1.6	317.7	216.7
2001	102.9	1.6	320.1	215.6
2002	100.5	1.8	313.6	222.2
2003	80.6	1.8	316.4	227.0
2004	84.9	1.8	326.8	236.4
2005	88.2	1.9	336.8	244.5
2006	91.8	1.9	351.2	256.0
2007	91.2	2.0	370.1	267.5
2008	89.1	2.0	403.9	288.3
2009	91.7	2.0	441.7	312.1
2010	93.7	2.1	478.7	338.7
2011	95.4	2.2	516.0	370.5
2012	95.0	2.3	572.4	416.1

注：1981年起卫生机构含村卫生室。

卫生机构人员数

年 份	卫生人员(万人)	卫生技术人员	#执业(助理)医师	执业医师	#注册护士
1978	788.3	246.4	97.8	61.0	40.5
1979	773.8	264.2	108.8	65.3	42.1
1980	735.5	279.8	115.3	70.9	46.6
1981	719.9	301.1	124.4	62.0	52.5
1982	695.4	314.3	130.7	66.8	56.4
1983	675.7	325.3	135.3	70.4	59.6
1984	662.3	334.4	138.1	71.6	61.6
1985	560.6	341.1	141.3	72.4	63.7
1986	572.6	350.7	144.4	74.6	68.1
1987	584.3	360.9	148.2	77.7	71.8
1988	592.5	372.4	161.8	109.6	82.9
1989	602.8	380.9	171.8	125.8	92.2
1990	613.8	389.8	176.3	130.3	97.5
1991	627.8	398.5	178.0	131.1	101.2
1992	640.9	407.4	180.8	132.8	104.0
1993	654.1	411.7	183.2	137.2	105.6
1994	663.1	419.9	188.2	142.5	109.4
1995	670.4	425.7	191.8	145.5	112.6
1996	673.5	431.2	194.1	147.5	116.3
1997	683.4	439.8	198.5	150.5	119.8
1998	686.3	442.4	200.0	151.4	121.9
1999	689.5	445.9	204.5	156.2	124.5
2000	691.0	449.1	207.6	160.3	126.7
2001	687.5	450.8	210.0	163.7	128.7
2002	652.9	427.0	184.4	146.4	124.7
2003	621.7	438.1	194.2	153.4	126.6
2004	633.3	448.6	199.9	158.2	130.8
2005	644.7	456.4	204.2	162.3	135.0
2006	668.1	472.8	209.9	167.8	142.6
2007	696.4	491.3	212.3	171.5	155.9
2008	725.2	517.4	220.2	179.2	167.8
2009	778.1	553.5	232.9	190.5	185.5
2010	820.8	587.6	241.3	197.3	204.8
2011	861.6	620.3	246.6	202.0	224.4
2012	911.9	667.9	261.6	213.9	249.7

文化文物机构情况

单位：个

年 份	公共图书馆	文化馆、站：省、地市级群众艺术馆	文化馆、站：县市级文化馆	文化馆、站：乡镇(街道)文化站	博物馆	艺术表演团体	艺术表演场馆
1978	1218	92	2748	4053	349	3150	1095
1980	1732	218	2912	5609	365	3533	1444
1985	2344	335	2960	5281	711	3317	1377
1990	2527	366	2955	5895	1013	2805	1955
1995	2615	373	2886	10228	1194	2682	1958
1996	2620	392	2892	41969	1219	2664	1934
1997	2628	385	2901	42163	1282	2663	1947
1998	2662	386	2901	42547	1339	2652	1929
1999	2669	389	2905	42543	1363	2632	1911
2000	2675	390	2907	42024	1384	2619	1900
2001	2696	399	2842	40138	1461	2605	1854
2002	2697	389	2854	39273	1511	2587	1829
2003	2709	382	2846	38588	1515	2601	1900
2004	2720	380	2841	38181	1548	2759	1928
2005	2762	375	2851	38362	1581	2805	1866
2006	2778	395	2819	36874	1617	2866	1839
2007	2799	411	2806	37384	1722	4512	2070
2008	2820	389	2829	37938	1893	5114	1944
2009	2850	361	2862	38736	2252	6139	2137
2010	2884	374	2890	40118	2435	6864	2112
2011	2952	379	2905	40390	2650	7055	1956
2012	3075	382	2919	40575	3069	7340	2344

注：2007年以前艺术表演团体和艺术表演场馆为文化部门系统内数据，2007年起含非文化部门单位。

图书、期刊和报纸出版情况

年 份	图书：种数(万种)	图书：总印数(亿册、亿张)	期刊：种数(种)	期刊：总印数(亿册)	报纸：种数(种)	报纸：总印数(亿份)
1978	1.5	37.7	930	7.6	186	127.8
1980	2.2	45.9	2191	11.3	188	140.4
1985	4.6	66.7	4705	25.6	1445	246.8
1990	8.0	56.4	5751	17.9	1444	211.3
1995	10.1	63.2	7583	23.4	2089	263.3
1996	11.3	71.6	7916	23.1	2163	274.3
1997	12.0	73.1	7918	24.4	2149	287.6
1998	13.1	72.4	7999	25.4	2053	300.4
1999	14.2	73.2	8187	28.5	2038	318.4
2000	14.3	62.7	8725	29.4	2007	329.3
2001	15.5	63.1	8889	28.9	2111	351.1
2002	17.1	68.7	9029	29.5	2137	367.8
2003	19.0	66.7	9074	29.5	2119	383.1
2004	20.8	64.1	9490	28.3	1922	402.4
2005	22.2	64.7	9468	27.6	1931	412.6
2006	23.4	64.1	9468	28.5	1938	424.5
2007	24.8	62.9	9468	30.4	1938	438.0
2008	27.4	70.6	9549	31.0	1943	442.9
2009	30.2	70.4	9851	31.5	1937	439.1
2010	32.8	71.7	9884	32.2	1939	452.1
2011	37.0	77.1	9884	32.9	1928	467.4
2012	37.0	81.0	9849	34.0	1928	476.0

创造世界纪录和获得世界冠军情况

年 份	创造世界纪录			获得世界冠军	
	项 数 (项)	次 数 (次)	人 数 (人)	项 数 (项)	个 数 (个)
1978	3	3	6	4	4
1980	7	15	17	3	3
1985	5	9	6	42	46
1990	14	16	17	54	54
1995	13	24	14人2队	98	102
1996	22	30	17人1队	72	75
1997	29	43	29人2队	87	92
1998	31	68	30人3队	75	83
1999	24	50	16人	91	92
2000	22	30	14人2队	92	110
2001	10	12	8人2队	79	90
2002	29	33	17人5队	99	110
2003	13	16	8人1队	17	84
2004	16	16	7人2队	27	101
2005	15	21	14人2队	22	106
2006	21	25	11人3队	24	141
2007	10	10	8人2队	22	123
2008	16	16	11人2队	24	120
2009	22	22	11人3队	30	142
2010	15	15	8人5队	22	108
2011	8	8	4人1队	24	138
2012	14	14	9人3队	24	107

注：1995年以前各年的集体项目的队数折合在人数中。

社会服务基本情况

指　　标	单位	2007年	2008年	2009年	2010年	2011年	2012年
社会服务							
提供住宿的社会服务机构	万个	4.5	4.1	4.4	4.4	4.6	4.8
为残疾人提供服务的福利企业							
单位	万个	2.5	2.4	2.3	2.2	2.2	2.0
残疾职工	万人	56.3	61.9	62.7	62.5	62.8	59.7
生活困难群众救助							
城市居民最低生活保障人数	万人	2272	2335	2346	2311	2277	2144
农村居民最低生活保障人数	万人	3566	4306	4760	5214	5306	5345
农村五保供养人数	万人	531	549	553	556	551	546
医疗救助							
城市	万人次	442	444	410	460	672	690
农村	万人次	377	760	730	1019	1472	1484
民政部门资助							
参加医疗保险人数	万人		643	1096	1461	1550	1387
参加新农合人数	万人	2517	3432	4059	4615	4825	4490
优抚安置服务							
国家重点优抚对象	万人	622.4	633.2	630.7	625.0	852.5	944.4
接收军队离退休人员	万人	2.8	2.1	1.9	1.3	1.5	1.9
社区服务							
社区服务机构	万个	17.2	16.3	17.5	15.2	16.0	20.0
为弱势群体筹集资金的活动							
民政部门接收社会捐赠款	亿元	50.9	479.3	66.5	179.8	96.6	101.7
福利彩票销售	亿元	631.6	604.0	756.0	968.0	1278.0	1510.3
自然灾害情况							
受灾人口	万人次	39778	47795	47934	42610	43290	29422
因灾死亡人口	人	2325	88928	1299	6541	1014	1325
直接经济损失	亿元	2363.0	11752.4	2523.7	5339.9	3096.4	4185.5
社会组织							
社会团体	万个	21.2	23.0	23.9	24.5	25.5	27.1
民办非企业单位	万个	17.4	18.2	19.0	19.8	20.4	22.5
基金会	个	1340	1597	1843	2200	2614	3031
自治组织							
村民委员会	万个	61.3	60.4	59.9	59.5	59.0	58.8
社区居委会	万个	8.2	8.3	8.5	8.7	8.9	9.1
婚姻服务							
结婚登记	万对	991.4	1098.3	1212.2	1241.0	1302.4	1323.6
粗结婚率	‰	7.5	8.3	9.1	9.3	9.7	9.8
离婚登记	万对	209.8	226.9	246.8	267.8	287.4	310.4
粗离婚率	‰	1.6	1.7	1.9	2.0	2.1	2.3
殡葬服务							
火化率	%	48.4	48.5	48.2	49.0	48.8	49.5

提供住宿的社会服务床位数

单位：万张

年　份	床位数	#老年及残疾人床　位	#智障和精神疾病床　位	#儿童床位
1978	16.3	15.7	0.6	
1979	22.6	20.1	2.1	0.4
1980	24.2	21.3	2.4	0.5
1981	25.3	22.2	2.5	0.6
1982	28.2	24.8	2.8	0.6
1983	32.4	29.0	2.8	0.6
1984	42.5	39.0	2.9	0.6
1985	49.1	45.5	2.9	0.5
1986	58.7	54.7	3.1	0.6
1987	64.9	60.7	3.3	0.6
1988	69.5	65.3	3.4	0.6
1989	73.8	69.3	3.6	0.7
1990	78.0	73.5	3.7	0.8
1991	82.8	78.3	3.8	0.7
1992	89.8	85.2	3.8	0.8
1993	92.7	87.4	4.0	0.9
1994	95.5	90.1	4.0	0.9
1995	97.6	91.9	4.0	1.1
1996	100.8	95.0	4.0	1.2
1997	103.1	97.2	4.0	1.3
1998	105.8	99.6	4.1	1.5
1999	108.9	102.4	4.1	1.6
2000	113.0	104.5	4.1	1.8
2001	140.7	114.6	4.2	2.3
2002	141.5	114.9	4.3	2.5
2003	142.9	120.6	4.5	2.7
2004	157.2	139.5	4.5	3.0
2005	180.7	158.1	4.4	3.2
2006	204.5	179.6	4.4	3.2
2007	269.6	242.9	4.7	3.4
2008	300.3	267.4	5.4	4.3
2009	326.5	293.5	5.9	4.8
2010	349.6	316.1	6.1	5.5
2011	396.4	353.2	6.5	6.8
2012	449.4	380.0	6.7	8.7

环境保护基本概况

项　　目	单　位	2007年	2008年	2009年	2010年	2011年	2012年
水环境							
水资源总量	亿立方米	25255	27434	24180	30906	23257	28410
人均水资源量	立方米/人	1916	2071	1816	2310	1730	2098
用水总量	亿立方米	5819	5910	5965	6022	6107	6110
#农业	亿立方米	3600	3664	3723	3689	3744	3725
工业	亿立方米	1403	1397	1391	1447	1462	1450
生活	亿立方米	710	729	748	766	790	815
生态	亿立方米	106	120	103	120	112	120
化学需氧量排放量	万吨	1382	1321	1278	1238	2500	
大气环境							
二氧化硫排放量	万吨	2468	2321	2214	2185	2218	
固体废物							
工业固体废物排放量	万吨	1197	782	711	498		
工业固体废物综合利用量	万吨	110311	123482	138186	161772		
工业固体废物综合利用率	%	62.1	64.3	67.0	66.7		
生态环境							
森林面积	万公顷	19545	19545	19545	19545	19545	19545
森林覆盖率	%	20.36	20.36	20.36	20.36	20.36	20.36
当年造林面积	万公顷	391	535	626	591	600	601
全国自然保护区数	个	2531	2538	2541	2588	2640	2640
#国家级	个	303	303	319	319	335	363
全国自然保护区面积	万公顷	15188	14894	14775	14944	14971	
全国保护区面积占辖区面积	%	15.2	14.9	14.7	14.9	14.9	
全国湿地面积	万公顷	3849	3849	3849	3849	3849	3849
全国湿地面积占国土面积	%	4.0	4.0	4.0	4.0	4.0	4.0
自然灾害							
发生地质灾害次数	次	25364	26580	10580	30670	15804	
发生地震灾害次数	次	3	17	8	12	18	16
发生赤潮次数	次	82	68	68	69	55	

注：1.森林面积和森林覆盖率为第七次全国森林资源清查(2004-2008)资料；全国湿地面积和占国土面积比重为我国首次湿地调查(1995-2003)资料。

2.2011年环境保护部对统计制度中的指标体系、调查方法及相关技术规定等进行了修订，统计范围扩展为工业源、农业源、城镇生活源、机动车、集中式污染治理设施5个部分。2011年化学需氧量、二氧化硫、固体废物等指标数据与以前年度不可直接比较。

香港特别行政区主要社会经济指标（一）

指　　标	1990年	2000年	2010年	2011年	2012年
人口					
年中人口（万人）	570.4	666.5	702.4	707.2	715.5
粗出生率（‰）	12.0	8.1	12.6	13.5	12.8
粗死亡率（‰）	5.2	5.1	6.0	6.0	6.0
劳动、就业①					
劳动人口（万人）	274.8	337.4	363.1	370.3	378.5
劳动人口参与率（%）	63.2	61.4	59.6	60.1	60.5
失业率（%）	1.3	4.9	4.3	3.4	3.3
就业不足率（%）	0.9	2.8	2.0	1.7	1.5
实际工资指数②（1992年9月=100）	100.2	112.5	113.5	117.9	118.9
本地生产总值③					
按2010年环比物量计算⑤					
本地生产总值年增长率（%）	3.8	7.7	6.8	4.9	1.4
本地生产总值（亿港元）	8089	11918	17768	18630	18898
人均本地生产总值(港元)	141798	178818	252952	263442	264142
按当年价格计算					
本地生产总值年增长率（%）	11.7	4.0	7.1	9.0	5.4
本地生产总值（亿港元）	5993	13375	17768	19361	20401
人均本地生产总值(港元)	105050	200675	252952	273779	285146
本地居民总收入⑥					
按当年价格计算					
本地居民总收入（亿港元）		13482	18144	19889	20836
人均本地居民总收入（港元）		202287	258304	281250	291224
对外初次收入流量净值(亿港元)		107	376	528	435
对外商品贸易					
港产品出口（亿港元）	2259	1810	695	657	588
转口（亿港元）	4140	13917	29615	32716	33755
进口（亿港元）	6425	16580	33648	37646	39122
贸易价格比率指数(2010年=100)	104.4	104.3	100.0	99.9	100.0
对外服务贸易③④					
服务出口(亿港元)	1431	3167	8295	9365	9858
服务进口(亿港元)	1020	1939	3992	4397	4494

香港特别行政区主要社会经济指标（二）

指　　　　标	1990年	2000年	2010年	2011年	2012年
国际收支平衡表⑦					
经常账户（亿港元）		588	1165	930	228
资本及金融账户（亿港元）		-613	-888	-1132	-376
净误差及遗漏（亿港元）		25	-277	202	148
整体的国际收支（亿港元）		1002	591	868	1889
国际投资头寸⑧					
国际投资头寸净值（亿港元）		17195	51711	55229	56748
对外金融资产（亿港元）		92493	232300	240620	271377
对外金融负债（亿港元）		75298	180589	185391	214629
居民消费物价指数					
(2009年10月至2010年9月=100)					
综合消费物价指数	57.3	96.5	100.7	106.0	110.3
甲类消费物价指数	58.0	97.4	100.8	106.4	110.3
乙类消费物价指数	57.7	96.2	100.6	105.8	110.4
丙类消费物价指数	55.8	95.9	100.6	105.8	110.1
工业生产					
工业生产指数(2008年=100)			95.0	95.7	94.9
工业电力消费量（万亿焦耳）	24934	17769	11080	11104	11282
工业煤气消费量（万亿焦耳）	583	982	917	1086	1331
服务					
增加价值（亿港元）					
进出口贸易、批发及零售		2770	4133	4929	
住宿及膳食服务		378	564	664	
运输、仓库、邮政及速递服务		976	1379	1200	
资讯及通讯		429	550	630	
金融及保险		1642	2842	3068	
地产、专业及商用服务		1182	1885	2140	
公共行政、社会及个人服务		2434	2953	3136	
楼宇业权		1391	1847	1950	

香港特别行政区主要社会经济指标（三）

指　　标	1990年	2000年	2010年	2011年	2012年
房屋及物业					
已登记物业买卖合约涉及的价值(亿港元)					
住宅		1684	5607	4425	4523
非住宅		541	1288	1454	2017
总计		2225	6895	5879	6540
楼宇售价指数(1999年=100)					
私人住宅单位	44.8	89.6	150.9	182.1	206.2
私人写字楼(甲级、乙级及丙级)	99.1	89.9	230.4	297.9	333.5
楼宇租金指数(1999年=100)					
私人住宅单位	76.7	98.1	119.7	134.0	142.6
私人写字楼(甲级、乙级及丙级)	137.3	98.5	147.6	169.9	188.2
建筑工程完成名义总值（亿港元）	613	1221	1113	1285	1596
新落成房屋委员会租住单位⑨（个）	32619	55492	13672	11186	
新落成房屋委员会资助出售单位⑨(个)	15612	33510	1110		
获批准可动工兴建私人居住单位（个）					
初次呈交图则	26722	30039	3945	7432	14063
重大修改⑩			6166	6674	3169
政府收支、货币、金融（亿港元）					
政府储备结余⑪	765	4303	5954	6691	7340
政府收入总额⑨	895	2251	3765	4377	4455
政府支出总额⑨	856	2329	3014	3640	3806
货币供应量M_3					
港元⑫	5712	20024	38782	40554	45456
外币⑬	7168	16904	32781	40257	44257
总计	12880	36928	71563	80811	89713
在香港使用的贷款及垫款⑭	6894	18615	29884	33609	35980
港汇指数（贸易总值加权，2010年1月=100）	93.8	117.6	99.5	94.6	94.9
运输、通讯及旅游					
进出香港的货运车辆（万辆）	473.35	940.22	834.57	786.66	767.14
进出香港的货物					
总卸下（万吨）	6076	13035	17282	17519	17160
总装上（万吨）	2997	8692	12882	13291	12793
集装箱吞吐量⑮（万标准集装箱单位）	510	1810	2370	2438	2312
领牌车辆（万辆）	37	52	61	63	65
电话服务（万条操作线路）	245	395	426	425	425
访港旅客⑯（万人次）	658	1306	3603	4192	4862
酒店入住率（%）	79	83	87	89	89
教育					
小学学生人数（人）	526720	493979	331112	322881	317442
中学学生人数（人）	453423	466710	452581	469129	420723
大学教育学生人数（人）	57824	78295	166018	168692	196334
卫生					
登记死亡人数（人）	29201	33993	42699	42188	43672
死于心脏病人数⑰（人）	4976	5537	6636	6334	6254
死于恶性肿瘤人数⑰（人）	8669	11222	13076	13241	13190
婴儿死亡率（按每千名登记活产婴儿计算）	5.9	2.9	1.7	1.4	1.5

香港特别行政区主要社会经济指标（四）

指　　标	1990年	2000年	2010年	2011年	2012年
社会保障					
综合社会保障援助					
个案数目⑪（个）	66675	228263	282732	275383	
发放款项⑱（亿港元）	9.6	135.6	184.9	195.5	
公共福利金					
个案数目⑪	444517	550585	642979	663237	
发放款项⑱（亿港元）	21.6	51.3	90.6	97.4	
交通意外伤亡援助					
获批个案数目⑱	5310	5998	7203	7139	
发放款项⑱（万港元）	4990	13000	18719	17026	
治安					
举报罪案合计　（件）	88300	77245	75965	75936	75930
暴力罪案总计　（件）	18820	14812	13546	13100	12821
犯罪被捕人数总计　（人）	44013	40930	37956	38327	38615

注：本表数据由香港特别行政区政府统计处提供，国家统计局整理编辑。1996年及以前年份数据均指原香港地区。

① 数字已就2011年人口普查的结果作出修订。2011年人口普查的结果提供了一个基准，用作修订自2006年中期人口统计以来编制的人口数字。

② 1990年的工资指数为该年9月份的数字，2000年以后的指数则为该年12月份的数字。而2004年以后工资统计数字采用《香港标准行业分类2.0版》编制。

③ 数字已就2012年9月完成的本地生产总值统计修订工作作出修订。因此数字与较早期号的数字或有不同。

④ 服务贸易统计数字是根据《2008年国民经济核算体系》的建议编制而成的，但不包括以所有权转移原则记录外地加工货品和转手商贸活动的建议。作为一个过渡安排，另一套根据《2008年国民经济核算体系》并包括上述的所有权转移原则编制的服务贸易统计数字，已刊载于《本地生产总值》报告的补充统计表内以作参考。有关根据所有权转移原则的概念、定义及相关编制方法，请参考2012年9月出版的《本地生产总值统计特刊》。

⑤ 以环比物量计算的本地生产总值及其组成部分的参照年，已由2009年重订为2010年。重订参照年会影响环比物量估算的数值，但不会改变其变动率。

⑥ 数字已就2012年9月完成的本地居民总收入统计修订工作作出修订。因此数字与较早期号的数字或有不同。

⑦ 根据编制国际收支平衡的会计常规，经常账户差额的正数值显示盈余而负数值则显示赤字。在资本及金融账户方面，正数值显示资金净流入而负数值则显示资金净流出。

⑧ 期末头寸。

⑨ 财政年度数字。指当年4月1日至第二年3月31日。

⑩ 2002年及以前没有"重大修改"的分类数字。

⑪ 财政年度终结数字。指第二年3月31日。

⑫ 包括外币掉期存款。

⑬ 已扣除外币掉期存款。

⑭ 不包括贸易融资的贷款。

⑮ 由1998年起，采用一系列新的集装箱吞吐量数字。与1998年以前的数字不可比。

⑯ 1996年及以后的数字包括经澳门访港的非澳门居民旅客人数。

⑰ 从2001年起，疾病及死因分类按照根据《疾病和有关健康问题的国际统计分类》(ICD)第十次修订本重新编制。与2001年以前数字不可比。

⑱ 财政年度数字。指当年4月1日至第二年3月31日。2010及2011年的开支包括于该财政年度分别向综援受助人及公共福利金受惠人额外发放的一个月标准金额及一个月津贴。

澳门特别行政区主要社会经济指标（一）

指　　标	1990年	2000年	2010年	2011年	2012年
本地生产总值①					
以2010年环比物量计算					
本地生产总值实际增长率(支出法)(%)	8.0	5.7	27.5	21.8	9.9
本地生产总值（亿澳门元）	572	744.6	2269.4	2764.5	3039.5
人均本地生产总值（万澳门元）	17.1	17.3	42.3	50.3	53.4
按当年价格计算					
本地生产总值名义增长率(支出法)(%)	20.4	2.7	33.4	30.0	18.0
本地生产总值（亿澳门元）	254.6	516.3	2269.4	2950.5	3482.2
人均本地生产总值（万澳门元）	7.6	12.0	42.3	53.7	61.2
人口及生命统计					
年中人口（万人）	33.5	43.1	53.7	55	56.8
出生率（‰）	20.5	8.9	9.5	10.6	12.9
死亡率（‰）	4.4	3.1	3.3	3.4	3.2
劳动力					
劳动人口（万人）	16.9	20.9	32.4	33.6	35.0
劳动力参与率（%）	66.6	64.3	72.0	72.5	72.4
失业率（%）	3.2	6.8	2.8	2.6	2.0
就业不足率（%）	2.3	3.0	1.7	1.1	0.8
就业人口（万人）	16.3	19.5	31.5	32.8	34.3
（Ⅰ）制造业	5.3	3.8	1.5	1.3	1.0
（Ⅱ）批发及零售业②	3.5	3.0	4.1	4.3	4.2
（Ⅲ）餐厅及酒店业		2.1	4.3	4.6	5.3
（Ⅳ）团体、社会及个人服务业	4.5	2.2	7.5	8.2	9.0
对外商品贸易					
出口（亿澳门元）	136.4	203.8	69.6	69.7	81.6
本地产品出口（亿澳门元）		170.8	23.9	23.9	22.8
转口（亿澳门元）		33.0	45.7	45.8	58.7
进口（亿澳门元）	123.4	181.0	441.2	622.9	709.3
贸易条件指数（2011年=100）	114.4	115.8	99.3	100.0	97.7
工业生产					
工业电力消耗量（亿千瓦小时）		1.6	1.6	1.7	1.8
建筑					
建成的私人楼宇单位数目（个）	11574	3146	4527	1387	2558
建成的私人楼宇总建筑面积(万平方米)	105.7	37.0	127.2	116.3	156.8
新动工的私人楼宇单位数目（个）		1167	870	2159	1592
新动工的私人楼宇总建筑面积(万平方米)		20.3	18.4	36.7	30.4
楼宇单位买卖数目（个）	8463	10211	29617	27624	25419
不动产买卖契约数目（宗）	8559	12484	12707	10935	12339
不动产按揭贷款数目（宗）	6610	7367	15127	14447	16427
运输、通讯、旅游					
进出澳门货运车辆数目③(万辆)	26.4	45.4	35.8	33.4	32.5
领牌车辆 ④（万辆）	5.1	11.4	19.7	20.6	21.7
电话线（万条）	9.6	17.7	16.8	16.6	16.3
访澳旅客⑤（万人次）	594.2	916.2	2496.5	2800.2	2808.2
酒店入住率（%）	69	58	80	84	83

澳门特别行政区主要社会经济指标（二）

指　　标	1990年	2000年	2010年	2011年	2012年
政府收支、货币、金融(亿澳门元)					
政府总收入①	60.2	153.4	884.9	1229.7	1295.0
政府总开支①	55.1	150.2	383.9	455.9	567.4
货币供应（广义货币供应量M_2）					
澳门元⑥	70.2	232.2	680.4	772.9	909.2
港元	150.8	445.1	1328.1	1623.3	2090.2
其他货币	86.5	171.9	422.1	583.4	744.9
总计	307.4	849.2	2430.5	2979.6	3744.3
本地机构及私人贷款及垫款	156.0	382.0	1267.9	1616.1	1899.5
消费价格指数					
(2008年4月至2009年3月=100)					
综合消费价格指数		83.95	104.25	110.30	117.04
甲类消费价格指数		81.99	103.77	109.49	116.49
乙类消费价格指数		84.68	104.38	110.63	117.61
房屋（期末值）					
公共房屋 ⑦（个）	4871	9084	8174	8376	8267
教育⑧					
幼儿教育学生（人）	20814	14978	10804	11787	
小学生（人）	34972	45474	23785	22646	
中学生（人）	17601	38156	37224	35726	
高等教育学生（人）	7425	8358	25539	26217	
医疗					
死亡人数（人）	1482	1338	1774	1845	1841
死于心脏病人数（人）	356	252	375	400	394
死于癌症人数（人）	283	352	581	564	636
婴儿死亡率（按每千名出生登记活产婴儿计算）	8.4	2.9	2.9	2.9	2.5
社会保障					
供款单位数目		8451	34294	19373	
总发放援助次数（万次）		16.3	52.3	61.0	
总发放金额（亿澳门元）		2.0	7.5	11.0	
治安					
罪案数目（宗）	5514	8925	11649	12512	12685
囚犯数目（期末值,人）	719	847	929	1030	1112

注：本表数据由澳门特别行政区政府统计暨普查局提供，国家统计局整理编辑。1998年及以前数据均指原澳门地区。

①数字在日后得到更多资料时会作出修订。

②1990年“批发及零售业”数字包含了“酒店及饮食业”数字。

③自2000年开始包括进出关闸及路氹城边检站的数字；另外，自2007年开始亦包括进出跨境工业区边检站的数字。

④自2007年开始不包括单车。

⑤自2008年开始访澳旅客不包括外地雇员及学生等。

⑥“中华人民共和国澳门特别行政区基本法”说明，澳门元是澳门特别行政区的法定货币。

⑦不包括已出售者。

⑧不包括特殊教育学生。第n年的学生人数是指n/n+1学年年底学生人数。2007/2008学年起不包括回归教育学生人数；2010/2011学年起为注册学生人数。

台湾省主要社会经济指标（一）

指　　标	1995年	2000年	2010年	2011年	2012年
人口					
户籍登记人口数①(万人)	2136	2228	2316	2323	2332
人口自然增加率（‰）	9.90	8.08	0.91	1.88	3.23
人口社会增加率（‰）	-1.45	0.22	0.92	0.82	0.67
人口密度(人/平方公里)	590	616	640	642	644
性别比①(女性为100)	106.0	104.7	100.9	100.6	100.3
离婚率（对/千人）	1.57	2.37	2.51	2.51	2.41
劳动、就业					
劳动力人口（万人）	921	978	1107	1120	1134
劳动参与率（%）	58.7	57.7	58.1	58.2	58.4
男	72.0	69.4	66.5	66.7	66.8
女	45.3	46.0	49.9	50.0	50.2
工业占就业人口比重（%）	38.7	37.2	35.9	36.3	36.2
服务业占就业人口比重（%）	50.7	55.0	58.8	58.6	58.8
失业率（%）	1.8	3.0	5.2	4.4	4.2
工业及服务业每月人均薪资(新台币元)	35449	41938	44536	45749	45888
工业	33508	39679	42869	43946	44280
服务业	37558	44180	45930	47269	47233
就业服务					
求供倍数（倍）	2.1	1.6	1.3	1.4	1.6
求职人数（万人）		28.9	118.3	114.1	100.4
求才人数（万人）		47.0	149.5	155.5	156.8
生活环境					
平均每人每月用电量（千瓦小时）	105.2	130.9	146.5	149.7	144.9
平均每人每月用水量（立方米）	10.1	10.5	11.0	11.0	11.0
公共安全					
刑案发生率（件/十万人）	2023	1977	1607	1499	1369
犯罪人口率（人/十万人）	734	819	1164	1123	1142
刑案破获率（%）	53.7	59.2	79.7	79.5	84.0
少年犯罪人数(13-17岁)（人）	29287	18144	11102	13103	15381
火灾发生次数（次）	10916	15560	2186	1772	1574
火灾死伤人数（人）	908	994	391	385	428
机动车肇事率（件/万辆）	2.76	31.76	101.94	107.30	107.47
道路交通事故伤亡人数					
死亡（人）	3065	3388	2047	2117	2040
受伤（人）	2933	66895	293764	315201	318418
参保人数					
全民健保被保险人数（万人）		2140	2307	2320	2328
公保、劳保、农保被保险人数(万人)					
公教人员保险	63	63	60	59	59
劳工保险	764	792	940	973	971
农民保险	180	178	151	148	145

台湾省主要社会经济指标（二）

指　　标	1995年	2000年	2010年	2011年	2012年
工业					
受雇者劳动生产力指数(2006年＝100)			124.0	128.2	127.2
工业生产指数（2006年＝100）			123.5	129.7	129.6
制造业			126.2	132.7	132.4
房屋建筑工程业			65.9	71.1	76.5
工业生产总值（新台币亿元）	71609	91425	147160	153505	148557
核准对外投资（亿美元）	13.6	50.8	28.2	37.0	81.0
核准侨外投资（亿美元）	29.3	76.1	38.1	49.6	55.6
核发建筑物使用执照总楼地板面积（万平方米）	5526	3502	2401	2589	2776
商业及对外贸易					
营利事业家数①(万家)	99.4	105.7	121.4	124.4	126.9
营利事业销售额（新台币亿元）	190210	258436	363712	380032	377480
贸易额（亿美元）					
出口	1117	1520	2746	3083	3011
进口	1036	1407	2512	2814	2707
出(入)超	81	112	234	268	304
对日出(入)超（亿美元）	-171	-217	-339	-340	-287
对美出(入)超（亿美元）	56	103	61	106	94
对中国内地和香港出(入)超(亿美元)			772	788	751
外销订单（亿美元）	1136	1534	4067	4361	4410
运输通信					
交通运输客运人数					
铁路（亿人）	1.6	4.6	7.8	8.6	9.3
公路（亿人）	12.0	11.0	10.5	10.5	106.8
航空（万人）					
省内	2874	2665	973	1048	1068
国际	1499	1978	2774	2909	3287
高速公路通行车辆数（万辆次）	36815	45381	55506	57123	57351
每百人机动车辆数①(辆)	61.8	76.4	93.8	95.7	95.8
港埠货物装卸量（万收费吨）	42017	56695	65540	67900	69080
观光（万人次）					
出岛旅客	519	733	942	958	1024
来台湾旅客	233	262	557	609	731
财政、金融及景气					
赋税实征净额②(新台币亿元)	12323	19298	16222	17646	17793
直接税（%）	52.4	56.6	62.1	59.4	60.6
间接税（%）	47.6	43.4	37.9	40.6	39.4
外汇存底①(亿美元)	903.1	1067.4	3820.1	3855.5	4031.7
汇率					
1美元兑新台币	27.32	33.06	30.42	30.32	29.08
1日元兑新台币	0.2661	0.2908	0.3753	0.3925	0.3383
货币供应量$M_2$①(新台币亿元)	128054	188978	309538	324519	335739
年增长率（%）	9.4	6.5	5.4	4.8	3.5
存款①(新台币亿元)	131309	193087	310057	323022	332995
放款与投资①(新台币亿元)	121003	166220	228037	241729	255504

台湾省主要社会经济指标（三）

指　　标	1995年	2000年	2010年	2011年	2012年
财政、金融及景气					
重贴现率①(年息百分比率)	5.500	4.625	1.625	1.875	1.875
本地银行逾放比率①(%)	2.85	5.34	0.61	0.43	0.40
股价指数（1966年＝100）	5544	7847	7950	8156	7481
国际收支平衡（亿美元）	-39.3	24.8	401.7	62.4	154.8
经常账户	54.7	89.0	398.7	412.3	495.5
资本账户	-6.5	-2.9	-1.2	-1.2	-1.0
金融账户	-81.9	-80.2	-3.6	-320.5	-315.0
景气动向指标③					
先行			123.6	125.7	130.6
同步			122.4	130.0	130.6
对策信号判断④(分)		26	37	24	17
物价年涨跌率(%)(2006年=100)					
批发		1.82	5.46	4.32	-1.16
消费者		1.26	0.96	1.42	1.93
进口		4.63	7.04	7.65	-1.28
出口		-0.88	2.03	0.09	-1.63
国民经济核算					
本地居民生产总值(新台币亿元)	71291	101716	139817	140627	144892
本地生产总值（新台币亿元）	70179	100320	135521	136743	140369
居民最终消费支出	41247	60872	79245	82346	84644
固定资本形成总额	17506	23940	28882	28435	27403
商品及服务出口	33670	53924	100101	104002	103390
减：商品及服务进口	32504	51728	90509	94953	92920
经济增长率（%）	6.4	5.8	10.7	4.1	1.3
农业	2.9	1.2	1.8	7.2	-5.8
工业	5.1	5.8	23.1	5.7	0.9
服务业	7.4	5.9	5.5	3.0	0.8
产业结构（%）					
农业	3.5	2.0	1.6	1.8	1.9
工业	36.4	29.1	31.1	29.8	29.0
服务业	60.1	68.9	67.4	68.4	69.2
人均本地居民生产总值					
新台币元	336042	459729	604199	606321	622814
美元	12686	14721	19090	20574	21035
居民储蓄总额（新台币亿元）	19278	26114	44298	41867	40862
储蓄率（%）	27.0	25.7	31.7	29.8	28.2

注：①年底数。②为年度资料，如2000年度指1999年下半年及2000年度。③年度资料为月资料平均。
④蓝灯（衰退）：16分以下；黄蓝灯（转稳或衰退）：17－22分；绿灯（稳定）：23－31分；
黄红灯（转热或趋稳）：32－37分；红灯（过热）：38分以上。

资料来源：台湾统计月报。

世界主要国家和地区国内生产总值和人均国内生产总值

国家和地区	国内生产总值（亿美元）			人均国内生产总值（美元）		
	2000年	2010年	2011年	2000年	2010年	2011年
世界总计	**323344**	**632264**	**700204**	**5285**	**9171**	**10040**
高收入国家	**264483**	**431484**	**466061**	**25195**	**38262**	**41062**
中等偏上收入国家	**44547**	**154785**	**182455**	**1943**	**6259**	**7329**
中等偏下收入国家	**12644**	**42352**	**47928**	**594**	**1698**	**1892**
低收入国家	**1667**	**4218**	**4758**	**258**	**527**	**582**
中　　国①	11985	59305	73185	949	4433	5445
印　　度	4747	17109	18728	450	1397	1509
日　　本	47312	54884	58672	37292	43063	45903
韩　　国	5334	10149	11162	11347	20540	22424
马来西亚	938	2468	2879	4006	8691	9977
巴基斯坦	740	1765	2102	512	1017	1189
新 加 坡	959	2132	2397	23815	41987	46241
菲 律 宾	810	1996	2248	1048	2140	2370
泰　　国	1227	3189	3457	1943	4614	4972
埃　　及	998	2189	2295	1476	2698	2781
尼日利亚	460	2286	2440	372	1443	1502
南　　非	1329	3635	4082	3020	7272	8070
加 拿 大	7249	15770	17361	23560	46212	50344
墨 西 哥	5814	10353	11533	5817	9128	10047
美　　国	98988	144194	149913	35082	46612	48112
阿 根 廷	2842	3687	4460	7696	9124	10942
巴　　西	6447	21430	24767	3696	10993	12594
法　　国	13263	25490	27730	21775	39170	42379
德　　国	18864	32845	36008	22946	40164	44021
意 大 利	11040	20435	21940	19388	33787	36130
荷　　兰	3851	7747	8361	24180	46623	50085
俄 罗 斯	2597	14875	18578	1775	10447	12995
西 班 牙	5803	13801	14769	14414	29956	31985
英　　国	14757	22563	24454	25058	36238	38974
澳大利亚	4158	11392	13794	21708	51629	61789

注：①世界银行统计数据。

资料来源：世界银行数据库。

世界主要国家和地区经济增长率

单位：%

年份	世界	欧元区	美国	日本	巴西	印度	俄罗斯	南非
1980	2.2		-0.3	3.6	9.2	6.6		6.6
1981	2.5		2.5	4.2	-4.2	6.5		5.4
1982	0.4		-1.9	3.4	0.8	3.8		-0.4
1983	2.7		4.5	3.0	-2.9	7.4		-1.8
1984	4.9		7.2	4.6	6.4	3.7		5.1
1985	3.9		4.1	6.2	7.5	5.5		-1.2
1986	3.4		3.5	2.9	7.0	4.9		0.0
1987	3.6		3.2	4.0	3.4	4.8		2.1
1988	4.2		4.1	7.3	-0.1	-0.4		4.2
1989	3.7		3.6	5.3	4.0	5.9		2.4
1990	3.2		1.9	5.6	0.4	5.6		-0.3
1991	3.3		-0.3	3.3	1.0	1.3		-1.0
1992	4.2		3.4	0.9	-0.5	5.1		-2.1
1993	2.4		2.9	0.1	4.9	5.9		1.2
1994	4.2		4.1	0.9	5.8	7.3		3.2
1995	3.7		2.5	1.9	4.2	7.3		3.1
1996	3.7	1.3	3.7	2.6	2.2	8.0	-3.6	4.3
1997	4.0	2.2	4.5	1.6	3.4	4.3	1.4	2.6
1998	2.2	2.7	4.4	-2.0	0.0	6.7	-5.3	0.5
1999	3.7	3.0	4.8	-0.2	0.3	6.4	5.1	2.4
2000	4.9	3.9	4.1	2.3	4.3	4.4	10.5	4.2
2001	2.2	2.0	1.1	0.4	1.3	5.5	5.1	2.7
2002	2.6	0.9	1.8	0.3	2.7	4.0	4.7	3.7
2003	3.4	0.7	2.5	1.7	1.1	8.1	7.9	2.9
2004	4.9	2.0	3.5	2.4	5.7	7.0	7.2	4.6
2005	4.5	1.8	3.1	1.3	3.2	9.5	6.4	5.3
2006	5.1	3.4	2.7	1.7	4.0	9.6	8.2	5.6
2007	5.0	3.0	1.9	2.2	6.1	9.3	8.5	5.6
2008	2.4	0.3	-0.3	-1.1	5.2	6.7	5.2	3.6
2009	-1.5	-4.2	-3.1	-5.5	-0.3	8.6	-7.8	-1.7
2010	4.5	1.8	2.4	4.7	7.5	9.3	4.3	2.8
2011	3.2	1.5	1.8	-0.5	2.7	6.2	4.3	3.3
2012	3.2	-0.6	2.2	1.9	0.9	5.0	3.4	3.1

资料来源：国际货币基金组织数据库。

世界主要国家和地区消费者价格指数

(2005年=100)

年份	世界	欧元区	美国	日本	巴西	印度	俄罗斯	南非
1978	4.1	33.2	33.4	68.7		12.9		6.6
1979	4.6	36.6	37.2	71.3		13.7		7.4
1980	5.4	40.8	42.2	76.8		15.3		8.4
1981	6.3	45.7	46.5	80.6		17.3		9.7
1982	7.3	50.1	49.4	82.8		18.7		11.2
1983	8.6	54.3	51.0	84.4		20.9		12.5
1984	10.0	58.1	53.2	86.3		22.6		14.0
1985	11.7	61.5	55.1	88.1		23.9		16.3
1986	13.1	63.3	56.1	88.6		25.9		19.3
1987	15.1	63.6	58.2	88.7		28.2		22.4
1988	17.6	64.2	60.6	89.3		30.9		25.3
1989	19.8	64.7	63.5	91.3		31.9		29.0
1990	25.8	66.7	66.9	94.1		34.7		33.2
1991	30.5	70.0	69.7	97.2		39.6		38.2
1992	35.8	69.6	71.8	98.9	0.1	44.2	0.1	43.5
1993	42.6	71.9	74.0	100.1	1.3	47.0	0.9	47.8
1994	54.2	74.8	75.9	100.8	27.7	51.9	3.5	52.0
1995	62.3	78.7	78.0	100.7	46.1	57.2	10.3	56.6
1996	67.6	80.3	80.3	100.8	53.3	62.3	15.2	60.7
1997	71.6	82.8	82.2	102.6	57.0	66.7	17.5	65.9
1998	75.5	84.5	83.5	103.3	58.8	75.6	22.3	70.5
1999	79.7	86.4	85.3	102.9	61.7	79.1	41.5	74.1
2000	83.3	88.4	88.2	102.3	66.0	82.3	50.1	78.1
2001	86.8	91.2	90.7	101.4	70.6	85.3	60.8	82.5
2002	89.8	93.2	92.1	100.5	76.5	89.1	70.4	90.1
2003	93.0	95.4	94.2	100.3	87.8	92.4	80.1	95.4
2004	96.4	97.6	96.7	100.3	93.6	95.9	88.7	96.7
2005	100.0	100.0	100.0	100.0	100.0	100.0	100.0	100.0
2006	103.6	102.5	103.2	100.2	104.2	106.1	109.7	104.6
2007	107.5	104.9	106.2	100.3	108.0	112.9	119.6	112.1
2008	113.7	108.5	110.2	101.7	114.1	122.3	136.4	125.0
2009	116.2	108.4	109.9	100.3	119.7	135.6	152.3	133.9
2010	120.1	110.6	111.7	99.6	125.7	151.9	162.8	139.6
2011	125.5	113.6	115.2	99.3	134.0	165.4	176.5	146.6
2012	130.0	116.4	117.6	99.3	141.3	180.8	185.4	154.9

资料来源：国际货币基金组织数据库。

世界主要国家就业结构与失业率

单位：%

国家	年份	就业结构			年份	失业率
		第一产业	第二产业	第三产业		
以色列	2009	1.7	20.4	77.1	2012	6.9
日本	2010	3.7	25.3	69.7	2012	4.4
哈萨克斯坦	2009	29.4	18.9	51.7	2011	5.4
韩国	2010	6.6	17.0	76.4	2012	3.2
马来西亚	2009	13.5	27.0	59.5	2011	3.1
巴基斯坦	2008	44.7	20.1	35.2	2008	5.2
菲律宾	2009	35.2	14.6	50.3	2012	7.0
新加坡	2009	1.1	21.8	77.1	2011	2.9
斯里兰卡	2009	32.6	25.1	39.6	2010	4.9
泰国	2009	41.5	19.5	38.9	2012	0.7
埃及	2008	31.6	23.0	45.3	2011	12.0
南非	2009	5.1	25.0	69.8	2011	24.9
加拿大	2008	2.4	21.5	76.5	2012	7.2
墨西哥	2010	13.1	25.5	60.6	2011	5.2
美国	2010	1.6	16.7	81.2	2012	8.1
阿根廷	2009	1.2	23.1	75.2	2011	7.5
巴西	2009	17.0	22.1	60.7	2012	5.5
委内瑞拉	2008	8.5	23.0	68.3	2011	8.5
捷克	2010	3.1	38.0	58.9	2012	8.6
法国	2010	2.9	22.2	74.5	2011	9.2
德国	2010	1.6	28.4	70.0	2012	6.8
意大利	2010	3.8	28.8	67.5	2012	10.7
荷兰	2010	2.8	15.9	71.6	2011	5.4
波兰	2010	12.8	30.2	56.9	2012	12.8
俄罗斯联邦	2009	9.7	27.9	62.3	2011	6.6
西班牙	2010	4.3	23.1	72.6	2012	25.1
土耳其	2010	23.7	26.2	50.1	2012	9.2
乌克兰	2008	15.8	23.4	60.7	2011	7.9
英国	2010	1.2	19.1	78.9	2011	8.1
澳大利亚	2009	3.3	21.1	75.5	2012	5.2
新西兰	2009	6.6	20.9	72.5	2012	6.9

资料来源：世界银行数据库、国际货币基金组织IFS数据库。

世界主要国家货物进出口贸易额

单位：亿美元

国家	2000年		2010年		2011年		2012年	
	出口	进口	出口	进口	出口	进口	出口	进口
世界	**64560**	**67240**	**152890**	**155040**	**182910**	**184870**	**183230**	**185670**
印度	424	515	2264	3502	3029	4645	2932	4894
伊朗	287	139	1013	654	1305	618	955	565
以色列	314	377	584	612	678	758	632	755
日本	4792	3795	7698	6941	8232	8554	7986	8858
韩国	1723	1605	4664	4252	5552	5244	5479	5196
马来西亚	982	820	1986	1646	2281	1875	2274	1966
菲律宾	398	370	515	585	483	637	520	654
新加坡	1378	1345	3519	3108	4095	3658	4084	3797
泰国	691	619	1933	1829	2226	2288	2295	2476
越南	145	156	722	848	969	1068	1146	1138
尼日利亚	210	87	840	442	1145	560	1140	510
南非	300	297	809	942	980	1216	873	1228
加拿大	2766	2448	3875	4027	4521	4634	4548	4749
墨西哥	1664	1795	2983	3102	3496	3611	3709	3805
美国	7819	12593	12783	19692	14804	22659	15473	23354
阿根廷	263	252	681	565	840	739	812	685
巴西	551	591	2019	1915	2560	2370	2426	2333
委内瑞拉	335	162	657	395	928	482	973	600
捷克	291	320	1330	1267	1629	1521	1565	1406
法国	3276	3389	5235	6097	5965	7200	5691	6737
德国	5518	4972	12589	10548	14740	12549	14071	11674
意大利	2405	2388	4473	4870	5233	5588	5002	4859
荷兰	2331	2183	5743	5164	6671	5990	6558	5907
波兰	317	490	1597	1780	1887	2106	1834	1960
俄罗斯	1056	447	4006	2486	5220	3238	5293	3354
西班牙	1153	1561	2544	3270	3066	3766	2922	3322
土耳其	278	545	1139	1855	1349	2408	1525	2365
乌克兰	146	140	515	609	685	826	685	846
英国	2854	3481	4160	5911	5025	6737	4684	6804
澳大利亚	639	715	2126	2016	2704	2437	2568	2609
新西兰	133	139	314	306	377	371	373	383

资料来源：世界贸易组织数据库。

中国主要经济指标和主要工农业产品产量居世界位次

指　　标	1978年	1990年	2000年	2005年	2010年	2011年
国内生产总值	**10**	**11**	**6**	**4**	**2**	**2**
人均国民总收入①	**175(188)**	**178(200)**	**141(207)**	**128(208)**	**120(215)**	**114(214)**
货物进出口额	**29**	**15**	**8**	**3**	**2**	**2**
外汇储备	**38**	**7**	**2**	**2**	**1**	**1**
主要工业产品产量						
粗　钢	5	4	1	1	1	1
煤	3	1	1	1	1	1
原　油	8	5	5	5	4	4
发电量	7	4	2	2	1	1
水　泥	4	1	1	1	1	1
化　肥	3	3	1	1	1	1
棉　布	1	1	2	1	1	1
主要农业产品产量						
谷　物	2	1	1	1	1	1
肉　类②	3	1	1	1	1	1
籽　棉	3	1	1	1	1	1
大　豆	3	3	4	4	4	4
花　生	2	2	1	1	1	1
油菜籽	2	1	1	1	1	2
甘　蔗	7	4	3	3	3	3
茶　叶	2	2	2	1	1	1
水　果③	9	4	1	1	1	1

注：①括号中为参加排序的国家和地区数。②1990年以前为猪、牛、羊肉产量的位次。③不包括瓜类。

资料来源：联合国粮农组织数据库、联合国《统计月报》数据库及世界银行数据库。

附录一

主要统计指标解释

法人单位 指有权拥有资产、承担负债，并独立从事社会经济活动（或与其他单位进行交易）的组织。法人单位应同时具备以下条件:

（一）依法成立，有自己的名称、组织机构和场所，能够独立承担民事责任;

（二）独立拥有（或授权使用）资产或者经费，承担负债，有权与其他单位签订合同;

（三）具有包括资产负债表在内的账户，或者能够根据需要编制账户。

法人单位包括五种类型: 企业法人、事业单位法人、机关法人、社会团体和其他成员组织法人、其他法人。

三次产业 指根据社会生产活动历史发展的顺序对产业结构的划分。我国第一产业是指农、林、牧、渔业; 第二产业是指采矿业，制造业，电力、热力、燃气及水生产和供应业，建筑业; 第三产业是指除第一、二产业以外的其他行业。第三产业具体包括: 批发和零售业，交通运输、仓储和邮政业，住宿和餐饮业，信息传输、软件和信息技术服务业，金融业，房地产业，租赁和商务服务业，科学研究和技术服务业，水利、环境和公共设施管理业，居民服务、修理和其他服务业，教育，卫生和社会工作，文化、体育和娱乐业，公共管理、社会保障和社会组织，国际组织，以及农、林、牧、渔业中的农、林、牧、渔服务业，采矿业中的开采辅助活动，制造业中的金属制品、机械和设备修理业。

国内生产总值(GDP) 指按市场价格计算的一个国家所有常住单位在一定时期内生产活动的最终成果。国内生产总值有三种表现形态，即价值形态、收入形态和产品形态。从价值形态看，它是所有常住单位在一定时期内生产的全部货物和服务价值与同期中间投入的全部非固定资产货物和服务价值的差额，即所有常住单位的增加值之和; 从收入形态看，它是所有常住单位在一定时期内创造并分配给常住单位和非常住单位的初次收入之和; 从产品形态看，它是所有常住单位在一定时期内最终使用的货物和服务价值与货物和服务净出口价值之和。在实际核算中，国内生产总值有三种计算方法，即生产法(总产出减中间投入)、收入法(由劳动者报酬、生产税净额、固定资产折旧、营业盈余组成)和支出法(由最终消费、资本形成总额、货物和服务净出口组成)。三种方法分别从不同的方面反映国内生产总值及其构成。对一个地区来说称为地区生产总值或地区 GDP。

当年价格 也称现行价格，指报告期内的实际市场价格。按现行价格计算的各种综合指标可以反映当年国民经济发展水平及比例关系，但因其变化受实物数量增减和价格升降因素的影响，在不同时期之间缺乏可比性。

可比价格 指计算各种总量指标所采用的扣除了价格变动因素的价格，可进行不同时期总量指标的对比。按可比价格计算总量指标有两种方法：一种是直接用产品产量乘某一年的不变价格计算；另一种是用价格指数对按现价计算的总量指标进行缩减。

人口数 指一定时点、一定地区范围内有生命的个人总和。年度统计的年末人口数指每年12月31日24时的人口数。年度统计的全国人口总数未包括香港、澳门特别行政区和台湾省以及海外华侨人数。

人口自然增长率 指在一定时期内(通常为一年)人口自然增加数(出生人数减死亡人数)与该时期内平均人数(或期中人数)之比，用千分率表示。计算公式为：

$$人口自然增长率=\frac{本年出生人数-本年死亡人数}{年平均人数}\times 1000‰$$

$$=人口出生率-人口死亡率$$

平均预期寿命 简称平均寿命。指0岁(即出生时)的平均预期寿命，表示一批人出生后平均一生可活的年数。

就业人员 指在16周岁及以上,从事一定社会劳动并取得劳动报酬或经营收入的人员。

城镇登记失业人员 指有非农业户口，在一定的劳动年龄内(16周岁至退休年龄)，有劳动能力，无业而要求就业，并在当地劳动保障部门进行失业登记的人员。

城镇登记失业率 城镇登记失业人员与城镇单位就业人员(扣除使用的农村劳动力、聘用的离退休人员、港澳台及外方人员)、城镇单位中的不在岗职工、城镇私营业主、个体户主、城镇私营企业和个体就业人员、城镇登记失业人员之和的比。

全社会固定资产投资额 是以货币形式表现的在一定时期内全社会建造和购置固定资产的工作量以及与此有关的费用的总称。全社会固定资产投资按登记注册类型可分为国有、集体、联营、股份制、私营和个体、港澳台商、外商、其他等。

房地产开发投资 指各种登记注册类型的房地产开发法人单位统一开发的包括统代建、拆迁还建的住宅、厂房、仓库、饭店、宾馆、度假村、写字楼、办公楼等房屋建筑物，配套的服务设施，土地开发工程(如道路、给水、排水、供电、供热、通讯、平整场地等基础设施工程)和土地购置的投资；不包括单纯的土地开发和交易活动。

货物进出口总额 指实际进出我国国境的货物总金额。包括对外贸易实际进出口货物，来料加工装配进出口货物，国家间、联合国及国际组织无偿援助物资和赠送品，华侨、港澳台同胞和外籍华人捐赠品，租赁期满归承租人所有的租赁货物，进料加工进出口货物，边境地方贸易及边境地区小额贸易进出口货物(边民互市贸易除外)，中外合资企业、中外合作经营企业、外商独资经营企业进出口货物和公用物品，到、离岸价格在规定限额以上的进出口货样和广告品(无商业价值、无使用价值和免费提供出口的除外)，从保税仓库提取在中国境内销售的进口货物，以及其他进出口货物。我国规定出口货物按离岸价格统计，进口货物按到岸价格统计。

外商直接投资 指外国投资者在我国境内通过设立外商投资企业、合伙企业、与中方投资者共同进行石油资源的合作勘探开发以及设立外国公司分支机构等方式进行投资。外国投资者可以用现金、实物、技术等投资，还可以用从外商投资企业获得的利润进行再投资。

财政收入 指国家财政参与社会产品分配所取得的收入，是实现国家职能的财力保证。主要包括:（1）各项税收: 包括国内增值税、国内消费税、进口货物增值税和消费税、出口货物退增值税和消费税、营业税、企业所得税、个人所得税、资源税、城市维护建设税、房产税、印花税、城镇土地使用税、土地增值税、车船税、船舶吨税、车辆购置税、关税、耕地占用税、契税、烟叶税等。（2）非税收入: 包括专项收入、行政事业性收费、罚没收入和其他收入。财政收入按现行分税制财政体制划分为中央本级收入和地方本级收入。

财政支出 指国家财政将筹集起来的资金进行分配使用，以满足经济建设和各项事业的需要。主要包括: 一般公共服务、外交、国防、公共安全、教育、科学技术、文化体育与传媒、社会保障和就业、医疗卫生、环境保护、城乡社区事务、农林水事务、交通运输、资源勘探电力信息等事务、商业服务等事务、金融监管支出、国土气象等事务、住房保障支出、粮油物资储备管理等事务、国债付息支出等方面的支出。财政支出根据政府在经济和社会活动中的不同职权，划分为中央财政支出和地方财政支出。

货币供应量 指某一时点一国流通中的货币量。货币供应量可分为三个层次:

M_0: 流通中的现金

M_1: 即狭义货币，M_0＋单位活期存款

M_2: 即广义货币，M_1＋准货币（单位定期存款＋居民储蓄存款＋单位其他存款＋证券公司客户保证金）

存款 指企业、机关、团体或居民根据资金必须收回的原则，把货币资金存入银行或其他信贷机构保管并取得一定利息的一种信用活动形式。根据存款对象或性质的不同可划分为单位存款、个人存款、财政性存款、临时性存款、委托存款、其他存款等科目。它是银行信贷资金的主要来源。

贷款 指银行或其他信贷机构根据资金必须归还的原则，按一定利率，为企业、个人等提供资金的一种信用活动形式。我国银行贷款分为短期贷款、中长期贷款、融资租赁、票据融资、各项垫款、境外贷款等。

上市公司 指向社会公开发行股票且股票在交易所上市的公司。

股票市价总值 指上市股票在某一时点按市价与发行数量计算的总金额。

价格指数 指从生产者、购买者和市场的角度，分别反映不同时期货物和服务商品价格总水平变动趋势幅度的相对数。目前编制的价格指数主要有居民消费价格指数、商品零售价格指数、工业生产者出厂价格指数、工业生产者购进价格指数、固定资产投资价格指数、农产品生产价格指数等。

城镇居民家庭可支配收入 指家庭成员得到的可用于最终消费支出和其他非义务性支出以及储蓄的总和，即居民家庭可以用来自由支配的收入。它是家庭总收入扣除交纳的个人所得税、个人交纳的社会保障支出以及记账补贴后的收入。计算公式为:

$$\text{城镇居民家庭可支配收入} = \text{家庭总收入} - \text{交纳个人所得税} - \text{个人交纳的社会保障支出} - \text{记账补贴}$$

农村居民家庭纯收入 指农村住户当年从各个来源得到的总收入相应地扣除所发生的费用后的收入总和。计算公式为:

$$\text{农村居民家庭纯收入} = \text{总收入} - \text{家庭经营费用支出} - \text{税费支出} - \text{生产性固定资产折旧} - \text{赠送农村内部亲友}$$

恩格尔系数 指食品支出金额在生活消费总支出金额中所占的比例。计算公式为:

$$\text{恩格尔系数} = \frac{\text{食品支出金额}}{\text{生活消费总支出金额}} \times 100\%$$

农作物播种面积 指农业生产经营者应在日历年度内收获农作物在全部土地(耕地或非耕地)上的播种或移植面积。凡是本年内收获的农作物,无论是本年还是上年播种,都算为播种面积,但不包括本年播种,下年收获的农作物面积。

建筑业总产值 是以货币形式表现的建筑业企业在一定时期内生产的建筑业产品和提供服务的总和。建筑业总产值包括:

1. 建筑工程产值:指列入建筑工程预算内的各种工程价值。

2. 安装工程产值:指设备安装工程价值,不包括被安装设备本身价值。

3. 其他产值:建筑业总产值中除建筑工程、安装工程以外的产值。包括房屋构筑物修理产值、非标准设备制造产值、总包企业向分包企业收取的管理费以及不能明确划分的施工活动所完成的产值。

劳务分包企业建筑业总产值指劳务分包企业与总承包企业或专业承包企业签定劳务分包合同后,从事建筑安装工程取得的所有劳务收入。

货(客)运量 指在一定时期内,各种运输工具实际运送的货物重量(旅客数量)。货运按吨计算,客运按人计算。货物不论运输距离长短、货物类别,均按实际重量统计。旅客不论行程远近或票价多少,均按一人一次客运量统计;半价票、小孩票也按一人统计。

邮电业务总量(又称通信业务总量) 指以价值量形式表现的邮电通信企业为社会提供各类邮电通信服务的总数量。邮电业务量按专业分类包括函件、包件、汇票、报刊发行、邮政快件、特快专递、邮政储蓄、集邮、传真、长途电话、出租电路、移动电话、分组交换数据通信、出租代维等。计算方法为各类产品乘以相应的平均单价(不变价)之和,再加上出租电路和设备、代用户维护电话交换机和线路等的服务收入。计算公式为:

$$\begin{aligned}\text{邮电业务总量} &= \Sigma(\text{各类邮电业务量} \times \text{不变单价}) + \text{出租代维及其他业务收入}\\ &= \text{邮政业务总量} + \text{电信业务总量}\end{aligned}$$

社会消费品零售总额 指企业(单位、个体户)通过交易直接售给个人、社会集团非生产、非经营用的实物商品金额,以及提供餐饮服务所取得的收入金额。个人包括城乡居民和入境人员,社会集团包括机关、社会团体、部队、学校、企事业单位、居委会或村委会等。

国际旅游(外汇)收入 指入境游客在中国(大陆)境内旅行、游览过程中用于交通、参观游览、住宿、餐饮、购物、娱乐等全部花费。

小学学龄儿童净入学率 指调查范围内已入小学学习的学龄儿童占校内外学龄儿童总

数的比重。计算公式为:

$$\text{小学学龄儿童净入学率}=\frac{\text{已入学的小学学龄儿童数}}{\text{校内外小学学龄儿童总数}}\times 100\%$$

研究与试验发展(R&D) 指在科学技术领域，为增加知识总量，以及运用这些知识去创造新的应用进行的系统的创造性的活动，包括基础研究、应用研究、试验发展三类活动。

城市居民最低生活保障人数 指报告期末家庭平均收入在当地规定的最低生活保障线以下的城市居民数。包括“三无”对象、失业人员和在职、下岗、退休人员等。

农村居民最低生活保障人数 指报告期末在建立农村最低生活保障制度的地区，得到当地政府或集体给予最低生活保障的农业人口家庭人数。

粗离婚率 指当年离婚对数占年平均人口的比重，计算公式为:

$$\text{粗离婚率}=\frac{\text{当年离婚对数}}{\text{年平均人口数}}\times 1000‰$$

工业固体废物排放量 指报告期内企业将所产生的固体废物排到固体废物污染防治设施、场所以外的数量，不包括矿山开采的剥离废石和掘进废石(煤矸石和呈酸性或碱性的废石除外)。

工业固体废物综合利用量 指报告期内企业通过回收、加工、循环、交换等方式，从固体废物中提取或者使其转化为可以利用的资源、能源和其他原材料的固体废物量(包括当年利用的往年工业固体废物贮存量)。如用做农业肥料、生产建筑材料、筑路等。

工业固体废物综合利用率 指工业固体废物综合利用量占固体废物产生量与综合利用往年贮存量之和的百分率。计算公式为:

$$\text{工业固体废物利用率}=\frac{\text{工业固体废物综合利用量}}{\text{工业固体废物产生量}+\text{综合利用往年贮存量}}\times 100\%$$

附录二

香港特别行政区主要统计指标解释

本地生产总值 是指香港特别行政区的所有居民生产单位，在一个指定的期间内，未扣除固定资本消耗的生产总值。由2009年的统计期开始，按经济活动划分的本地生产总值统计数字是按《香港标准行业分类 2.0 版》编制，其数列已作出相应修订及后向估计至2000年。

本地居民总收入（前称本地居民生产总值） 是指香港特别行政区的居民，在其经济领域内或领域外从事各项经济活动而赚取的收益，但不包括非本地居民在香港特别行政区经济领域内从事经济活动的收益。

对外初次收入流量（前称对外要素收益流动）净值 是将对外初次收入流入减去对外流出所得出的净值。初次收入组成部分主要分为投资收益及雇员报酬。香港特别行政区与中国内地之间的经济交易，包括对外初次收入流量，亦视作国际交易。

国际收支平衡表 是一项统计报表，指在一个指定期间内（一般为一年或一季）有系统地载录某经济体与世界各地之间（即居民与非居民之间）进行的经济交易。完整的国际收支平衡表包括以下两个主要核算帐：（甲）经常帐；及（乙）资本及金融帐。

国际投资头寸 是显示一个经济体在某特定时点的对外金融资产及负债存量的资产负债表。对外金融资产及负债的差额即为该经济体的国际投资头寸净值，代表其对世界各地的净申索或净负债。

年中人口 在1996年前是以“广义时点”方法编制，数字包括在统计时点身在香港特别行政区的永久性居民、非永久性居民和旅客，亦包括暂时离港前往中国内地及澳门特别行政区的香港特别行政区永久性居民。自2000年8月起，“居住人口”方法已取代“广义时点”方法用以编制香港特别行政区的人口数字。追溯至1996年的修订人口数字已经编制。利用“居住人口”方法所编制的人口估计，称“居港人口”。“居港人口”包括“常住居民”和“流动居民”。

“常住居民”指两类人士：（一）在统计时点之前的6个月内，在港逗留最少3个月，又或在统计时点之后的6个月内，在港逗留最少3个月的香港特别行政区永久性居民，不论在统计时点他们是否身在香港特别行政区；（二）在统计时点身在香港特别行政区的香港非永久性居民。至于“流动居民”，是指在统计时点之前的6个月内，在港逗留最少1个月但少于3个月，又或在统计时点之后的6个月内，在港逗留最少1个月但少于3个月的香港特别行政区永久性居民，不论在统计时点他们是否身在香港特别行政区。根据新的编制方法，旅客并不包括在香港特别行政区的人口内。

粗出生率 是指某一年内的活产婴儿数目相对年中每千名人口的比率。

粗死亡率 是指某一年内的死亡人数相对年中每千名人口的比率。

劳动人口 是指15岁及以上陆上非住院人口，并符合就业人口或失业人口的定义。

劳动人口参与率 是指劳动人口占所有15岁及以上陆上非住院人口的比例。

失业率 是指失业人口在劳动人口中所占的比例。失业人口包括所有在统计前7天内并无职位，且并无为赚取薪酬或利润而工作，而随时可工作，并在统计前30天内有找寻工作的15岁及以上人士。失业人口亦包括那些并无职位，有找寻工作，但由于暂时生病而不能工作的人士；及并无职位，可随时工作，但由于下列理由而没有找寻工作的人士：（I）已为于稍后时间担当的新工作或开展的业务作出安排；或（II）正期待返回原来的工作岗位；或（III）相信没有工作可做（第III类为“因灰心而不求职的人士”）。

就业不足率 是指就业不足人口在劳动人口中所占的比例。就业不足人口包括在统计前7天内在非自愿情况下工作少于35小时，而在统计前30天内有找寻更多工作，或即使没有找寻更多工作，但在统计前7天内可担任更多工作的就业人士。因工作量不足、原料短缺、机械故障或不能找到全职工作，以致只能工作短时数的人士，可视作非自愿情况下将工作时数缩短。根据此定义，因工作量不足而在统计前7天内放取无薪假期的就业人士，若在该7天期间内工作少于35小时甚或全段期间都在休假，亦会被界定为就业不足人士。

居民消费物价指数 有四个数列，以反映消费价格变动对不同开支范围的住户的影响。甲类、乙类及丙类消费物价指数分别根据较低、中等及较高开支范围的住户开支模式编制而成。而综合消费物价指数是根据上述住户的整体开支模式而编制，反映消费价格转变对全体住户的影响。

指　　数	约占住户的百分比	住户于 2009 年 10 月至 2010 年 9 月期间的每月平均住户开支
综合消费物价指数	90%	\$4,500-\$65,999
甲类消费物价指数	50%	\$4,500-\$18,499
乙类消费物价指数	30%	\$18,500-\$32,499
丙类消费物价指数	10%	\$32,500-\$65,999

实际工资指数 是从名义工资指数中，按甲类消费物价指数的变幅，扣除通胀的影响而得出，显示雇员所赚取工资金额购买力的转变。而名义工资指数则是将接连两次统计调查中有关行业、职业及性别方面的劳动人口结构维持不变，从而量度工资率的纯变动。

综合社会保障援助计划 其目的是向有需要的个人或家庭提供现金援助，使他们的收入达到一定水平，以应付生活上基本及特别需要。申请人无须供款，但必须接受经济状况调查。

公共福利金计划 包括高龄津贴及伤残津贴。本计划的目的是给予年龄在65岁及以上的高龄人士和严重残疾人士每月发放现金津贴，以应付因年老或严重残疾而引致的特别需要。申请人无须供款。公共福利金计划的一宗个案指一位受助人士。

附录三

澳门特别行政区主要统计指标解释

本地生产总值 反映每年在澳门特区生产的货物和提供各种服务的总量。本年鉴中的国内生产总值用支出法及生产法估算，支出法等于私人消费支出、政府最终消费支出、固定资本形成总额、库存变化和货物及服务出口淨值（出口减进口）的总和。而生产法等于各经济行业的增加值总额的总和，这种方法可以评估澳门特区的产业结构。

出生率 参考期内新生婴儿数目与年中人口之千分比。

死亡率 参考期内死亡人数与年中人口之千分比。

劳动人口 在参考期间，可参与生产商品或提供服务之 16 岁或以上人士的总数。包括就业人口及失业人口。

就业人口 在参考期间，为了报酬、利润或家庭收入而工作最少 1 小时的 16 岁或以上人士的总数。其中包括没有上班但与雇主保持正式工作联系的雇员，或因某些原因而暂时没有上班的公司东主/股东。

劳动力参与率 劳动人口占 16 岁或以上的澳门人口的百分比。

失业率 失业人口占劳动人口的百分比。

就业不足率 就业不足人口占劳动人口的百分比。

贸易条件指数 澳门称为贸易价格比率指数。即货物出口单位价格指数与货物进口单位价格指数之比率。

访澳旅客 指任何非以澳门特区为常居地的人士，其在澳门的逗留时间少于一年，旅客之旅游目的并非在澳门特区参与任何有偿活动。

酒店入住率 入住客房数量与可供应客房数量之百分比。

进口 将任何来自外地的货物运入澳门特区，但属以再进口及转运方式运入者除外。

出口 将任何货物运离澳门特区，但属以暂时出口及转运方式运离者除外。

本地产品出口 将原产地为澳门特区的任何货物运离澳门特区。

转口 澳门称为再出口。将任何先前进口入澳门特区的货物，不经加工运离澳门特区，或虽经加工，但尚不足以取得以澳门特区作为原产地的资格的货物运离澳门特区。

楼宇单位 包括住宅、商业、办公室、工业、车位、酒店及其他单位。

楼宇总建筑面积 所有楼层楼面面积之总和。楼面面积从外墙起量度，包括大堂、楼梯、升降机所占面积以及所有公用地方面积。

广义货币供应量 M_2 指狭义货币供应量 M_1 加上准货币负债。准货币负债指储蓄存款、通知存款、定期存款、其他存款和存款证明书。

消费价格指数 反映澳门特区家庭于购买一篮子之指定商品或服务时，在不同时间该等商品或服务之价格变动。

小学教育 为期 6 年，完成幼儿教育或在报名当年的 12 月 31 日年满 6 岁的儿童可报读小学教育第一年。就读小学的最高年龄为 15 岁。

中学教育　由两个阶段组成：初中教育及高中教育。大学预科亦被视为中学教育。

1)初中教育　为期 3 年，合格完成小学教育者可以入读。就读初中最大年龄为 18 岁，但在特别情况下，经教育机构决定，可以逾越此年限。

2)高中教育　为期 3 年，合格完成初中教育者可以入读。就读高中最大年龄为 21 岁，但在特别情况下，经教育机构决定，可以逾越此年限。

高等教育　由大学、理工学院及相等之学院开办之学位或非学位课程。